憲法判例クロニクル

吉田仁美・渡辺暁彦 編
Hitomi Yoshida & Akihiko Watanabe

ナカニシヤ出版

はじめに

今年2016（平成28）年は，日本国憲法が公布されて70年の節目の年にあたります。昨年の通常国会では，与野党の激しい議論の末，いわゆる安全保障関連法が成立しました。それ以外にも，選挙権年齢が18歳に引き下げられたり，最高裁判所が再婚禁止期間を定める民法規定について違憲判決を下したりと，昨今あらためて憲法（学）に注目が集まっています。

「立憲主義」という言葉が，ひろく新聞やテレビなどで用いられるようになってきました。憲法とは，そもそも何のためにあるのでしょうか。

こうした根源的な問いに対して易々と答えを見出すことは困難ですが，まずは日本国憲法の現在の姿を知ることがそのための第一歩となるはずです。

日本国憲法の「現在」を知るうえで，これまでそれがどのように運用されてきたのか，どのような議論が行われてきたのか，「過去」を振り返ってみることも大切です。戦後70年の日本国憲法の運用は，その時々の裁判所（特に，最上級審である最高裁判所）の憲法判断と密接不可分の関係にあります。裁判所の下した判決や，それら判決をめぐる議論を通して，個々の憲法条文の具体的な意味やその保障の内容・範囲が明らかにされてきたからです。

本書は，主に大学・短大等で憲法を学び始めた方々を対象に，憲法を理解するうえで重要だと思われる判決を厳選し，事件の概要や判決の意義について，原則として見開き一頁で簡潔かつ平明に解説を加えたものです。なるべく視覚的に捉えられるように，写真や図なども添えました。

重要な憲法判例といわれるものでも，なかには判決が下されてから，すでに半世紀を超えるものがあります。本書を手にとられた多くの方々にとって，それらははるか遠い昔の出来事であり，全くもって実感のもてないものではないでしょうか。

そこで，本書では当該事件や判決が下された当時の社会的・時代的背景にも可能なかぎり目を配るとともに（「事案の背景」を参照），通常の判例解説書では省略されがちな難読語や専門用語等について手厚く説明を加えました（「キーワード」を参照）。その点では，公務員試験など各種試験対策として，憲法判例の大筋とポイントを効率的に学ぶことにも役立つと思われます。

さらに「関連年表」をご覧いただくと，当時の国内外の情況も確認いただけます。それはまた，過去の憲法判例を手がかりに，第二次大戦後の日本社会の変容を振り返る試みであるといえなくもありません。その意味では，はじめて憲法を学ぼうとする方々のみならず，すでに一通り憲法を学ばれた方々にも，何がしかの参考になる視点を提供できるのではないかと願っています。また本書は，あらかじめ学習者に個々の判決を読んできてもらい，そこで得られた各々の意見と他者との対話を通して，憲法が保障する基本的人権の内実や統治機構の原理に関する理解を深めていくような授業づくりへの活用も念頭においています。

紙幅の関係もあり，掲載を断念した判例も少なくありません。本書を手にとっていただいた皆さんのご意見等をふまえて，今後さらに読みやすく充実した内容のものにしていきたいと考えています。

本書の執筆には，全国各地の大学・短大等で，憲法の研究及び教育に携わっておられる方々にお願いしました。多忙ななか，編者の無理な注文等とあわせて快くお引き受けいただいた執筆者各位に対して，心から謝意を表したいと思います。

最後になりましたが，こうして何とか刊行に漕ぎ着けたのも，ひとえにナカニシヤ出版編集部の米谷龍幸さんのご支援・ご協力のおかげです。この場をお借りして厚く御礼申し上げます。

2016（平成28）年3月

編者

目　次

コラム目次

略語一覧

判例集，文献の略語は本一覧のほか，一般の慣例による。

（1）判例略語

最大判（決）	最高裁判所大法廷判決（決定）
最判（決）	最高裁判所小法廷判決（決定）
高判（決）	高等裁判所判決（決定）
地判（決）	地方裁判所判決（決定）
支判（決）	支部判決（決定）
簡判（決）	簡易裁判所判決（決定）

（2）判例集略語

民（刑）集	最高裁判所民（刑）事判例集
高民（刑）集	高等裁判所民（刑）事判例集
下民（刑）集	下級裁判所民（刑）事判例集
行集	行政事件裁判例集
東高民（刑）時報	東京高等裁判所判決時報民（刑）事
労民集	労働関係民事裁判例集
訟月	訟務月報
裁時	裁判所時報
刑月	刑事裁判月報
家月	家庭裁判月報
集民（刑）	最高裁判所裁判集民（刑）事
判時	判例時報
金判	金融・商事判例
判自	判例地方自治
判タ	判例タイムズ
労判	労働判例
労経速	労働経済判例速報

（3）文献略語

公法	公法研究
法教	法学教室
曹時	法曹時報
法時	法律時報
判評	判例時報に添付の「判例評論」
民商	民商法雑誌
法セ	法学セミナー
ひろば	法律のひろば
○○百選	○○判例百選（版表記のないものは，初版〔第１版〕）（別冊ジュリ）
セレクト○○年	判例セレクト○○（法教別冊付録）
平成（昭和）○○年度重判解	『平成（昭和）○○年度重要判例解説』（ジュリ臨増）

百選	『憲法判例百選』(ジュリ臨増276の2・1963年，新版・1968年，第3版・1974年)
百選Ⅰ・Ⅱ	『憲法判例百選Ⅰ・Ⅱ〔第6版〕』(2013年，初版・1980年，第2版・1988年，第3版・1994年，第4版・2000年，第5版・2007年)(別冊ジュリ)
争点	『憲法の争点』(版表記なし・2008年〔新・法律学の争点シリーズ〕，新版・1985年，第3版・1999年)(ジュリ増刊)
基本判例	『憲法の基本判例』(版表記なし・1966年，第2版・1996年)(別冊法教)
憲法の判例	『憲法の判例』(版表記なし・1966年，第2版・1971年，第3版・1977年)(ジュリ増刊)
最判解民(刑)事篇平成(昭和)○○年度	最高裁判所判例解説民(刑)事篇平成(昭和)○○年度
判プラ	憲法判例研究会編『判例プラクティス憲法〔増補版〕』(信山社，2014年)

(4) 著書等略語

芦部	芦部信喜(高橋和之補訂)『憲法〔第6版〕』(岩波書店，2015年)
芦部憲法学Ⅰ～Ⅲ	芦部信喜『憲法学Ⅰ～Ⅲ』(有斐閣，Ⅰ・1992年，Ⅱ・1994年，Ⅲ〔増補版〕・2000年)
芦部古稀(上)(下)	樋口陽一＝高橋和之編『現代立憲主義の展開(上)(下)』(芦部信喜先生古稀祝賀)(有斐閣，1993年)
芦部理論	芦部信喜『憲法訴訟の理論』(有斐閣，1973年)
市川	市川正人『憲法』(新世社，2014年)
伊藤	伊藤正己『憲法〔第3版〕』(弘文堂，1995年)
浦部教室	浦部法穂『憲法学教室〔全訂第2版〕』(日本評論社，2006年)
大石Ⅰ	大石眞『憲法講義Ⅰ〔第3版〕』(有斐閣，2014年)
大石Ⅱ	大石眞『憲法講義Ⅱ〔第2版〕』(有斐閣，2012年)
奥平Ⅲ	奥平康弘『憲法Ⅲ』(有斐閣，1993年)
清宮Ⅰ	清宮四郎『憲法Ⅰ〔第3版〕』(有斐閣，1979年)
小嶋	小嶋和司『憲法概説』(良書普及会，1987年)
佐藤憲法	佐藤幸治『憲法〔第3版〕』(青林書院，1995年)
佐藤憲法論	佐藤幸治『日本国憲法論〕』(成文堂，2011年)
宍戸	宍戸常寿『憲法　解釈論の応用と展開〔第2版〕』(日本評論社，2014年)
渋谷	渋谷秀樹『憲法〔第2版〕』(有斐閣，2013年)
杉原Ⅱ	杉原泰雄『憲法Ⅱ』(有斐閣，1989年)
高橋	高橋和之『立憲主義と日本国憲法〔第3版〕』(有斐閣，2013年)
辻村	辻村みよ子『憲法〔第4版〕』(日本評論社，2012年)
戸松	戸松秀典『憲法』(弘文堂，2015年)
戸松・訴訟	戸松秀典『憲法訴訟〔第2版〕』(有斐閣，2008年)
野中ほかⅠ・Ⅱ	野中俊彦＝中村睦男＝高橋和之＝高見勝利『憲法Ⅰ・Ⅱ〔第5版〕』(有斐閣，2012年)
長谷部	長谷部恭男『憲法〔第6版〕』(新世社，2014年)
樋口	樋口陽一『憲法〔第3版〕』(創文社，2007年)
松井	松井茂記『日本国憲法〔第3版〕』(有斐閣，2007年)
宮沢Ⅱ	宮沢俊義『憲法Ⅱ〔新版〕』(有斐閣，1971年)
プロセス	ＬＳ憲法研究会編『プロセス演習憲法』(信山社，版表記なし・第4版・2011年，第3版2007年)
事例研究	木下智史＝村田尚紀＝渡辺康行編著『事例研究　憲法〔第2版〕』(日本評論社，2013年)
判例講義Ⅰ・Ⅱ	佐藤幸治＝土井真一編『判例講義　憲法Ⅰ・Ⅱ』(悠々社，2010年)
論点探究	小山剛＝駒村圭吾編『論点探究　憲法〔第2版〕』(弘文堂，2013年)
注解Ⅰ～Ⅳ	樋口陽一＝佐藤幸治＝中村睦男＝浦部法穂『憲法Ⅰ～Ⅳ』(青林書院，1994年～2004年)
註解(上)(下)	法学協会編『註解日本国憲法　上巻・下巻』(有斐閣，1953・1954年)

01 外国人の人権①

マクリーン事件

山本真敬

最大判昭和 53（1978）年 10 月 4 日
民集 32 巻 7 号 1223 頁

【判決のポイント】
憲法上の権利の保障は，性質上日本国民のみをその対象としているものを除き，日本に在留する外国人にも及ぶが，在留更新の場面で外国人が憲法上の権利を行使したことが否定的に評価され，在留更新されない場合があり得る。

【事案の概要】
外国人Xは 1969 年 4 月に来日し，**出入国管理令**上の在留資格（A 語学学校講師）により 1 年の在留期間で上陸を許可された。X は職場環境の問題により 17 日で B 語学学校に転職した。また，X は外国人べ平連（べ平連とは別組織）に所属し，デモや集会・抗議活動に参加した（いずれも平和的・合法的活動で，X は指導的役割を担っていない）。1 年後 X は在留期間の更新を Y（法務大臣）に申請したが，Y は「在留期間の更新を適当と認めるに足りる相当の理由があるときに限り」在留期間更新が可能と定める出入国管理令 21 条 3 項に該当しないとして，更新許可をしない処分（本件処分）をした（処分理由は，X の B 語学学校への無届転職と政治活動）。X は，本件処分の取消を求め提訴。

一審（東京地判昭和 48（1973）・3・27 判時 702 号 46 頁）は，X の無届転職は一応の理由があり，X の政治活動も「日本国の利益又は公安を害する行為を行う虞」が無く違法として本件処分を取消したが，原審（東京高判昭和 50（1975）・9・25 判時 792 号 11 頁）は「相当の理由」の有無の判断は法務大臣の裁量に委ねられ，本件処分が誰の目から見ても妥当でないことが明らかではないとして，適法とした。X が上告。

裁判所の判断 ―― 上告棄却

①「憲法上，外国人は，わが国に入国する自由を保障されているものでないことはもちろん，……在留の権利ないし引き続き在留することを要求しうる権利」を有しない。

②これを受けて出入国管理令は，「原則として一定の期間を限つて外国人のわが国への上陸及び在留を許しその期間の更新は法務大臣がこれを適当と認めるに足りる相当の理由があると判断した場合に限り許可する」仕組みをとるが，これは，更新事由の有無の「時宜に応じた的確な判断」は「出入国管理行政の責任を負う法務大臣の裁量に任せるのでなければとうてい適切な結果を期待することができない」からである。この法務大臣の裁量判断が「全く事実の基礎を欠く」場合や，「事実に対する評価が明白に合理性を欠くこと等により右判断が社会通念に照らし著しく妥当性を欠くことが明らか」である場合に限り，裁判所はそれを裁量権の逸脱・濫用として違法とする。

③「憲法第 3 章の諸規定による基本的人権の保障は，権利の性質上日本国民のみをその対象としていると解されるものを除き，わが国に在留する外国人に対しても等しく及ぶ」。「政治活動の自由についても，わが国の政治的意思決定又はその実施に影響を及ぼす活動等外国人の地位にかんがみこれを認めることが相当でないと解されるものを除き，その保障が及ぶ」。しかし，外国人は，「出入国管理令上法務大臣がその裁量により更新を適当と認めるに足りる相当の理由があると判断する場合に限り在留期間の更新を受けることができる地位」をただ有しているに留まるので，「外国人に対する憲法の基本的人権の保障は，右のような外国人在留制度のわく内で与えられているにすぎない」。よって，「在留の許否を決する国の裁量を拘束するまでの保障，すなわち，在留期間中の憲法の基本的人権の保障を受ける行為を在留期間の更新の際に消極的な事情としてしんしやくされないことまでの保障が与えられているものと解することはできない」。

④上告人の在留期間中の政治活動は，「直ちに憲法の保障が及ばない政治活動であるとはいえない」ものの，上告人の右活動のなかには，「わが

国の基本的な外交政策を非難し日米間の友好関係に影響を及ぼすおそれがないとはいえないものも含まれており」，法務大臣が当時の内外の情勢にかんがみ，上告人に関して出入国管理令21条3項の「相当の理由」がないと判断したとしても，「その事実の評価が明白に合理性を欠き，その判断が社会通念上著しく妥当性を欠くことが明らかであるとはいえず」，本件処分は違法といえない。

解　説

本判決は，「外国人の人権」に関して，憲法上の権利の外国人の享有主体性の論点と外国人の政治活動の自由の論点について判断した重要な判決である。前者につき，最高裁は通説たる性質説を採用し，憲法上の権利は外国人にも性質上可能な限り保障されるとした（判旨③前半）。しかし，最高裁のこの議論には，「憲法上，外国人は，わが国に入国する自由」も「在留の権利ないし引き続き在留することを要求しうる権利」も持たない，という重要な前提がある（判旨①）。この前提が意味するのは，「外国人の人権」は在留制度を定める出入国管理令の仕組みそれ自体のあり方に影響を与えず，立法政策に委ねられた出入国管理のシステムが優先され（日比野），それゆえ，「外国人の人権」は結局「在留制度のわく内」でのみ認められる，ということである（判旨③後半）。こうして本件の論点は，憲法と出入国管理令の抵触関係の問題（立法裁量）ではなく，出入国管理令と本件処分の抵触関係の問題（行政裁量）となり（判旨②），最高裁は本件処分を緩やかに審査した（判旨④）。最高裁の議論には，法務大臣の裁量権を認めるにしても，在留期間更新と入国は同一ではないので，一審判決のように相対的に厳しく審査しその裁量権を限定すべきという批判がある。

次に，外国人の政治活動の自由については，一般論としては判決に対する批判はほとんど見られないが，判旨③のように，政治活動の自由を行使したことを在留更新しない理由とすることは，政治活動の自由の行使に対する重大な萎縮効果をもたらすことになり，結局それは「外国人の人権」を否定することになると批判されている。

◉事案の背景

ベトナム戦争において1965年に開始された北爆は1967年から大規模化し，沖縄の米軍基地からも戦略爆撃機が出撃するようになった。アメリカにおける反戦運動は1968年1月のテト攻勢を受けさらに激しくなり，日本でも各種団体による反戦運動が巻き起こった。中でもベ平連（ベトナムに平和を！市民連合）が1965年4月に結成されたのを機に，全国各地にもベ平連が生まれ，1969年6月には外国人ベ平連も結成された。これらの団体は定期的にデモや集会を行い，相当数の人々が参加した。当時の新聞を見ると，1969年後半はほとんど毎日のように何らかの反戦デモについて報じられており，当時の「熱気」が感じられる。

【キーワード】

出入国管理令　いわゆるポツダム命令の1つとして定められた政令（昭和26（1951）年政令319号）で，昭和27（1952）年法律126号により法律としての効力を持つ。外国人の入国審査・在留資格の付与・強制退去等を定める。外国人は，報道・医療・留学等の在留資格が無ければ入国・在留が認められず，各在留資格に定められた活動ができる。後年，「出入国管理及び難民認定法」と改題された。いわゆる入管法。

【文献】 百選Ⅰ・1（愛敬浩二），安念潤司「『外国人の人権』再考」芦部古稀（上）・163頁以下，浦部法穂＝山元 一「外国人の人権」井上典之＝小山 剛＝山元 一編『憲法学説に聞く』（日本評論社，2004年）145頁以下，大沼保昭『単一民族社会の神話を超えて〔新版〕』（東信堂，1993年），日比野 勤「外国人の人権（1）～（3）」法教210号35頁以下，217号43頁以下，218号65頁以下（1998年）。

「ベトナムに平和を！」市民連合［編］『資料・「ベ平連」運動　上・中・下』（河出書房新社，1974年）。

02 外国人の人権②

森川キャサリーン事件

桧垣伸次

最判平成4（1992）年11月16日
集民166号575頁

【判決のポイント】
外国人の再入国の自由は憲法上保障された権利ではない。

【事案の概要】

アメリカ合衆国国民であるXは，1973年9月に留学生として来日し，その後在留期間を更新し，日本に在留し続けてきた。1977年には日本人男性と結婚し，現在では主婦のかたわら大学の英語講師として勤務している。Xは，入国以来外国人登録法に基づいて**指紋押捺**を行ってきた。その後，指紋押捺は外国人に対する差別であるなどと考えるようになり，1982年9月に指紋押捺を拒否したため，罰金1万円の有罪判決を受けている。

Xは1982年11月，クリスマス休暇を利用して韓国旅行の計画を立て，再入国申請をしたところ，指紋押捺を拒否していることを理由に，法務大臣はこれを不許可処分にした。そこで，Xは，本件不許可処分の取消しおよび損害賠償を求める訴訟を提起した。

第一審（東京地判昭和61（1986）・3・26行集37巻3号459頁）はXの請求を棄却し，控訴審（東京高判昭和63（1988）・9・29行集39巻9号948頁）も第一審をほぼ全面的に引用して控訴を棄却したので，Xが上告した。

裁判所の判断 ―― 上告棄却

①「我が国に在留する外国人は，憲法上，外国へ一時旅行する自由を保障されているものでないこと」は，当裁判所大法廷判決（最判昭和32（1957）・6・19刑集11巻6号1663頁，最大判昭和53（1978）・10・4民集32巻7号1223頁（マクリーン事件，☞**本書1**））の「趣旨に徴して明らかである。以上と同旨の原審の判断は，正当として是認することができ」る。

②控訴審が，国際人権規約B規約12条4項にいう「自国」を「国籍国」と解した点，および指紋押捺の拒否を理由とした本件不許可処分は社会通念上著しく妥当性を欠くということはできず，裁量権の逸脱・濫用があるということはできないとした点につき，「原審の判断は，正当として是認することができ，原判決に所論の違法はない」。

解　説

本判決は，日本に在留する外国人（以下，「在留外国人」とする）の再入国の権利は憲法上保障されていないことおよび，在留外国人の再入国の許否について法務大臣の広範な裁量を有することを最高裁が初めて認めた事例である。

外国人に入国の自由が保障されていないのは，国際慣習上当然であると考えられている。また，外国人の出国の自由は，憲法22条2項により保障されていると考えられている。本件で問題となったのは，在留外国人の，帰国を前提とした再入国の自由である。実体的には，在留外国人の海外旅行の自由が問題となっている。

最高裁は，外国人の再入国の自由は認められないとしている。その根拠として挙げているのが，外国人には入国の自由および在留権が認められていないとした大法廷判決である。最高裁は，「再入国」と「新規入国」とを区別していない。また，最高裁は，在留外国人をその生活形態等に基いて区別することなく，一律に論じている。

これに対して，通説は，①新規入国の場合とは異なり，在留外国人の場合にはその人柄等について，国が一定程度把握できるため，日本の安全と福祉を害するおそれがあるか否かの判断が可能である，②再入国を申請している在留外国人のほとんどは，何らかの生活のかかわりを日本に持つ者である，ことなどを理由に，新規入国と再入国との差異を強調する。つまり，再入国の自由は，国民の海外旅行の自由と類似した権利であり，憲法22条2項によって保障されると考える。そして，法務大臣は，日本の安全や国民の福祉を害するおそれのある場合にのみ，再入国を不許可とすることができるとする。

また，本判例で在留外国人を一律に論じたことについても批判がある。永住許可を得ている者など，日本に「生活の拠点を置く定住外国人にとっては，再入国は，社会生活・経済生活・精神生活を営む上で不可欠ともいうべき意味を持ちうる」（日比野・71頁）。また，定住外国人については，「そもそも入管法の規定する『入国』がありえない」（横田・153頁）との指摘もある。これらを考えると，短期の在留者と日本に生活の本拠のある外国人とを一律に論じるべきではない。

再入国の自由は認められないとしても，本件不許可処分が法務大臣の裁量権を逸脱または濫用したものではないかとの指摘もある。この点について，最高裁は，マクリーン事件と同様に，法務大臣の広い裁量を認めている。しかし，本件不許可処分の理由となった指紋押捺の拒否は罰金一万円程度の比較的軽微な法違反である。また，再入国の許否と指紋押捺とは直接の関連性はなく，指紋押捺の拒否を理由に再入国を不許可とするのは目的違反である。本件不許可処分は，指紋押捺拒否に対する「『見せしめ』的な性格を有する」（門田・7頁）との疑惑がある。これらの事情を考慮すれば，法務大臣の裁量権の逸脱または濫用があったと評価することできる。

◉事案の背景

この事件の背景として，1980年代に顕在化した外国人の指紋押捺拒否問題が指摘される（門田・6頁）。当時の外国人登録法は，16歳以上で1年以上日本に在留する外国人に対して，左人差し指の指紋押捺を義務づけており，違反する者には罰則を科していた。この指紋押捺制度が人権侵害であると批判された。一時は1万人を超える外国人が指紋押捺を拒否または留保したといわれる。これに対し，法務大臣は，指紋押捺を拒否する者に対しては，在留期間の延長を認めず，また，永住権を有する者であっても再入国を不許可とした。本判決は，「このような法務大臣の方針を追認するものとなって」（門田・6頁）いると評されている。

1992年の外国人登録法改正で，永住資格のある定住外国人について指紋押捺は廃止され，1999年の改正で非永住者についても指紋押捺は廃止された。しかし，2001年のアメリカ同時多発テロを受け，2006年の入管法改正により，日本に入国する外国人については，指紋の採取と写真の提供が義務づけられた。

なお，2012年には「みなし再入国許可」が導入され，有効な旅券及び在留カードを所持する外国人が出国する際，出国後1年以内に再入国する場合は，原則として再入国許可を受ける必要がなくなった。また，特別永住者については，2年以内に再入国する場合は，原則として再入国許可を受ける必要がなくなった。

【キーワード】

指紋押捺 1952年に外国人登録法が制定された際に，外国人の居住関係および身分関係を明確にし，もって外国人の公正な管理に資するという目的を達成するために設けられた。立法当初は2年ごとであった押捺義務は，その後3年ごと，5年ごととなり，1987年には原則として最初の1回のみとなった。その後，外国人登録法に基づく指紋押捺は，永住資格のある定住外国人については1992年に，非永住者については1999年に廃止された。

最高裁は，指紋押捺の強制は，「立法目的には十分な合理性があり，かつ，必要性も肯定でき」，「方法としても，一般的に許容される限度を超えない相当なもの」であるとして，憲法13条に違反しないと判示した（最判平成7(1995)・12・15刑集49巻10号842頁）。

【文献】〔ひとさし指の自由〕編集委員会『ひとさし指の自由—外国人登録法・指紋押捺拒否を闘う』（社会評論社，1984年），横田耕一「判評」判時1206号149頁，阪本昌成「判批」法教72号（1986年）136頁，日比野 勤「外国人の人権（3）」法教218号（1998年）65頁，百選Ⅰ・2（門田 孝），同3（志田陽子），百選Ⅰ〔第5版〕・3（山下威士）。

『ひとさし指の自由—外国人登録法・指紋押捺拒否を闘う』（〔ひとさし指の自由〕編集委員会，1984）

03 外国人の人権③

東京都管理職選考受験訴訟

渡辺暁彦

最大判平成 17（2005）年 1 月 26 日
民集 59 巻 1 号 128 頁

【判決のポイント】
地方公共団体が，職員の管理職への昇任にあたって日本国籍を要件とすることは，労働基準法３条（**均等待遇の原則**），憲法14条１項に違反しない。

【事案の概要】
わが国に永住資格をもつ大韓民国籍の特別永住者Ｘは，1988 年に東京都（Y）に保健婦（現在の保健師）として任用され勤務していた。Ｘは，その後，課長級の管理職選考（技術系の選考区分医化学）を受験しようとしたが，日本国籍を有しないとの理由で拒否された。そこで，Ｘは（1）受験資格の確認を求める訴えと，（2）慰謝料の支払を請求した。

一審（東京地判平成８（1996）・5・16 判時 1566 号 23 頁）は，（1）については確認の利益がないとして訴えを却下し，（2）については棄却したため，Ｘが控訴。原審（東京高判平成９（1997）・11・26 判時 1639 号 30 頁）は，（1）については控訴を棄却したが，（2）について，Ｙによる受験拒否は，Ｘが日本国籍を有しないことを理由に管理職選考の受験の機会を奪い，課長級の管理職への昇任のみちを閉ざすものであり，憲法22 条１項，14 条１項に違反する違法な措置であるとして，Ｘの請求を一部認容した。被告敗訴部分につきＹが上告した。

裁判所の判断 ―― 破棄自判

①「地方公務員のうち，住民の権利義務を直接形成し，その範囲を確定するなどの公権力の行使に当たる行為を行い，若しくは普通地方公共団体の重要な施策に関する決定を行い，又はこれらに参画することを職務とするもの（以下，「公権力行使等地方公務員」という）については，次のように解するのが相当である。……公権力行使等地方公務員の職務の遂行は，住民の権利義務や法的地位の内容を定め，あるいはこれらに事実上大きな影響を及ぼすなど，住民の生活に直接間接に重大なかかわりを有するものである。それゆえ，国民主権の原理に基づき，国及び普通地方公共団体による統治の在り方については日本国の統治者としての国民が最終的な責任を負うべきものであること（憲法１条，15 条１項参照）に照らし，原則として日本の国籍を有する者が公権力行使等地方公務員に就任することが想定されているとみるべきであり，我が国以外の国家に帰属し，その国家との間でその国民としての権利義務を有する外国人が公権力行使等地方公務員に就任することは，本来我が国の法体系の想定するところではないものというべきである」。

②「普通地方公共団体が，公務員制度を構築するに当たって，公権力行使等地方公務員の職とこれに昇任するのに必要な職務経験を積むために経るべき職とを包含する一体的な管理職の任用制度を構築して人事の適正な運用を図ることも，その判断により行うことができるものというべきである。そうすると，普通地方公共団体が上記のような管理職の任用制度を構築した上で，日本国民である職員に限って管理職に昇任することができることとする措置を執ることは，合理的な理由に基づいて日本国民である職員と在留外国人である職員とを区別するものであり，上記の措置は，労働基準法３条にも，憲法 14 条１項にも違反するものではないと解するのが相当である。そして，この理は……特別永住者についても異なるものではない」。

※なお，藤田宙靖裁判官の補足意見，金谷利廣裁判官，上田豊三裁判官の各意見，滝井繁男裁判官，泉徳治裁判官の各反対意見がある。

泉徳治裁判官反対意見「……地方公共団体の住民ということでは，特別永住者も，他の在留資格を持って在留する外国人も，変わるところがないといえるかも知れないが，当該地方公共団体との結び付きという点では，特別永住者の方がはるかに強いものを持っており，特別永住者が通常は生涯にわたり所属することとなる共同社会の中で自己実現の機会を求めたいとする意思は十分に尊重されるべく，特別永住者の権利を制限するについては，より厳格な合理性が要求される」。

解　　説

本件は，一般に外国人の公務就任権に関わる事案とされている。わが国に在留する外国人に対して，憲法が公務に就任する権利を保障しているかどうか。公務就任権を広義の参政権と捉え，国民主権の原理から消極的に解する立場もみられるが，現在では職業選択の自由の問題と解する見解が有力である。たしかに，「教育的・調査的・技術的等の職務についてまで外国人を排除するのは行き過ぎ」（佐藤憲法論・146 頁，芦部・93 頁も同旨）であり，一律に外国人の公務就任資格を否定する立場は今日支持を失ってきている。

もっとも本件判決では，公務員への「採用」とすでに採用されている正規職員の管理職への「昇任」とを区別したうえ，後者の問題として扱うことで，公務就任権の議論それ自体を回避した。つまり本件では，東京都の管理職任用制度において，日本人と在留外国人とを同じに扱わなくてよいのかが主たる論点とされた。最高裁は「人事の適正な運用」のために一律的に外国人を排除することも可能であると判示している。このような判決の論理については，ひとたび職員として採用しながら，国籍を理由に一切の管理職への昇任を拒むことがはたして合理的といえるかどうか，概して学説は批判的である。

なお，原告が**特別永住者**であることをどの程度まで考慮すべきかという問題がある。多数意見は，特別永住者を一般外国人と特に区別することなく扱うが，「日本社会との結びつき」や特別永住者制度が設けられた事情等に鑑みると，むしろ泉裁判官反対意見に分があるように思われる。

◉事案の背景

憲法学で外国人の権利保障が争われる際，しばしば問題となるのが，過去の朝鮮半島に対する植民地支配と戦後の事後処理のあり方である。原告は，1950 年に岩手県で生まれた。生まれたときは日本国籍者であったが，父が朝鮮人であったため，1952 年の平和条約発効に伴い，民事局長通達によって日本国籍を喪失した。

一般に，公務員になるには日本国籍を必要とすると考えられてきた。しかし，国家公務員法上も地方公務員法上も，国籍要件を明示しているわけではない。実務上は，1953 年に示された「公務員に関する当然の法理」が運用の根拠となっている。つまり，「公権力の行使または国家の意思形成への参画にたずさわる公務員となるためには，日本国籍を有する」とされるのである。本件被告・東京都も，このような法理に沿った判断をしたものといえる。

このような「当然の法理」は長らく実務において支配的地位を占めてきたが，1982 年の国公立大学の教員任用に関する特別措置等にみられるように，外国人に対して少しずつ門戸が開放されていく。1996 年には，川崎市において，公権力行使の蓋然性は低いとの理由で，採用試験に係る国籍条項を撤廃している（「川崎方式」と呼ばれる）。

本件事案も，こうした一連の動向をふまえ，判決の論理とその射程が問い直されるべきであろう。

【キーワード】

特別永住者　第二次世界大戦以前から日本に住み，1952 年のサンフランシスコ講和条約により日本国籍を離脱した後も日本に在留している台湾・朝鮮半島出身者とその子孫のこと。現在では，1991 年入管特例法により，特別永住者の法的地位や処遇について定めがおかれている。

均等待遇の原則　一般に，外国人の就労を当然に認める義務はないとしても，いったん就労を認めた場合には，自国民と同じ原則に基づいて扱う義務を負うと解するのが基本的な考え方である。その趣旨をふまえ，使用者は労働者の国籍を理由として，賃金・労働時間その他労働条件について差別的取扱をしてはならない（労基法３条）。

【文献】鄭香均編『正義なき国，「当然の法理」を問いつづけて』（明石書店，2006 年），高世三郎・最判解民事篇平成 17 年度 60 頁，百選Ⅰ・5（近藤 敦），青柳幸一ほか・ジュリ 1375 号 60 頁。

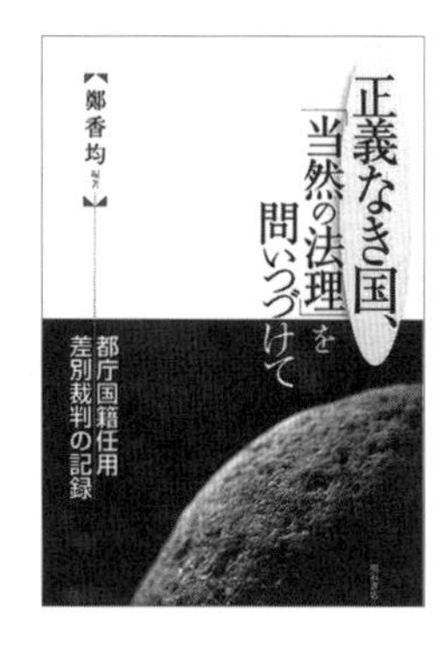

『正義なき国，「当然の法理」を問いつづけて』（鄭，2006）本件事案をめぐる裁判の記録がまとめられている。

04 法人の人権

八幡製鉄事件

織原保尚

最大判昭和45（1970）年6月24日
民集24巻6号625頁

【判決のポイント】
憲法上の国民の権利および義務の各条項は，性質上可能なかぎり法人にも適用されるものであり，会社は，自然人たる国民と同様，政治資金の寄附などの政治的行為をなす自由を有する。

【事案の概要】
八幡製鐵株式会社（その後合併し現在は新日鐵住金株式会社）の代表取締役だったY1，Y2は，会社名義で，自由民主党に政治資金として350万円を寄付した。この寄付に対し，同社の株主Xは，寄付は同社の定款に定められた事業目的の範囲外の行為であり，かつ商法上の取締役の忠実義務にも違反し，当時商法に規定（現在は会社法に規定）された，取締役による会社への賠償責任を発生させる「法令又ハ定款ニ違反スル行為」に当たるとし，Y1，Y2に対して，同社に350万円と遅延損害金を支払うことを求めて，株主代表訴訟を提起した。

一審（東京地判昭和38（1963）・4・5判時330号29頁）はXの請求を認めたが，二審（東京高判昭和41（1966）・1・31判時433号9頁）は請求を棄却している。

裁判所の判断 ―― 上告棄却

①会社は定款に定められた目的の範囲内において権利能力を有するが，目的の範囲内の行為とは，その目的を遂行するうえに直接または間接に必要な行為であれば，すべてこれに包含される。そして必要かどうかは，行為の客観的な性質に即し，抽象的に判断されなければならない。

②会社は，自然人とひとしく，社会等の構成単位たる社会的実在なのであるから，「それとしての社会的作用を負担せざるを得ないのであつて，ある行為が一見定款所定の目的とかかわりがないものであるとしても，会社に，社会通念上，期待ないし要請されるものであるかぎり，その期待ないし要請にこたえることは，会社の当然になしうるところである」。「会社が，その社会的役割を果たすために相当な程度のかかる出捐をすることは，社会通念上，会社としてむしろ当然のことに属する」。

③議会制民主主義を支える不可欠の要素である政党の健全な発展に協力することは，「会社に対しても，社会的実在としての当然の行為として期待されるところであり，……政治資金の寄附についても例外ではない」。「会社による政治資金の寄附は，……会社の定款所定の目的の範囲内の行為であるとするに妨げない」。

④「憲法上の選挙権その他のいわゆる参政権が自然人たる国民にのみ認められたものであることは，所論のとおりである。しかし，会社が，納税の義務を有し自然人たる国民とひとしく国税等の負担に任ずるものである以上，納税者たる立場において，国や地方公共団体の施策に対し，意見の表明その他の行動に出たとしても，これを禁圧すべき理由はない。のみならず，憲法第3章に定める国民の権利および義務の各条項は，性質上可能なかぎり，内国の法人にも適用されるものと解すべきであるから，会社は，自然人たる国民と同様，国や政党の特定の政策を支持，推進しまたは反対するなどの政治的行為をなす自由を有するのである。政治資金の寄附もまさにその自由の一環であり，会社によつてそれがなされた場合，政治の動向に影響を与えることがあつたとしても，これを自然人たる国民による寄附と別異に扱うべき憲法上の要請があるものではない」。

解　説

法人の憲法上における権利の享有主体性について判断した判決として著名である。広く法人の憲法上の権利主体性を認めた判例だが，批判も多い。

歴史的には，そもそも，憲法で保障される人権は自然人のみを対象にするものと考えられてきた。しかし，組織化された現代社会においては，法人による集団的行為を自然人の行為には還元できないような場合も多く，法人にも人権享有主体性を認める考え方が一般的となった。その根拠としては，法人の活動は結局その効果が自然人に帰属するとする説と，法人が現代社会における重要な構成要素であるとすることを重視する説とがあるが，後者が通説となっており，本判決もこれに立脚する。

次に，法人がどのような人権を享有するかについて問題となる。本判決は「性質上可能なかぎり」と範囲を示すが，その具体的な説明はない。学説上は，法人の財産権上の役割に注目して，経済的自由権や国務請求権，刑事手続上の権利などについても法人に適用されるとされる。精神的自由に関しては，宗教法人が信教の自由を，学校法人が学問・教育の自由を享有し，表現の自由についても法人に保障が及ぶとされている。博多駅事件（☞**本書 31**）では，法人である報道機関に報道の自由の保障が及ぶことが当然とされている。逆に，生命・身体に関する自由や生存権，選挙権や被選挙権などは，法人には適用されない。

また，法人の人権行使と自然人の人権との関係が問題となる。①法人と法人の外にある個人との関係と，②法人とその構成員との関係である。②については，南九州税理士会政治献金事件（☞**本書 16**）で問題となっている。①については，法人が本事件のように非常に大きな社会的権力，影響力を持つ団体である場合，その巨大な力のため，経済的・政治的行為の自由を認めた際，自然人である一般的な国民の福祉国家的な公平性や，政治的自由を失わせることがありうる。本判決は，法人の「納税者たる立場」から，自然人と同様の政治的行為の自由，政治資金の寄付行為に制約がないことを導き出すが，この部分については行き過ぎであるとの批判がなされている。

◉事案の背景

本事件が起こった1960年，日米安保条約改定の混乱の責任を取って，岸信介が内閣総理大臣を辞任した後，新たにその座に着いたのが池田勇人であった。池田は，「所得倍増計画」を打ち出し，経済政策を重視する姿勢をとる。高度経済成長期に入っていた日本は経済成長を続け，1964年東京オリンピックの開催や東海道新幹線の開業，さらには1970年に開催された大阪万博などもあり，好景気が続いた時期である。そして1968年にはGNPで西ドイツを抜き世界2位となった。本事件との関連では，1970年に八幡製鐵と富士製鐵が合併し新日本製鐵となった。国内で1・2位の規模を持つ大手高炉メーカー同士の合併により，資本金2293億円，従業員数8万2千人，粗鋼生産世界1位の巨大企業が誕生した。

このような経済成長を背景として，当時の政権与党と日本を代表する大企業との関係が問われたのが本事件である。最高裁判決は，会社による寄付を，政党の健全な発展に協力するものと積極的に評価している。しかし，資金力の豊富な大企業が特定の政党に対して巨額の資金を提供することで，資金を提供した企業が優遇されることや，提供された資金が選挙費用に充てられ，買収などの不正に使われることが考えられる。判決は，資金の一部が買収にあてられても，「たまたま生ずる病理的現象に過ぎ」ないとしているが，このように簡単に言い切れるのか疑問である。このような状況を受けて，政治資金規制法は，1975年に改正が行われ，寄付の量的制限が導入され，また収支についての公開が強化された。しかし，この後も政治とカネを巡る事件は後を絶たず，1976年に明らかになるロッキード事件（☞**本書 66**）へと続いていく。

【キーワード】

政治資金規正と政党交付金　1994年に政治資金規正法は大幅な改正がなされ，企業からの献金の対象を政党に限定し，個人に対する献金が禁止された。企業による献金は全面的に禁止すべきだという意見も根強いものがあり，1994年改正の際には，法律の施行5年後に寄附のあり方を見直すという規定も置かれたが，現在のところ，禁止は実現していない。

【文献】 百選Ⅰ・9（毛利 透），大沢秀介「法人と人権」法教190号26頁，戸波江二編『企業の憲法的基礎』（日本評論社，2010年）第3章〔福岡英明〕・第4章〔渡辺康行〕。

八幡製鉄所東田第一高炉は，日本初の高圧高炉として1962年から1972年まで操業した。（出典：北九州市情報発信強化委員会〈http://www.gururich-kitaq.com/search/tag/detail.php?id=37〉）。

05 憲法上の権利と私人相互の関係

三菱樹脂事件

大江一平

最大判昭和48（1973）年12月12日
民集27巻11号1536頁

【判決のポイント】
憲法19条および14条は，もっぱら国または公共団体と個人の関係を規律するものであり，私人相互の関係を直接規律することを予定するものではない。

【事案の概要】
原告X（高野達男氏）は，大学在学中にY（三菱樹脂株式会社）の採用試験に合格し，1963年3月の大学卒業と同時に3ヶ月間の試用期間を設けて採用された。しかし，Yは，Xが各種の学生運動を行った事実を履歴書に記載しなかったなどとして，試用期間の満了直前に本採用を拒否した。そこでXは労働契約関係の存在確認を求めて訴えた。

第一審（東京地判昭和42（1967）・7・17判時498号66頁）はXの訴えをほぼ認め，第二審（東京高判昭和43（1968）・6・12判時523号19頁）も，憲法19条，14条，**労働基準法3条**に違反し，思想信条に関係する事項について申告させるのは公序良俗に反すると判断した。しかし，Yはこれを不服として上告した。

裁判所の判断

①憲法19条，14条は，「その他の自由権的基本権の保障規定と同じく，国または公共団体の統治行動に対して個人の基本的な自由と平等を保障する目的に出たもので，もっぱら国または公共団体と個人との関係を規律するものであり，私人相互の関係を直接規律することを予定するものではない」。「私人間の関係においては，各人の有する自由と平等の権利自体が具体的場合に相互に矛盾，対立する可能性があり，このような場合におけるその対立の調整は，近代自由社会においては，原則として私的自治に委ねられ，ただ，一方の他方に対する侵害の態様，程度が社会的に許容しうる一定の限界を超える場合にのみ，法がこれに介入しその間の調整をはかるという建前がとられている」。

②「私人間の関係においても，相互の社会的力関係の相違から，一方が他方に優越し，事実上後者が前者の意思に服従せざるをえない場合があり，このような場合に私的自治の名の下に優位者の支配力を無制限に認めるときは，劣位者の自由や平等を著しく侵害または制限することとなるおそれがあることは否み難いが，そのためにこのような場合に限り憲法の基本権保障規定の適用ないしは類推適用を認めるべきであるとする見解もまた，採用することはできない」。「私的支配関係においては，個人の基本的な自由や平等に対する具体的な侵害またはそのおそれがあり，その態様，程度が社会的に許容しうる限度を超えるときは，これに対する立法措置によってその是正を図ることが可能であるし，また，場合によっては，私的自治に対する一般的制限規定である民法1条，90条や不法行為に関する諸規定等の適切な運用によって，一面で**私的自治の原則**を尊重しながら，他面で社会的許容性の限度を超える侵害に対し基本的な自由や平等の利益を保護し，その間の適切な調整を図る方途も存する」。

③「憲法は，思想，信条の自由や法の下の平等を保障すると同時に，他方，22条，29条等において，財産権の行使，営業その他広く経済活動の自由をも基本的人権として保障している。それゆえ，企業者は，かような経済活動の一環としてする契約締結の自由を有し，自己の営業のために労働者を雇傭するにあたり，いかなる者を雇い入れるか，いかなる条件でこれを雇うかについて，法律その他による特別の制限がない限り，原則として自由にこれを決定することができるのであって，企業者が特定の思想，信条を有する者をそのゆえをもって雇い入れることを拒んでも，それを当然に違法とすることはできない」。

解　説

近代市民革命によって成立した憲法は国家と国民の関係を規律するものであると考えられてき

た（人権の対国家性）。しかし，19世紀以降の資本主義の急速な発展に伴い，私人間（民間人どうし）の法的紛争，特に大企業等の社会的権力による個人の人権侵害に対して，憲法を適用できるのかという憲法の私人間効力の問題が問われることになった。

従来この問題については，憲法は私人間の争いには適用されないとする無効力説，国家の利益や社会の道徳を意味する公序良俗を規定する民法90条等の一般条項を通じて，憲法が間接的に適用されるとする間接適用説，そして，憲法が私人間に直接適用されるとする直接適用説が主張されてきた。

本件で最高裁は直接効力説や類推適用説を明確に否定した。その上で，最高裁は，私人間の人権侵害については，各種の立法措置，民法1条，90条等の適切な運用によって適切な調整を図るとしたが，これは一般的に間接効力説の立場を採ったものと理解されている。

しかし，本件判決はXの思想良心の自由を十分に考慮しておらず，結局のところ無効力説と変わらないとする見解も有力である。また，企業の雇入れの自由の名の下に，事実上，採用時の思想調査を許容したとの批判もなされる。いわゆる傾向企業の場合と異なり，本件控訴審が指摘するように，一般の商事会社で事業遂行のために労働者の思想信条を調査する必要性は乏しいといえよう。

なお，憲法の私人間効力については，通説的見解である間接効力説の他，最近では，私人の行為であっても，その行為が国家の行為に準ずるような高度に公的な役割を果たしている場合に国家の行為と同視するステートアクション説（国家同視説）（松井・330-332頁），国家が被害者の権利を加害者から保護する義務を負うとする基本権保護義務論（小山・後掲）が有力に主張されている。また，私人間を規律するのは憲法ではなく法律であるとして，無効力説を再検討する学説（新無適用説）（高橋・後掲）も注目されている。

◉事案の背景

原告の高野氏は1940年に兵庫県神戸市で生まれた。第2次大戦中の空襲を避けて一家で宮城県に疎開して農業を営んだが，生活は決して楽ではなく，中学生時代の高野氏は牛乳配達をして家計を支えた。苦学して高校を卒業後，進学した東北大学では学生の福利厚生向上のために生活協同組合（生協）で働き，当時大きな社会問題となっていた日米安保条約改定の反対闘争（いわゆる60年安保闘争）等に積極的に参加した（『石流れ木の葉沈む日々に』81-94頁）。

高野氏は，昭和51（1976）年の差戻審で三菱樹脂と勝訴に近い形で和解し，同社に主事（課長代理相当）として復職した。そして，同社の管理職を経て，子会社ヒシテックの代表取締役社長に就任。2005年に65歳で亡くなった（毎日新聞2005年8月24日東京朝刊）。

【キーワード】

私的自治の原則（契約自由の原則）　近代以降の市民社会では，自立した個人がその自由意思に基づいて契約を結び，私法関係を形成するとする考え方。しかし，20世紀以降の福祉国家において，同原則は社会的・経済的弱者の保護という観点から修正されることとなった。

労働基準法3条（均等待遇の原則）　労基法3条は労働者の均等待遇の原則を規定する。しかし，本件最高裁判決は，同条が適用されるのは雇入れ後のことであり，憲法22，29条に基づく企業の雇入れの自由それ自体を制約するものではないとの立場を取った。

【文献】高野不当解雇撤回対策会議編『石流れ木の葉沈む日々に—三菱樹脂・高野事件の記録』（労働旬報社，1977年），棟居快行『人権論の新構成』（信山社，1992年），小山剛『基本権保護の法理』（成文堂，1998年），高橋和之「人権の私人間効力論」高見勝利ほか編『日本国憲法解釈の再検討』（有斐閣，2004年）1頁，三並敏克『私人間における人権保障の理論』（法律文化社，2005年），木下智史『人権総論の再検討—私人間における人権保障と裁判所』（日本評論社，2007年），君塚正臣『憲法の私人間効力論』（悠々社，2008年），判例講義Ⅰ・14（君塚正臣），百選Ⅰ・10（小山剛），判プラ・14（宍戸常寿）。

三菱樹脂との和解成立後，13年ぶりに出社する高野達男氏。右隣は重子夫人（出典：毎日新聞〔1976年3月12日東京朝刊〕）。

06 公務員の人権

猿払事件

大日方信春

最大判昭和 49（1974）年 11 月 6 日
刑集 28 巻 9 号 393 頁

【判決のポイント】
公務員の政治的中立性を損なうおそれのある公務員の政治的行為を禁止することは，それが合理的で必要やむえない限度にとどまるものである限り，憲法 21 条に反するものではないと判示された。

【事案の概要】
本件の被告人Xは，北海道宗谷郡猿払村の郵便局に勤務する事務官（非管理職の**現業公務員**）であり，同地区労働組合協議会事務局長を務めていた。1967 年の衆議院議員選挙に際し，Xは，同協議会の決定に従い，日本社会党を支持する目的をもって，同党公認候補者Aの選挙用ポスター6枚を村内の公営掲示板にみずから掲示した。また，同党公認候補者AおよびBの選挙用ポスター合計約 184 枚の掲示を他に依頼している。

Xは，上の行為が国家公務員の政治的行為を制限した国家公務員法（以下,「国公法」）102 条 1 項および人事院規則 14-7（5 項 3 号，6 項 13 号）に反するとして略式起訴され，稚内簡裁から罰金 5000 円の略式命令を言い渡された（昭和 42（1967）年 9 月 8 日）。Xは，非管理職であり，その者が勤務時間外に職務を利用することなくした政治的行為まで処罰することは違憲であるとして，正式裁判にもち込んでいる。

一審（旭川地判昭和 43（1968）・3・25 下刑集 10 巻 3 号 293 頁）は，国公法 102 条 1 項に反した者に刑罰を科す同法 110 条 1 項 19 号について，Xのような行為に適用される限度において，行為に対する制裁としては合理的にして必要最小限の域を超えるものであるとして，憲法 21 条，31 条に違反すると判示している（X無罪）。原審（札幌高判昭和 44（1968）・6・24 判時 560 号 30 頁〔①事件〕）も，一審の判断は結論において「まことに相当ということができる」と判示している。検察官が憲法解釈の誤りを主張して上告したのが本件である。

裁判所の判断 ―― 破棄自判

①憲法 15 条 2 項に規定された行政の中立的運営の要請から「公務員の政治的中立性を損うおそれのある公務員の政治的行為を禁止することは，それが合理的で必要やむをえない限度にとどまるものである限り，憲法の許容するところである」。公務員に対する政治的行為の禁止が合理的で必要やむをえない限度にとどまるものか否かについては「禁止の目的，この目的と禁止される政治的行為との関連性，政治的行為を禁止することにより得られる利益と禁止することにより失われる利益との均衡の三点から検討することが必要である」。

②禁止の目的は，公務員の政治的偏向により「本来政治的中立を保ちつつ一体となって国民全体に奉仕すべき責務を負う行政組織の内部に深刻な政治的対立を醸成し，そのため行政の能率的で安定した運営は阻害され，ひいては議会制民主主義の政治過程を経て決定された国の政策の忠実な遂行にも重大な支障をきたすおそれ」を防止することにある。「その目的は正当」である。

また，このような「弊害の発生を防止するため，公務員の政治的中立性を損うおそれがあると認められる政治的行為を禁止することは，禁止目的との間に合理的な関連性がある」。「たとえその禁止が，公務員の職種・職務権限，勤務時間の内外，国の施設の利用の有無等を区別することなく，あるいは行政の中立的運営を直接，具体的に損う行為のみに限定されていないとしても」この合理的関連性が失われることはない。

③利益の均衡の点については「公務員の政治的中立性を損うおそれのある行動類型に属する政治的行為を，これに内包される意見表明そのものの制約をねらいとしてではなく，その行動のもたらす弊害の防止をねらいとして禁止するときは，同時にそれにより意見表明の自由が制約されることにはなるが，それは，単に行動の禁止に伴う限度での間接的，付随的な制約に過ぎ」ない。これに

対して「禁止により得られる利益は，公務員の政治的中立性を維持し，行政の中立的運営とこれに対する国民の信頼を確保するという国民全体の共同利益なのであるから，得られる利益は，失われる利益に比してさらに重要なものというべきであり，その禁止は利益の均衡を失するものではない」。

したがって，国公法102条1項及び人事院規則14-7（5項3号，6項13号）は，国家公務員の政治的中立性を維持するために公務員に課す行為規制として，合理的で必要やむをえない限度を超えるものとは認められないので，憲法21条に違反するものではない。

（なお，本件には，政治的行為に対する罰則として懲戒処分と刑罰とを区別せず，制裁として刑罰をもって臨むことを必要とするか否かは立法政策の問題であるとした多数意見に対して，刑事制裁を科しうる場合を限定的に解するべきであるとした4名の裁判官による反対意見が付されている）。

解　説

1「特別な公法上の関係」における基本的人権の制約　特別の法律上の原因によって成立する国家（地方公共団体を含む）と一般市民との法律関係を「特別な公法上の関係」という。伝統的に公法理論は，このような関係にある者の基本的人権の制約を通常よりも緩やかな基準で正当化してきた（この法理論を「特別権力関係論」という）。国・地方公共団体と公務員との勤務関係は，この「特別な公法上の関係」の典型例の一つである。

通説的見解によれば，一般市民であっても公務員としての職にあるときには，それに相応しい規律が当該勤務関係に妥当する，とされている。その理由は，憲法が公務員を「全体の奉仕者」（15条2項）としていること，および，公務員関係の規律を法律事項としていること（73条4号）などを根拠に，公務員関係という特別の法律関係の存在とその独立性を憲法自身が憲法秩序の構成要素として認めていることに求められている。

公務員の憲法上の権利に対する制限としては，政治活動の自由に対する制限と，労働基本権に対する制限が，とくに問題となってきた。このうち，政治活動に対する制限として，国公法は，一般職の国家公務員に対して，政治的行為を一律に禁止している（国公102条1項）こと，また，禁止される「政治的行為」の具体的内容は，人事院規則に広汎に委任されている（人規14-7）ことが問題とされてきた。さらに，国公法は，法令に反する行為を懲戒処分の対象とする（国公82条）ばかりでなく，刑罰をも科している（同110条1項19号）。これらの憲法21条，31条適合性が本件の争点であった。

（なお，地方公務員法も，同様に公務員の政治的活動を禁止しているが，同法は禁止される行為を法律上規定しており〔地公36条〕，また，これに反した場合でも，懲戒処分の対象になる〔同27条〕に止まる点が，国公法との違いである）。

2国公法102条1項及び人事院規則14-7による規制　本件は，国家公務員の政治活動に対する刑事制裁を伴う広汎な規制は公務員の地位，身分にかかわらず一律に適用する旨，判示しているように読める。それは，判旨②の第二段落にある「公務員の職種・職務権限，勤務時間の内外，国の施設の利用の有無等を区別することなく」政治活動は禁止されていてよいとする件にあらわれている。これは，労働組合員としての活動はむしろ憲法上の保護をうけるとしていた第一審に対する最高裁の否定的見解が表されている部分でもある。

ただ，最高裁は，本件から約30年ぶりに，国家公務員の政治活動規制に関する二つの事案に判決を下している（最判平24（2012）・12・7刑集66巻12号1337頁〔堀越事件〕，同1722頁〔世田谷事件〕）。いずれも政治的文書の配布行為が国公法102条1項に反するとして逮捕，起訴された事案ではあったが，一方は，旧社会保険庁の一般職員（堀越事件）であったのに対して，他方は，厚生労働省の管理職的地位にある者（世田谷事件）に関する事案であった。そして，原審段階において，前者は同事案に罰則規定を適用することは憲法21条1項および31条に反するとされ（判タ1340号105頁），後者は同規定を適用して有罪（判タ1351号123頁）と判断が分かれていたにもかかわらず，上告審では原審判決を見直すために必要とされる弁論が開かれなかったため（結論において相反していると思われる原審が維持されることが予想されたため），最高裁が猿払事件も含めてこの三件をどう理解しているのか，注目されていた（以下，堀越事件および世田谷事件を併せて便宜的に「国公法二事件」とする）。

3限定解釈　「国公法二事件」において，最高裁は，国公法102条1項にいう「政治的行為」とは「公務員の職務の遂行の政治的中立性を損なうおそれが，観念的なものにとどまらず，現実的に起こり得るものとして実質的に認められるものを指」すとしたあと，それが「認められるかどうかは，当該公務員の地位，その職務の内容や権限等，当該公務員がした行為の性質，態様，目的，内容等の諸般の事情を総合して判断するのが相当である」としている。そして，これを基準として，管理職的地位にない者が被告であった堀越事件には無罪判決が，その地位にある者が被告であった世田谷事件には有罪判決が下されている。

この三判決からわかること，それは，国公法が罰則規定をもって禁止している「政治的行為」は，国家公務員の地位，身分に関わりなく一律に無限定に禁止されているわけではないということである。最高裁は，上に示した基準をもとに，公務員の政治的中立性が損なわれるおそれが実質的に認められる行為であるか否かを，事案に則して判断していくというのであろう。したがって，組合員に対して統制力をもつ労働組合の活動の一環としてなされた行為（猿払）および多数の職員の職務遂行に指揮命令や指揮監督等を通じて影響を及ぼすことができる管理職的地位にあった者の行為（世田谷）は罰則規定の適用対象であり，裁量の余地のない職務に従事していた者の行為（堀越）に罰則規定を適用することは国家公務員の政治活動の自由に対する必要やむを得ない限度を超えた制約となるというのである。

◉事案の背景

現行国公法は，占領下という特殊な時代背景のなかで成立したものである（昭和22（1947）年法律120号。同法102条1項および110条1項19号は，昭和23（1948）年法律222号による改正による）。当時，官公庁労働組合の反政府的政治活動が活発であった。そのことを憂慮した，往時の片山哲内閣は，ＧＨＱに対して，公務員制度の専門家を派遣するように求めている。それに応じて来日したのが，Ｂ・フーバーを団長とする人事顧問団である。フーバーは「反組合主義」的な志向が顕著であるとされ，その作成による法律案が，国会による独自の審議が許されない状況下で審議され成立したとされる。人事院規則14-7も，上の国公法改正をうけ，1949年に制定されている。ここにも，ＧＨＱとフーバーの意向がつよく働いているのである。

ときは下って，猿払事件被告の政治的行為がなされたのは，1967年の衆院選に際してであった。当時は，1955年の左右社会党の統一，日本民主党と自由党との保守合同（自民党誕生）が成立したあとの**「55年体制」**の只中である。政権党となった自民党に対して，日本最大の労働組合中央組織である日本労働総合総評議会（**総評**）を支持基盤とする社会党が対峙するという「二大政党制」が出現していたのである。この総評は，国家公務員，地方公務員や国鉄（現・ＪＲ），電電公社（現・ＮＴＴ）といった公共企業体の労組が中心となって支えていた。猿払事件も，総評傘下の全逓信労働組合（全逓）の組合員が社会党候補者のために行った選挙運動に関する事案である。

【キーワード】

現業公務員　管理的な事務ではなく，実施の業務を行う公務員のこと。国の場合には，現在では「国営企業及び特定独立行政法人の労働関係に関する法律」２条１号に規定する国営企業（郵政，林野，印刷及び造幣の四事業）に勤務する一般職の国家公務員がこれに該当する。

「55年体制」　1955年の左右社会党の統一による日本社会党の発足および保守合同による自由民主党の発足を契機に成立した「二大政党制」による統治体制。現実には，自民党の一党支配が続き，その獲得議席を１とする社会党の議席はその半分であったため，「１か２分の１政党制」と呼ばれた。

総評　戦後労働運動の指導的立場にあった全国組織。産別会議・全労連の左翼的運営方針に反発した民同系労組がＧＨＱの支持をうけて1950年に結成された。日本社会党を支持し「政府と資本からの自立」を合い言葉に活動を展開したが，1989年に解散し，連合（日本労働組合総連合会）に吸収されている。

【文献】香城敏麿・最判解刑事篇昭和49年度165頁，百選Ⅰ・13（青井未帆），田中二郎ほか編『戦後政治裁判史録４巻』（第一法規出版，1980年）353頁（芦部信喜），山田隆司・法セ710号36頁，など。

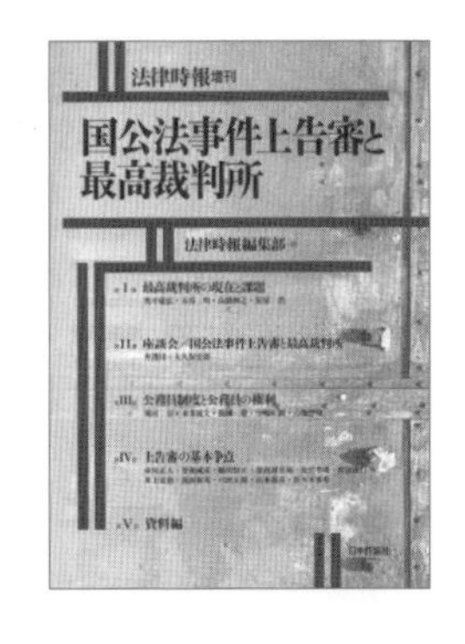

『国公法事件上告審と最高裁判所』（法律時報増刊，2011年）
「国公法二事件」最高裁判決を前に，最高裁判所の現状，公務員制度と公務員の権利との関係，「国公法二事件」上告審での争点などがまとめられている。猿払事件最高裁大法廷判決の全文も収録。

コラム１　裁判所のしくみ

憲法 76 条 1 項は,「すべて司法権は，最高裁判所及び法律の定めるところにより設置する下級裁判所に属する」と規定しています。

憲法上，最高裁判所が設置されなくてはならないことは規定されていますが，どのような下級裁判所を設置するかは，法律によることになります。

これを受けた裁判所法は，下級裁判所として，高等裁判所，地方裁判所，家庭裁判所，簡易裁判所を設置しています。これらの裁判所には，審級関係があります。

地方裁判所は，都道府県所在地などに設置されており，通常の事件の第一審となります。簡易裁判所に訴訟が提起された場合には，控訴審になります（裁判所法 24 条)。事件は，1 人の裁判官が担当するのが原則ですが，3 人の裁判官の合議で行われることもあります。裁判員裁判が行われる場合は，3 人の裁判官と裁判員 6 人からなる合議体で裁判が行われます。

家庭裁判所は，家庭事件（家事審判法で定められたもの）や少年事件（少年法）の審判を行い（裁判所法 31 条の 1)，原則として 1 人の裁判官が判断します。

簡易裁判所は，少額軽微な事件（行政事件を除く，訴額が 140 万円を超えない事件，刑事事件では罰金刑や，選択刑として罰金刑が定められている事件）の第一審裁判権をもち，これらの事件を簡単・迅速に処理します。禁固以上の刑を課すことはできず，それ以上の刑罰を課す場合には，事件は地裁に移されます（同 33 条)。

高等裁判所は全国に 8 つあり，6 つの支部と知的財産高等裁判所がおかれています。法律の定める控訴・抗告・上告（簡易裁判所に訴訟が提起された場合）について，裁判権をもちます（同 16 条・17 条)。裁判は，原則として 3 人の裁判官の合議で行われます。

最高裁判所は，上告と，訴訟法が特に定める抗告についての裁判権（同 7 条）を有します。最高裁判所は，通常の系列の裁判所の最高裁として，法令の解釈を統一する役割を負います。同時に，違憲審査権（憲法 81 条）を行使する終審裁判所でもあります（☞**本書 コラム２**)。

最高裁判所の審理と裁判は，大法廷（15 人の裁判官全員が合議で判断）または小法廷で行われます。小法廷は，最高裁の定める員数（3 人以上）の裁判官の合議で，最高裁には 3 つの小法廷があり，それぞれ 5 人の裁判官で構成されています。違憲審査を行う場合（意見が前の大法廷判決の合憲判決と同じ場合は除く)，違憲の判断をする場合，憲法や判例の解釈適用について最高裁の判例を変更する場合は，大法廷で判断しなくてはなりません（裁判所法 10 条)。

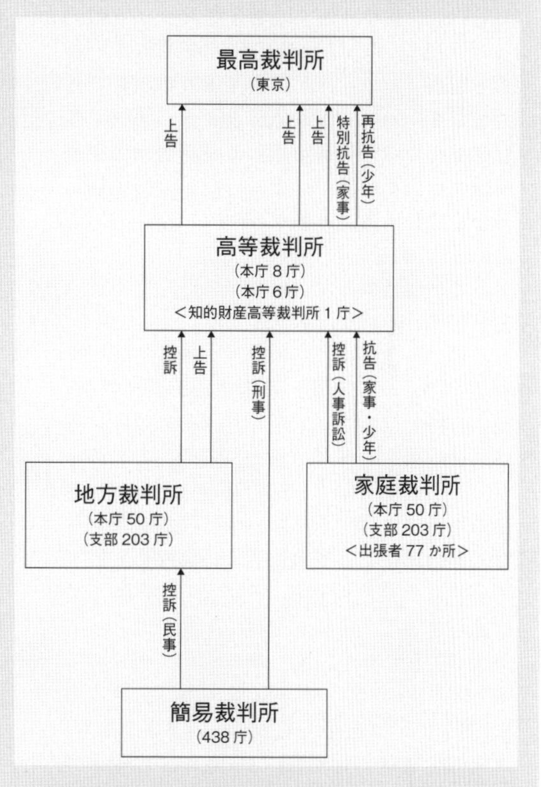

裁判所の組織（出典：裁判所ウェブサイト〈http://www.courts.go.jp/about/sosiki/gaiyo/index.html〉に基づき作成）

07 幸福追求権

どぶろく裁判

森本直子

最判平成元（1989）年12月14日
刑集43巻13号841頁

【判決のポイント】
酒類の製造販売に免許制を採用する酒税法7条1項，54条1項にもとづき，自家用の酒造を処罰することは，憲法31条，13条に違反しない。

【事案の概要】
戦前からの社会運動家である被告人Yは「成田闘争」に深く関与し，農業や文筆業に従事していた。Yは生活に必要なものは自分で生産する自由がなければならないという思想から酒造りの自由化運動に取り組み，1981年に著書『ドブロクを作ろう』を公刊した。1984年，Yが無免許で清酒および雑酒を製造したところ，酒税法違反の容疑で起訴された。酒税法は酒類製造者から酒税を徴収するために，製造に際して税務署長の免許を受けるよう義務づける。しかし，同免許は一年間の製造見込み量が60キロリットル（清酒の場合）に達しなければ受けられないため，それほど製造量のない自家用の酒造は事実上免許を受けられない状態にある。

一審（千葉地判昭和61（1986）・3・26判時1187号157頁）は，自家用の酒造は「経済的自由のひとつ」であるが，その規制は国が酒税収入を確保するために採用したものであり，目的において一応の必要性と合理性があるだけでなく，免許制という規制手段も著しく不合理なことが明白とはいえない，として酒税法の規定が憲法13条及び29条1項に違反するとの主張を退け，Yを有罪として罰金30万円を言い渡した。原審（東京高判昭和61（1986）・9・29高刑集39巻4号357頁）でYは自家用酒造が私的事項であり，人格的自律権として憲法13条により保障される，と主張したが，判決は経済活動であるとして控訴を棄却した。Yは自家用酒造の放任は酒税の税収を減少させず，酒税法による処罰はすべきでなく，自家用酒造は「私事に関する自己決定権」として幸福追求権によって保障されており，原審は憲法31条，13条に違反するとして上告した。

裁判所の判断 ―― 上告棄却

「消費を目的とする酒類製造であっても，これを放任するときは酒税収入の減少など酒税の徴収確保に支障を生じる事態が予想されるところから，国の重要な財政収入である酒税の徴収を確保するため，製造目的のいかんを問わず，酒類製造を一律に免許の対象とした上，免許を受けないで酒類を製造した者を処罰することとしたものであり」，「これにより自己消費目的の酒類製造の自由が制約されるとしても，そのような規制が立法府の裁量権を逸脱し，著しく不合理であることが明白であるとはいえず，憲法31条，13条に違反するものでないことは，当裁判所の判例」（最大判昭和60（1985）・3・27民集39巻2号247頁）「の趣旨に徴し明らかである」。

解　説

本件は自己消費目的の無免許酒類製造を処罰する合憲性に関する初の最高裁判決であり，一般に幸福追求権に関する判例として分類される。しかし，ここで問題になった自己消費目的での酒造りの自由を，下級審は個人の経済的自由ととらえた。被告人が主張したように，これが憲法13条の保障する幸福追求権の中の自己決定権ないし人格的自律権といった，いわゆる「**新しい人権**」に属するかどうかについて，最高裁は判断を示していない。

「新しい人権」については，これを人格にかかわる重要な事柄に限定する考え方と，一般的な行動の自由ととらえる考え方に大別される。本件酒造りの自由を「新しい人権」に含める場合は，その理解は後者によることになる。ただ，**人権のインフレ化**を懸念し，あらゆる行動の自由を保護するのではなく，13条前段の「個人の尊重」にとって不可欠な重みをもつものに「新しい人権」の対象を限定する前者の立場からすれば，酒造りの自由を保護の対象ととらえるのは難しい。

租税の確保は重要な国家利益であり，納税は国民の憲法上の義務でもある。したがって，そのための適正な規制は憲法上許容されるべきだと考えられる。酒類の自家製造が税収確保の目的で事実上禁止されることは，生鮮食品とは異なるその嗜好品としての特性に由来するとも考えられよう。しかし，自家用酒造の禁止が「酒税の確保」という目的に対して合理的な手段かどうかについては，学説から強い疑問が呈示されている。自家用酒造が税収に与える影響に関し，1962年に個人消費目的での梅酒造りが解禁された際に，解禁後のリキュール類の課税数量は解禁前より減少するどころか，反対に増加傾向が見られたという例もある。酒税法による自家用酒造禁止は，過剰な制限と見られよう。

酒税法ができた明治時代において，酒税は国税全体の三分の一を占めたとされるが，現在ではその割合はわずか2–3%にとどまる。良質な酒が便利に市販されている社会で，それをあえて手間をかけて造る個人の生き方を税収確保の名目で制限することは，もはや時代錯誤であるように思われる。

◉事案の背景

どぶろくは簡単な道具があれば誰でも醸造可能なため，かつては各家庭や農家などで一般に製造されていた。しかし，明治時代以降，酒税法が制定されると，どぶろくの自家醸造も禁止された。これは日清・日露戦争で酒税の大増税を繰り返した際にその負担に耐え切れないとする醸造業者に増税を許容してもらうための保護策に由来するとされる。近年では，2003年に施行された構造改革特別区域法により，特別区域内でのどぶろく製造などが許可されるようになった。

他方，酒造りの自由に対する酒税法による制限は，2007年にも手作りの果実酒の有償提供をめぐって問題になった。北海道のペンションが宿泊客に対して野山でとれる果実で作った果実酒（課税済みのホワイトリカーに漬け込むリキュール）を提供したことが，酒税法違反に問われたのである。しかし，一律に違法とする取り扱いは実態に合わないとして租税特別措置法の改正が行われ，自家用消費目的で造った果実酒を無償で知人等に提供することは販売に当たらず酒税法違反にならないとされた。また，2008年には租税特別措置法が改正され，飲食店などでも製造申告書を税務署に申請すれば，アルコール度数20度以上の課税済みの酒類を原料に使用する，新たなアルコール発酵を伴わない，原料と認められない物品を使用しない，製造数量や提供場所の制限を超えない等の条件に合致した場合は，客への提供も可能となった。

【キーワード】

新しい人権　日本国憲法制定当時にはまだその重要性が認識されず，規定されなかったが，その後の社会経済の発展と変化に応じて重要になった諸権利のこと。プライバシーの権利や自己決定権，環境権などが含まれるといわれる。

人権のインフレ化　新しい人権としてあいまいな内容が次々に人権として認められることによって，人権全体の価値が弱められてしまうこと。

どぶろく　米に麹や酒粕を混ぜて発酵させて造る濁り酒のこと。

【文献】前田俊彦『ドブロクをつくろう』（農山漁村文化協会，1981年），前田俊彦『ええじゃないかドブロク』（三一書房，1986年），百選Ⅰ・24（押久保倫夫）。

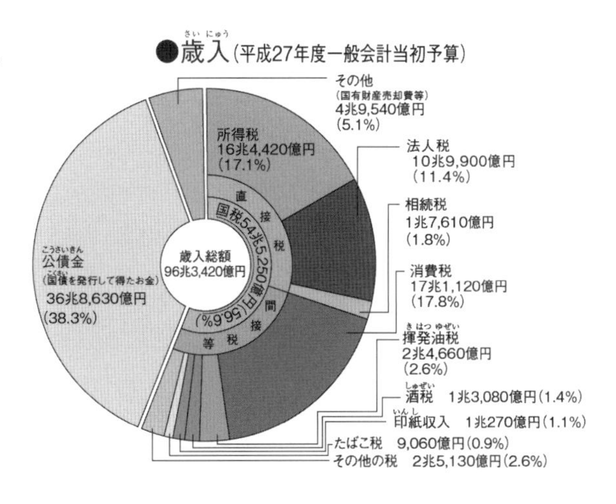

平成27年度の国の収入（一般会計歳入（当初予算））は年間96兆3,420億円であり，そのうち54兆5,250億円が租税及び印紙収入で，そこから税関からの税収や日本郵政株式会社からの印紙収入を除いた45兆8,857億円（約84%）が国税組織分の税収となる。その約8割は所得税，法人税，消費税が占める（出典：名古屋国税局『ハロー・タックス〔平成27年度版〕』〈https://www.nta.go.jp/nagoya/shiraberu/gakushu/kyozai02/index.htm〉）。

08 プライバシーの権利①

前科照会事件

小竹 聡

最判昭和56（1981）年4月14日
民集35巻3号620頁

【判決のポイント】
弁護士法に基づく弁護士会の照会に漫然と応じて，市区町村長が前科および犯罪経歴を報告することは許されない。

【事案の概要】
自動車教習所の技能指導員であった原告は，雇い主である会社から解雇され，これに関連する労働事件が京都地方裁判所および中央労働委員会に継続していた。会社側弁護士は，「中央労働委員会，京都地方裁判所に提出するため」として，**弁護士法23条の2**に基づき，原告の「前科および犯罪経歴」をその所属する京都弁護士会を通じて照会し，京都市中京区長から回答を得た。その後，この結果を弁護士から聞いた会社の幹部らは，中央労働委員会および京都地方裁判所の構内等で，事件関係者や傍聴のために集まっていた者の前で，原告の前科を摘示し，また，原告がこの前科を秘匿して入社したことを理由に，原告に対して解雇の通告をした。そこで，原告は，京都市を相手方として，損害賠償等を求めた。

一審（京都地判昭和50（1975）・9・25，判時819号69頁）は，原告の請求を棄却したが，二審（大阪高判昭和51（1976）・12・21，判時839号55頁）は，区長の行為を違法であるとしたため，市側が上告した。

裁判所の判断 ―― 上告棄却

「前科及び犯罪経歴（以下「前科等」という）は人の名誉，信用に直接かかわる事項であり，前科等のある者もこれをみだりに公開されないという法律上の保護に値する利益を有するのであって，市区町村長が，本来選挙資格の調査のために作成保管する**犯罪人名簿**に記載されている前科等をみだりに漏えいしてはならないことはいうまでもないところである。前科等の有無が訴訟等の重要な争点となっていて，市区町村長に照会して回答を得るのでなければ他に立証方法がないような場合には，裁判所から前科等の照会を受けた市区町村長は，これに応じて前科等につき回答をすることができるのであり，同様な場合に弁護士法23条の2に基づく照会に応じて報告することも許されないわけのものではないが，その取扱いには格別の慎重さが要求されるものといわなければならない。……被上告人の前科等の照会文書には，照会を必要とする事由としては，……『中央労働委員会，京都地方裁判所に提出するため』とあったにすぎないというのであり，このような場合に，市区町村長が漫然と弁護士会の照会に応じ，犯罪の種類，軽重を問わず，前科等のすべてを報告することは，公権力の違法な行使にあたると解するのが相当である。……」

伊藤正己裁判官補足意見 「他人に知られたくない個人の情報は，たとえそれが真実に合致するものであっても，その者のプライバシーとして法律上の保護を受け，これをみだりに公開することは許されず，違法に他人のプライバシーを侵害することは不法行為を構成するものといわなければならない。このことは，私人による公開であっても，国や地方公共団体による公開であっても変わるところはない。……」

「本件で問題とされた前科等は，個人のプライバシーのうちでも最も他人に知られたくないものの一つであ［る］。……もとより前科等も完全に秘匿されるものではなく，それを公開する必要の生ずることもありうるが，公開が許されるためには，裁判のために公開される場合であっても，その公開が公正な裁判の実現のために必須のものであり，他に代わるべき立証手段がないときなどのように，プライバシーに優越する利益が存在するのでなければならず，その場合でも必要最小限の範囲に限って公開しうるにとどまるのである。……」

環昌一裁判官反対意見 「……同区長に対し少なくとも過失の責めを問うことは酷に過ぎ相当でない。……」

解　説

本件は，前科や犯罪経歴につき，みだりに公開されない利益が認められた点で，憲法上重要な意義を持つ。多数意見は，まず，「前科及び犯罪経歴」を，「人の名誉，信用に直接かかわる事項であり，前科等のある者もこれをみだりに公開されないという法律上の保護に値する利益を有する」と判示した。この部分は，プライバシーという用語の使用が回避され，また，私事の公開からの自由という文脈で議論が行われている点に特徴を見ることができるが，多数意見は，本件が不法行為にかかわる事件であることに鑑み，被侵害利益の内容を精査するまでもなく，伝統的な枠組において本件事案を処理することができると判断したものと思われる。しかし，補足意見にも見られるように，本件は，実質的に見れば，犯罪情報に関わって，プライバシーの権利を承認したものと解してよいであろう。もっとも，前科を私事としてとらえることは困難である以上，前科や犯罪経歴を端的に個人のプライバシーとして構成することには疑問も指摘されている。犯罪情報を文脈に応じてきめ細かに分類し，その秘匿性の有無や程度を検討することが必要となる。

次に，多数意見は，市区町村長が「漫然と弁護士会の照会に応じ，犯罪の種類，軽重を問わず，前科等のすべてを報告」したことを理由に，被告区長の過失責任を認めた。ここでは，多数意見が前科等の回答が許される場合を限定し，その取扱いにつき「格別の慎重さ」を要求していることに注意が必要である。なお，本件区長からの回答と原告のプライバシー侵害との間にはたして相当因果関係があったのかどうかについては，議論の余地がある。というのも，本件プライバシー侵害が生じたのは，会社幹部が原告の前科等を公表したことによるからであり，また，会社幹部がその情報を得たのは，弁護士が依頼人である幹部に職務上知り得た対立当事者の秘密を報告したからである。そうであれば，プライバシー侵害を理由として本件区長に過失を問うことは酷に過ぎようし，原告としても，会社幹部ないしは弁護士を相手方として訴訟を提起すべきだったのかもしれない。

最後に，本件の前提問題として，そもそも市区町村による犯罪人名簿の作成保管については，法令上の根拠が必ずしも明確でないという根本的な問題がある。この点からも，犯罪情報一般についての総合的な立法の必要性が指摘されている。

◉事案の背景

アメリカ法に淵源を持つプライバシーの権利は，日本でも1960年代初頭に，本格的に論じられるようになったが，裁判上は，モデル小説による私人のプライバシー侵害に関わる1964年の「宴のあと」事件第一審判決で，「私生活をみだりに公開されない」権利として私法上初めて承認され，その後，1969年の京都府学連事件判決において，最高裁が，国家権力の行使に対しても保護されるべき「私生活上の自由」の一つとして，「何人も，その承諾なしに，みだりにその容ぼう，姿態を撮影されない自由を有する」と判示したことによって，憲法上の権利としてもその権利性が承認されることになった。

本判決当時，学説においては，プライバシーの権利を，より伝統的な，私生活上の自由から，情報化社会の進展により対応することができると主張される，自己に関する情報をコントロールする権利へと再構成する見解が見られたところ，本判決は，そのような発想には一切触れることなく，私事の公開からの自由という伝統的な枠組において，本件事案を処理した。

【キーワード】

弁護士法23条の2　「①弁護士は，受任している事件について，所属する弁護士会に対し，公務所又は公私の団体に照会して必要な事項の報告を求めることを申し出ることができる。申出があった場合において，当該弁護士会は，その申出が適当でないと認めるときは，これを拒絶することができる。②弁護士会は，前項の規定による申出に基き，公務所又は公私の団体に照会して必要な事項の報告を求めることができる。」

犯罪人名簿　検察庁および市区町村役場に備え付けられる犯罪人の氏名を記載した帳簿。市区町村長は，選挙資格の調査のために，これを作成保管するものとされている。

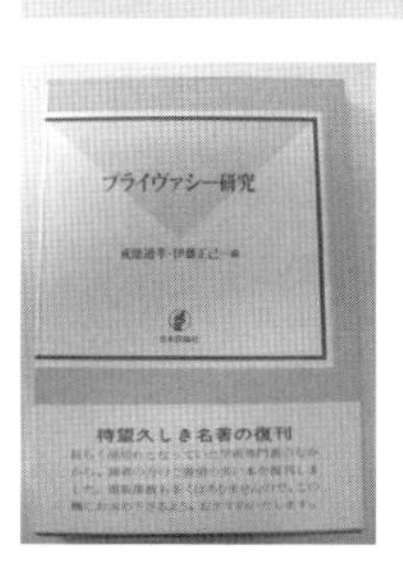

【文献】戒能通孝・伊藤正己編『プライヴァシー研究』（日本評論社，1962年），百選Ⅰ・19（竹中勲），行政百選Ⅰ〔第7版〕・42（稲葉一将）。

『プライヴァシー研究』復刻版（1989年）

09 プライバシーの権利②

早稲田大学江沢民主席講演会事件

小竹　聡

最判平成15（2003）年9月12日
民集57巻8号973頁

【判決のポイント】
大学主催の講演会に参加を申し込んだ学生の名簿を，学生の同意を得ることなく警察に提出することは許されない。

【事案の概要】
早稲田大学は，1998年11月28日に，同大学の大隈講堂において，中華人民共和国の江沢民国家主席による講演会を開催することを計画し，同大学の学生に対し参加を募ることにした。本件講演会の参加の申込みは，所定の場所に備え置かれた本件名簿に，希望者が学籍番号，氏名，住所および電話番号を記入して行うものとされ，参加を申し込んだ学生には，参加証等が交付された。同大学は，本件講演会を準備するに当たり，**警視庁**，外務省，中華人民共和国大使館等から警備体制について万全を期すよう要請されていたが，関係者間での数回の打ち合わせの中で，警視庁から，警備のため本件講演会に出席する者の名簿を提出するよう要請された。そこで，同大学は，本件講演会の警備を警察に委ねるべく本件名簿を提出することとし，本件名簿の写しを，教職員，留学生，プレス関係者等その他のグループの参加申込者の各名簿と併せて，警視庁戸塚署に提出した。同大学は，このような本件名簿の写しの提出について，参加を申し込んだ学生の同意は得ていない。

当時，早稲田大学の学生であった原告ら3名は，本件講演会に参加したが，講演中に，「中国の核軍拡反対」と大声で叫ぶなとしたため現行犯逮捕され，その後，同大学から**けん責**処分を受けた。そこで，これらの学生が同処分の無効確認等のほか，同大学が本件名簿の写しを無断で警視庁に提出したことはプライバシーの侵害に当たるとして，損害賠償を求めて提訴した。

裁判所の判断

「本件個人情報は，早稲田大学が重要な外国国賓講演会への出席希望者をあらかじめ把握するため，学生に提供を求めたものであるところ，学籍番号，氏名，住所及び電話番号は，早稲田大学が個人識別等を行うための単純な情報であって，その限りにおいては，秘匿されるべき必要性が必ずしも高いものではない。また，本件講演会に参加を申し込んだ学生であることも同断である。しかし，このような個人情報についても，本人が，自己が欲しない他者にはみだりにこれを開示されたくないと考えることは自然なことであり，そのことへの期待は保護されるべきものであるから，本件個人情報は，上告人らのプライバシーに係る情報として法的保護の対象となるというべきである」。

「このようなプライバシーに係る情報は，取扱い方によっては，個人の人格的な権利利益を損なうおそれのあるものであるから，慎重に取り扱われる必要がある。本件講演会の主催者として参加者を募る際に上告人らの本件個人情報を収集した早稲田大学は，上告人らの意思に基づかずにみだりにこれを他者に開示することは許されないというべきであるところ，同大学が本件個人情報を警察に開示することをあらかじめ明示した上で本件講演会参加希望者に本件名簿へ記入させるなどして開示について承諾を求めることは容易であったものと考えられ，それが困難であった特別の事情がうかがわれない本件においては，本件個人情報を開示することについて上告人らの同意を得る手続を執ることなく，上告人らに無断で本件個人情報を警察に開示した同大学の行為は，上告人らが任意に提供したプライバシーに係る情報の適切な管理についての合理的な期待を裏切るものであり，上告人らのプライバシーを侵害するものとして不法行為を構成するというべきである。原判決の説示する本件個人情報の秘匿性の程度，開示による具体的な不利益の不存在，開示の目的の正当性と必要性などの事情は，上記結論を左右するに足りない」。

※なお，亀山，梶谷両裁判官の反対意見がある。

解　説

本件で問題となった個人情報は，氏名，学籍番号，住所，電話番号のほか，自分が「本件講演会に参加を申し込んだ学生であること」についての情報である。これらの情報のうち，前4者は，自己情報コントロール権説に言うところの「プライバシー外延情報」（外縁情報）にあたり，「秘匿されるべき必要性が必ずしも高いものではない」。しかし，本件講演会の参加申込者であることは，例えば，護憲集会への参加と同様に，そこに一定の思想性の発露が見られるとすれば，いわゆる「プライバシー固有情報」と位置づけられ，その侵害には，より厳格な審査基準が適用されることになる。もっとも，本件講演会は，狭義の政治集会とは異なり，当該大学が主催する，教育目的からする課外活動の一環としての講演会であるから，さしあたり，この情報を思想や信条に関するセンシティヴな情報にあたるとする必要はなかろう。本件で早稲田大学が行った行為は，外国国賓の講演会を主催するに際して，これらの本件個人情報を収集したこと，そして，学生の同意を得ることなく，本件個人情報を警視庁に開示したことである。そこで，同大学が本件個人情報を収集および開示することが，学生のプライバシーの権利を侵害するかどうかが問題となる。

まず，個人情報の収集の側面について考察すれば，同大学が本件個人情報を収集した目的は，学生の参加者を専ら同大学の学生に限定し，当該講演会参加者をあらかじめ確保，特定することにあり，そうした目的を達成するために，参加を希望する学生に対して，参加者名簿に，一定の情報の記載を求めるという手段をとったというものである。そうであれば，同大学が，あらかじめ参加者を特定，把握しようとしたことには正当な目的があり，また，そうした目的を達成するために，参加希望者に事前に個人情報の提供を求めたことは，当該目的と合理的関連性があるものと考えられる。もっとも，住所および電話番号についても記入を求めたことには，参加学生の特定という目的との関連性において疑問なしとしないが，本人確認ないしは緊急連絡先として，当該情報の記入を求めたとする理解はありうるところであろう。

次に，個人情報の開示の側面については，同大学が本件個人情報を警視庁に開示した目的は，警察機関による警備と警護に万全を期するためであり，そのために，参加者名簿を参加者の同意を得ずに警視庁に提出するという手段をとったということになる。しかし，一般に，警備，警護に万全を期すからといって，講演会を開催するのに参加者名簿は必要なのであろうか。たとえ重要な外国国賓の講演会であろうとも，例えば，バック類等の持ち込み禁止，会場入口での徹底した所持品検査，会場内外での厳重な警備等によって，名簿がなくとも当該目的を達成することは可能であり，ここでは，目的と手段との関連性は極めて疑わしいように思われる。さらに，本件では，名簿の提出は警視庁側が要請したのであり，中国要人の講演に関心のある早大生のファイルを取得することには公安調査目的があったのではないかとの疑いも払拭しえない。そうであれば，なおのこと，参加者の事前の同意が必要であったとすべきであり，この点につき，多数意見は正当であるものと考える。

◉事案の背景

本判決は，プライバシー侵害の捉え方について，従来の，「私生活をみだりに公開されない」権利よりも，自己情報コントロール権説の立場からより整合的に説明することができるように思われる点で，新たな法理の展開を示しているのかもしれない。もっとも，「合理的な期待の裏切り」を強調する本判決は，第三者への提供によるプライバシー侵害が問題となる事案において，一つの明確な判断基準を提示したものであり，今後の議論の進展に様々な影響を及ぼすことになろう。

【キーワード】

警視庁　各道府県の警察本部とは異なり，東京都の警察本部は，警視庁と呼ばれる。

けん責　過失などをとがめ，しかること。

【文献】 佐藤憲法論，百選Ⅰ・20（棟居快行），メディア百選〔第2版〕・42（岡村久道）。

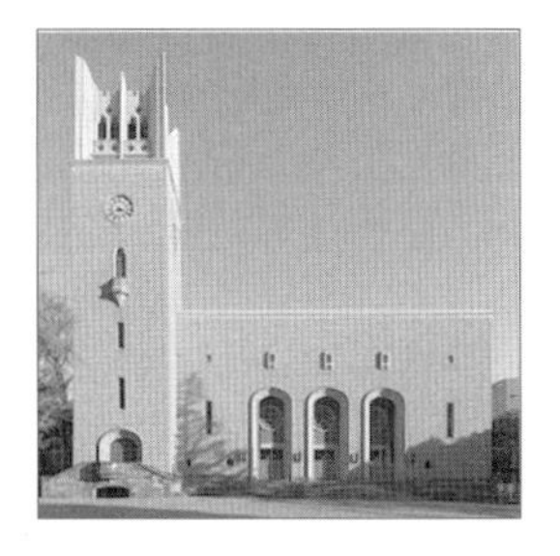

早稲田大学大隈講堂，東京都新宿区，佐藤功一，佐藤武夫設計，内藤多仲構造設計，1927年（出典：https://commons.wikimedia.org/wiki/File:Okuma_Auditorium.jpg（Author Wiiii ／ CC BY-SA 3.0））。

10 自己決定権

「エホバの証人」輸血拒否事件

小竹　聡

最判平成 12（2000）年 2 月 29 日
民集 54 巻 2 号 582 頁

【判決のポイント】
患者が，自己の宗教上の信念に反するとして，輸血を伴う医療行為を拒否するとの明確な意思を有している場合，このような意思決定をする権利は，尊重されなければならない。

【事案の概要】
宗教上の信念から，いかなる場合にも輸血を受けることは拒否するという固い意思を有していた成人の患者 X は，輸血を伴わない手術を受けることができると期待して，肝臓腫瘍の摘出手術を受けるために，Y 病院に転院した。Y 病院では，こうした患者が輸血を受けるのを拒否することを尊重し，できる限り輸血をしないことにするが，輸血以外には救命手段がない事態に至ったときは，患者およびその家族の諾否にかかわらず輸血をするという方針を採用していたものの，Y 病院の担当医師たちは，本件手術の際に輸血を必要とする事態が生ずる可能性があることを認識していたにもかかわらず，X に対して右方針を説明せず，X およびその家族に対して輸血する可能性があることを告げないまま本件手術を施行し，右方針に従って輸血をした。退院時にそのことを知った X が損害賠償請求を行った。

一審（東京地判平成 9（1997）・3・12，判タ 964 号 82 頁）は，手術中にいかなる事態になっても輸血をしないとの特約はそもそも公序良俗に反して無効であり，また，本件医師が輸血以外に救命方法がない事態になれば必ず輸血をするとは明言しなかったことは諸般の事情を総合考慮すると違法とは言えず，患者の意思に反する本件輸血も社会的に正当な行為として違法性がないと判示した。これに対して，二審（東京高判平 10（1998）・2・9，判時 1629 号 34 頁，判タ 965 号 83 頁）は，本件事案においては，「手術中いかなる事態になっても，すなわち，輸血以外に救命手段がない事態になっても，輸血をしない」との「絶対的無輸血」の特約は成立していないとして，債務不履行による損害賠償請求を斥けつつ，「医師は，エホバの証人患者に対して輸血が予測される手術をするに先立ち，同患者が判断能力を有する成人であるときには，輸血拒否の意思の具体的内容を確認するとともに，医師の無輸血についての治療方針を説明することが必要である」ところ，当該医師団は，患者の絶対的無輸血の意思を認識し，また，輸血以外に救命手段がない事態が発生する可能性のあることを認識していたにもかかわらず，「手術に当たりできる限り輸血をしないこととするが，輸血以外に救命手段がない事態になった場合には輸血をする」との「相対的無輸血」の治療方針を採用していながらこの治療方針の説明を怠ったこと，この説明義務違反の結果，Y 病院での診療を受けないこととするのか否かの患者の選択の機会（自己決定権行使の機会）が奪われることとなり，その自己決定権を侵害したこと，本件輸血が救命のために必要であったことは説明義務違反の違法性を阻却せず，従って本件輸血の違法性も阻却するものではないことにより，一部の医師につき不法行為による損害賠償責任を認めた。

裁判所の判断

「……患者が，輸血を受けることは自己の宗教上の信念に反するとして，輸血を伴う医療行為を拒否するとの明確な意思を有している場合，このような意思決定をする権利は，**人格権**の一内容として尊重されなければならない。そして，X が，宗教上の信念からいかなる場合にも輸血を受けることは拒否するとの固い意思を有しており，輸血を伴わない手術を受けることができると期待して Y 病院に入院したことを A 医師らが知っていたなど本件の事実関係の下では，A 医師らは，手術の際に輸血以外には救命手段がない事態が生ずる可能性を否定し難いと判断した場合には，X に対し，Y 病院としてはそのような事態に至ったときには輸血するとの方針を採っていることを説明して，Y病院への入院を継続した上，A医師らの下で本件手術を受けるか否かをX自身の意思決定にゆだねるべきであったと解するのが相当である。

……本件においては，A医師らは，右説明を怠ったことにより，Xが輸血を伴う可能性のあった本件手術を受けるか否かについて意思決定をする権利を奪ったものといわざるを得ず，この点において同人の人格権を侵害したものとして，同人がこれによって被った精神的苦痛を慰謝すべき責任を負うものというべきである。……」

解　説

本判決は，何を，どこまで認めたのか。この問いに答えるためには，下級審，とりわけ原審との比較が有益となろう。一審は，医療および医師の救命至上主義とも言うべき立場を強調するあまり，患者の自己決定権をあまりにも軽視ないし無視するものと評することができる。これに対して，原審は，①絶対的無輸血の特約の有効性につき，「人が信念に基づいて生命を賭しても守るべき価値を認め，その信念に従って行動すること……は，それが他者の権利や公共の利益ないし秩序を侵害しない限り，違法となるものではなく，他の者がこの行動を是認してこれに関与することも，同様の限定条件の下で，違法となるものではない」としたこと，②医師の患者に対する治療方針の説明義務に関して，患者の同意は「各個人が有する自己の人生のあり方（ライフスタイル）は自らが決定することができるという自己決定権に由来するもの」とし，また，自己の生命の喪失につながるような自己決定権は認められないとの主張については，「人はいずれは死すべきものであり，その死に至るまでの生きざまは自ら決定できるといわなければならない（例えばいわゆる尊厳死を選択する自由は認められるべきである）」と述べたこと，③本件医師は患者の手術拒否を恐れて正当にもあえて説明をしなかったものであるとの主張に対して，「いかなる場合であっても医師が救命（本件ではむしろ延命）のため手術を必要と判断すれば患者が拒否しても手術してよいとすることに成り兼ねない」と反論したこと，④救命の必要性による輸血の違法性阻却の主張につき，「救命のためという口実さえあれば医師の判断を優先することにより，患者の自己決定権をその限りで否定することとなる」と断じたこと等の判示に見られるように，医療現場における患者の自己決定権を前面に押し出し，その重要性に改めて注意を促したものと評することができよう。

本判決において，最高裁は，本件患者が有するような，宗教上の信念に基づき輸血を伴う医療行為を拒否するとの意思決定をする権利を人格権の問題と捉えた上で，本件事実関係を前提として，当該医師らが説明を怠ったことにより，Xの本件手術を受けるか否かについての意思決定をする権利が奪われたことに人格権侵害を見る。信仰に基づく輸血拒否の文脈で，患者の自己決定権が問題となるのは，まさに救命のための輸血を拒否するレヴェルなのであるから，説明を受けて手術を選択するレヴェルでの意思決定をする権利だけを論ずる最高裁の問題設定は，二審の判示と比較したときには，あまりにもミニマルな判断にとどまるものである。高裁判決が一石を投じた絶対的無輸血の主張の正当性を認める論理を憲法上どう精緻化するかが今後の課題となる。

◉事案の背景

エホバの証人の信者による輸血拒否をめぐっては，1985年6月に神奈川県川崎市で起きた，両親の信仰上の理由からする輸血拒否により10歳の少年が死亡した事件を契機として，広く論議が巻き起こったほか，同じ時期に，地方裁判所による初めての司法判断（大分地決昭和60（1985）・12・2，判時1180号113頁，判タ570号30頁）が出されている。本件は，この間の，医療行為をめぐる生命・身体の処分に関する自己決定権についての議論の進展を一定程度反映しているものと考えられるが，例えば，輸血拒否権の主体や，患者に依存する第三者の保護の問題といった本判決の射程を超えた未解明の論点もなお残されている。

【キーワード】
人格権　私法上の権利として古くから認められてきた，各人の人格に本質的な生命，身体，自由，名誉等に関する利益の総体。

【文献】山田卓生『私事と自己決定』（日本評論社，1987年），百選Ⅰ・26（淺野博宣），医事法百選〔第2版〕・36（岩志和一郎）。

大泉実成『説得―エホバの証人と輸血拒否事件』（現代書館，1988年）

11 公害と人格権

大阪空港公害訴訟

小竹　聡

最大判昭和 56（1981）年 12 月 16 日
民集 35 巻 10 号 1369 頁

【判決のポイント】
一定の時間帯につき航空機の離着陸のためにする国営空港の供用の差止めを求める訴えは，民事上の請求としては不適法である。

【事案の概要】

大阪国際空港は，1937 年に逓信省航空局によって「大阪第二飛行場」として設置されて以来順次拡張され，終戦とともに米軍に接収されたものの，1958 年 3 月に全面的に返還され，1959 年 7 月に「大阪国際空港」と命名されるとともに，1970 年 2 月には全長 3,000 メートルの B 滑走路の供用が開始された。また，1964 年 6 月にジェット機が就航して以降，乗入れ機種が次第に多様化，大型化するようになり，その後も，機数の増加，ことにジェット機の増加の傾向が年々顕著となっている。原告らは同空港周辺に現に居住する住民であり，航空機の騒音，排気ガス，ばい煙，悪臭，振動等により被害を被っているとして，国を相手方として，①午後 9 時から翌朝 7 時までの空港使用の差止め，②過去の損害賠償，③将来の損害賠償を求めて，民事訴訟を提起した。

一審（大阪地判昭和 49（1974）・2・27 判時 729 号 3 頁）は，①午後 10 時から翌朝 7 時までの使用差止めと②過去の損害賠償の請求を認容したが，③将来の損害賠償請求は棄却した。二審（大阪高判昭和 50（1975）・11・27 判時 797 号 36 頁）は，①午後 9 時以降の飛行機の発着禁止を含め，原告らの主張をほぼ全面的に認めたため，国側が上告した。

裁判所の判断

①差止請求に関する判断（9 対 4 で**却下**―3 名の裁判官の補足意見（＝行政訴訟によって審理判断すべき），4 名の裁判官の反対意見（＝民事訴訟として適法）がある）

「……営造物管理権の本体をなすものは，公権力の行使をその本質的内容としない非権力的な権能であって，同種の私的施設の所有権に基づく管理権能とその本質において特に異なるところはない。……」

「しかしながら，……空港については，その運営に深いかかわりあいを持つ事象として，航空行政権，すなわち航空法その他航空行政に関する法令の規定に基づき運輸大臣に付与された航空行政上の権限で公権力の行使を本質的内容とするものの行使ないし作用の問題があり，これと空港ないし飛行場の管理権の行使ないし作用とが法律上どのような位置，関係に立つのかが更に検討されなければならない」。

「……そもそも法が一定の公共用飛行場についてこれを国営空港として運輸大臣がみずから設置，管理すべきものとしたゆえんのものは，これによってその航空行政権の行使としての政策的決定を確実に実現し，国の航空行政政策を効果的に遂行することを可能とするにある，というべきである。……」

右にみられるような空港国営化の趣旨，すなわち国営空港の特質を参酌して考えると，本件空港の管理に関する事項のうち，少なくとも航空機の離着陸の規制そのもの等，本件空港の本来の機能の達成実現に直接にかかわる事項自体については，空港管理権に基づく管理と航空行政権に基づく規制とが，空港管理権者としての運輸大臣と航空行政権の主管者としての運輸大臣のそれぞれ別個の判断に基づいて分離独立的に行われ，両者の間に矛盾乖離を生じ，本件空港を国営空港とした本旨を没却し又はこれに支障を与える結果を生ずることがないよう，いわば両者が不即不離，不可分一体的に行使実現されているものと解するのが相当である。……」

「……本件空港の離着陸のためにする供用は運輸大臣の有する空港管理権と航空行政権という二種の権限の，総合的判断に基づいた不可分一体的な行使の結果であるとみるべきであるから，右被上告人らの前記のような請求は，事理の当然として，不可避的に航空行政権の行使の取消変更ないしその発動を求める請求を包含することとなるものといわなければならない。したがって，右被上告人らが行政訴訟の方法により何らかの請求をすることができるかどうかはともかくとして，上告人に対し，いわゆる通常の民事上の請求として前記のような私法上の給付請求権を有するとの主張の成立すべきいわれはないというほかはない。

以上のとおりであるから，前記被上告人らの本件訴えのうち，いわゆる狭義の民事訴訟の手続により一定の時間帯につき本件空港を航空機の離着陸に使用させることの差止めを求める請求にかかる部分は，不適法というべきである」。

②過去の損害の賠償請求に関する判断（9対4で認容—ⅰ）につき，5名の裁判官の補足意見，1名の裁判官の意見，4名の裁判官の反対意見が，ⅱ）につき，1名の裁判官の補足意見，4名の裁判官の反対意見がある。過去の損害の賠償請求に関する判断のうち，その他の論点については省略）

ⅰ）公の営造物の設置管理の瑕疵（国家賠償法2条1項）　「……国家賠償法2条1項の営造物の設置又は管理の瑕疵とは，営造物が有すべき安全性を欠いている状態をいうのであるが，そこにいう安全性の欠如，すなわち，他人に危害を及ぼす危険性のある状態とは，ひとり当該営造物を構成する物的施設自体に存する物理的，外形的な欠陥ないし不備によって一般的に右のような危害を生ぜしめる危険性がある場合のみならず，その営造物が供用目的に沿って利用されることとの関連において危害を生ぜしめる危険性がある場合をも含み，また，その危害は，営造物の利用者に対してのみならず，利用者以外の第三者に対するそれをも含むものと解すべきである。……」

「……右事実関係のもとにおいて本件空港の設置，管理に瑕疵があるものと認めた原審の判断は正当というべきである。……」

ⅱ）受忍限度論と公共性ないし公益上の必要性

「……本件において主張されている公共性ないし公益上の必要性の内容は，航空機による迅速な公共輸送の必要性をいうものであるところ，現代社会，特にその経済活動の分野における行動の迅速性へのますます増大する要求に照らしてそれが公共的重要性をもつものであることは自明であり，また，本件空港が国内・国際航空路線上に占める地位からいって，その供用に対する公共的要請が相当高度のものであることも明らかであって，原審もこれを否定してはいない。しかし，これによる便益は，国民の日常生活の維持存続に不可欠な役務の提供のように絶対的ともいうべき優先順位を主張しうるものとは必ずしもいえないものであるのに対し，他方，原審の適法に確定するところによれば，本件空港の供用によって被害を受ける地域住民はかなりの多数にのぼり，その被害内容も広範かつ重大なものであり，しかも，これら住民が空港の存在によって受ける利益とこれによって被る被害との間には，後者の増大に必然的に前者の増大が伴うというような彼此相補の関係が成り立たないことも明らかで，結局，前記の公共的利益の実現は，被上告人らを含む周辺住民という限られた一部少数者の特別の犠牲の上でのみ可能であって，そこに看過することのできない不公平が存することを否定できないのである。……してみると，原判決がこれら諸般の事情の総合的考察に基づく判断として，上告人が本件空港の供用につき公共性ないし公益上の必要性という理由により被上告人ら住民に対してその被る被害を受忍すべきことを要求することはできず，上告人の右供用行為は法によって承認されるべき適法な行為とはいえないとしたことには，十分な合理的根拠がないとはいえず，原審の右判断に所論の違法があるとすることはできない」。

③将来の損害の賠償請求に関する判断（12対1で却下—1名の裁判官の反対意見がある）

「……将来の侵害行為が違法性を帯びるか否か及びこれによって被上告人らの受けるべき損害の有無，程度は，被上告人ら空港周辺住民につき発生する被害を防止，軽減するため今後上告人により実施される諸方策の内容，実施状況，被上告人らのそれぞれにつき生ずべき種々の生活事情の変動等の複雑多様な因子によって左右されるべき性質のものであり，しかも，これらの損害は，利益衡量上被害者において受忍すべきものとされる限度を超える場合にのみ賠償の対象となるものと解されるのであるから，明確な具体的基準によって賠償されるべき損害の変動状況を把握することは困難といわなければならない……。それゆえ，……原判決中右将来の損害の賠償請求を認容した部分は破棄を免れず……右請求にかかる訴えを却下すべきである」。

解　説

本判決は，航空機騒音被害をめぐって争われた空港公害裁判に関する重要な先例となっている。しかし，原告側のほぼ全面勝訴となった画期的な2審判決を覆し，とりわけ民事上の差止請求を却下したことには極めて問題がある。多数意見の論理によれば，国営空港の「本来の機能の達成実現に直接かかわる事項」には，運輸大臣の空港管理権と空港行政権が「不可分一体的に行使実現されている」から，本件空港の離発着のためにする供用を民事上の請求として差止めることは，行政訴訟による請求が「できるかどうかはともかくとして」不適法であるとする。この判旨は，騒音被害の実相を直視していないだけでなく，国民の裁判を受ける権利の観点からも，あまりにも形式論理に傾き，不親切極まりないとの厳しい批判を免れない。損害賠償請求と公共性概念との関係といった他の論理とともに，判決の批判的検討が求められている。なお，本判決後の厚木基地訴訟（最判平成5（1993）・2・25民集47巻2号643頁）では，自衛隊機の運航に関する防衛庁長官の権限行使が（不可分一体論ではなく）公権力の行使に当たると認定され（但し，「行政訴訟としてどのような要件の下にどのような請求をすることができるかはともかくとして」とする），民事上の請求は不適法であるとされるとともに，米軍機の離発着等の差止請求についても，国に対して「第三者の行為の差止めを請求するもの」であり，「主張自体失当」であるとされた。

◉事案の背景

本件においては，原告らは，損害賠償および差止請求の法的根拠として，人格権ないし環境権を援用した。最高裁は，これらの主張に立ち入らなかったが，原審は，「個人の生命，身体，精神および生活に関する利益は，各人の人格に本質的なものであって，その総体を人格権ということができ，このような人格権は何人もみだりにこれを侵害することは許されず，その侵害に対してはこれを排除する権能が認められなければならない」としつつ，「当裁判所は，原告らの人格権に基づく差止請求を認容するのであり，後記の損害賠償についても人格権侵害を根拠とすれば足りるものと解するので，原告ら主張の環境権理論の当否については判断しない」と述べていた。一般に，「良い環境を享受し，かつ，これを支配する権利」と定義される環境権は，本件訴訟を契機として，1970年に初めて提唱されたものであるが，裁判例においては，環境権が正面から是認されたことはなく，住民の主張に好意的な判決も，本件2審判決のように，人格権を援用するのが通例である。なお，本判決をめぐっては，差止めを認める方向で小法廷が結審した後に，当時の岡原長官の意向で審理が大法廷に回付されたとの報道がなされている（朝日新聞1991・12・12，夕刊）。

【キーワード】
却下　申し立てを事件の実体の当否についての判断に立ち入らず，不適法として排斥すること。申し立ての内容を理由がないとして排斥する，棄却と区別される。

【文献】 大阪弁護士会環境権研究会『環境権』（日本評論社，1973年），百選Ⅰ・27（渋谷秀樹），環境法百選〔第3版〕・19（下山憲治），同・20（手嶋豊）。

『環境権』復刻版（1988年）

コラム２　司法権と違憲審査

憲法 76 条 1 項は,「すべて司法権は，最高裁判所及び法律の定めるところにより設置する下級裁判所に属する」と規定しています。

裁判所は，この「司法権」の範囲で権限を有します。司法権は，伝統的には「民事刑事の裁判権」（裁判所法２条）ですが，日本国憲法の下での裁判所の権限は，大きく広がり，司法権は，行政裁判権を含み，通説的には違憲審査権を含むと考えられています（☞**本書 73**)。

司法権は,「具体的な争訟について，法を適用し，宣言することによって，これを裁定する国家の作用」だと考えられています（宮沢俊義)。

これは，さらに，具体的な争訟や紛争が存在すること，法を宣言，適用すること，争訟・紛争の裁定・解決，に分解されます。これに加え，当事者から訴訟が提起されること，適正手続の要請等に則った特別な手続，独立した裁判，などが要請されます（芦部信喜)。

具体的な争訟や紛争が存在すること，は，裁判所３条が「一切の法律上の争訟」と規定するのだと同じだと考えられており，具体的事件性の要件と呼ばれています。

「具体的事件性の要件」は，当事者間の権利義務関係や法律関係の存否に関する紛争が存在すること（具体的争訟性の要件)，また，それが法律を適用して終局的に解決できること（解決可能性の要件）を要します。裁判所が権限を行使するためには，原則として「具体的事件性の要件を満たす必要があります。

ただし，裁判所は必ずしも具体的事件性の要件を満たさない「客観訴訟」も判断し，これをどう考えるかは，議論のあるところです。「客観訴訟」は，法規の適用の客観的適正を保障し，公益を保護するために認められる訴訟，とされ，行政事件訴訟法の定める民衆訴訟（国または公共団体の，法規に適合しない行為の是正を求めるために，国民が選挙人である資格その他自己の法律上の利益にかかわらない資格で提起する訴訟）や機関訴訟（国または公共団体の機関相互における権限の存否またはその行使に関する紛争）がこれにあたります。客観訴訟は，法律が特に定める場合に限り，その定める要件に従う者だけが提起できます。

裁判所は，違憲審査権（国家行為が憲法に適合しているかどうかを，通常の系列の裁判所や，特に設置された憲法裁判所が判断する制度，憲法 81 条）を行使します。日本では，最高裁を終審とする通常裁判所が違憲審査権を行使します（☞**本書 73**)。

日本国憲法は，通常の裁判所が，具体的な争訟事件を裁判するにあたって，前提として事件の解決に必要な範囲で適用される法令や国家行為の違憲審査を行う，付随的違憲審査制を採用していると解されています（☞**本書 73**)。違憲審査を求めるためには，原則として，具体的事件性の要件をみたす必要があります。

【参考文献】 金子宏ほか『法律学小辞典〔第 4 版補訂版〕』（有斐閣，2008 年)。

最高裁判所　　大法廷

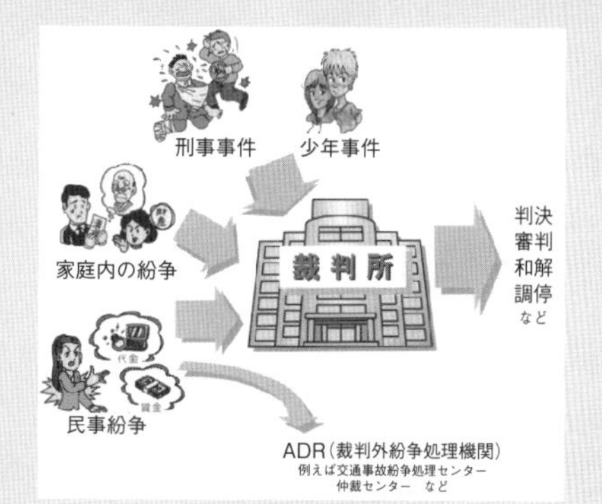

裁判所の仕事
〈http://www.courts.go.jp/about/sigoto/index.html〉

12 法の下の平等①

尊属殺重罰規定違憲訴訟 ―― 吉田仁美

最大判昭和48（1973）年4月4日
刑集27巻3号265頁

【判決のポイント】
刑法200条の尊属殺重罰規定の法定刑は，あまりにも厳しすぎ，憲法14条1項に違反し無効である。

【事案の概要】
Y（被告人）は，少女のころ（14歳）に実父から破倫の行為を受け，以後本件にいたるまで10余年間，夫婦同様の生活を強いられ，その間数人の子までできるという悲惨な境遇にあった。本件発生の直前，たまたま正常な結婚の機会にめぐりあったのに，実父がこれを嫌い，あくまでも被告人を自己の支配下に置き醜行を継続しようとした。このためYは，実父から10日あまりにわたって脅迫虐待を受け，懊悩煩悶の極にあったところ，いわれのない実父の暴言に触発され，忌まわしい境遇から逃れようとして，実父を絞殺した。Yは，犯行後ただちに自首した。

Yは刑法200条の尊属殺の規定によって起訴されたが，第一審（宇都宮地判昭和44（1969）・5・29判タ237号262頁①事件）は，同条を違憲無効として適用を排除し，刑法199条を適用して，過剰防衛と心神耗弱，ただちに自首したこと等を理由に，刑を免除した。控訴審（東京高判昭和45・（1970）5・12判時619号93頁）は，刑法200条を適用し，不正の侵害が「急迫」しておらず，防御の意思もなかったとして過剰防衛を認めず，心身耗弱と情状酌量により刑を軽減し，懲役3年6月の実刑（法律上の最低限）に処した。

裁判所の判断 ―― 破棄自判

被告人を懲役2年6月（執行猶予3年）に処する。

①憲法14条1項は，法の下の平等を保障した規定であり，「同項後段列挙の事項は例示的なものである」。また，「この平等の要請は，事柄の性質に即応した合理的な根拠に基づくものでないかぎり，差別的な取扱いをすることを禁止する趣旨」である。

②「刑法200条の立法目的は，**尊属**を卑属またはその配偶者が殺害することをもつて一般に高度の社会的道義的非難に値するものとし，かかる所為を通常の殺人の場合より厳重に処罰し，もつて特に強くこれを禁圧しようとするにある」。「尊属に対する尊重報恩は，社会生活上の基本的道義というべく，このような自然的情愛ないし普遍的倫理の維持は，刑法上の保護に値する」。しかし，「自己または配偶者の直系尊属を殺害するがごとき行為はかかる結合の破壊であつて，それ自体人倫の大本に反し，かかる行為をあえてした者の背倫理性は特に重い非難に値する」。尊属の殺害は通常の殺人に比べ「一般に高度の社会的道義的非難を受けて然るべきであ」り，これを処罰に反映させても不合理ではない。「被害者が尊属であることを犯情のひとつとして具体的事件の量刑上重視することは許される」し，さらに「このことを類型化し，法律上，刑の加重要件とする規定を設けても」，「ただちに合理的な根拠を欠くものと断ずることはできず」，憲法14条1項に違反しない。

③しかし，「加重の程度が極端であつて，前示のごとき立法目的達成の手段として甚だしく均衡を失し，これを正当化しうべき根拠を見出しえないときは，その差別は著しく不合理なもの」であり，そのような規定は憲法14条1項に違反する。刑法200条の法定刑は「それが死刑または無期懲役刑に限られている点」で「あまりにも厳し」く，「立法目的，すなわち，尊属に対する敬愛や報恩という自然的情愛ないし普遍的倫理の維持尊重の観点のみをもつてしては，これにつき十分納得すべき説明が」つかず，「合理的根拠に基づく差別的取扱いとして正当化」できない。刑法200条は「尊属殺の法定刑を死刑または無期懲役刑のみに限」る点において，その立法目的達成のため必要な限度を遥かに超え，普通殺に関する刑法199条の法定刑」（死刑，無期懲役刑，3年以上の有期懲役刑）「に比し著しく不合理な差別的取扱いをす

るもの」で，違憲無効である。したがって「尊属殺にも刑法199条を適用するのほかはない。この見解に反する当審従来の判例はこれを変更する」。

解　説

本件は，昭和25（1950）年10月5日の大法廷判決以来，5例の合憲判決を14対1で覆し，刑法200条を違憲とした。日本国憲法のもとでの違憲審査制において，最初の違憲判決であった。

本件の事案では，一審判決のように過剰防衛を認めるのは難しく，当時の判例に従えば，控訴審判決の結論が妥当と考えられた。しかし，刑法200条の法定刑が厳しすぎ，本判決も言及したように，（本件の例では心身耗弱と情状酌量による減刑の）2回の減刑を行っても執行猶予がつけられる3年以下の刑期にはできず，問題視されていた。また，本件が甚だしい虐待を背景とした痛ましい事件で，被害者の行為の背倫理性がきわめて強く，実刑は避けねばならないと考えられたことが，違憲判決の理由と考えられる。また，本件判決によれば，尊属殺の事案のほとんどで刑が軽減されており，加害者の背倫理性が強くない――子に同情すべき事情があった（鴨谷潤「尊属殺違憲判決その後」立法と調査101号（1980年）1頁，3頁，71国会衆法務30-2（昭和48（1973）年6月6日））ことも背景にある。本判決後，刑法200条のもとで判決が確定していた者のうち41.8％の46人に対し，内閣により恩赦が行われた。

本判決後，検察は尊属殺にも刑法199条を適用した。刑法200条は，与党自民党に法定刑を下げればよいとの意見があり，22年後の平成7（1995）年の刑法改正（刑法口語化）時にようやく削除された。直系尊属に関する刑罰の加重は，他に尊属傷害致死（刑法205条2項），尊属遺棄（刑法218条2項），尊属の逮捕監禁（刑法220条2項）があったが，同じく削除された。これらは，法廷意見に与した14人中8人の裁判官が刑法200条の「法定刑の厳しさ」を違憲理由としたため，改正まで合憲とされていた。

田中二郎裁判官ら6人は，刑法200条の目的自体が「一種の身分制道徳の見地に立つもの」で，「旧家族制度的倫理観に立脚」し，「個人の尊厳と人格価値の平等を基本的な立脚点とする民主主義の理念と抵触する」疑いが強く，加重規定はいずれも違憲無効だとしていた。

◉事案の背景

本事案は，現代でいえば児童虐待を背景とした痛ましい事件であった。児童虐待が注目され統計が開始されたのは，1990年からであり，2000年に児童虐待防止法が制定された。相談件数は増え続け，2013年に66,701件，うち性的虐待は1,449件であった（厚生労働省HP）。児童虐待は家族や近しい人との力関係の中で起こる。DVと同じく，「法は家庭に入らず」の原則のもと，家族の病理は長く法的に見過ごされてきた。

【キーワード】
尊属　自分の血族のうち，自分より先の世代の人。父母や祖父母を直系尊属，おじやおばを傍系尊属という。なお，自分より後の世代の人（子や孫等）を卑属という。

【文献】 井上薫「尊属殺重罰規定を違憲とした最高裁大法廷の再検討（下）（最終回）」捜査研究586号（2000年）61頁，山田隆司「戦後史で読む憲法判例⑨「家制度」と尊属殺事件」法セ716号（2014）63頁，百選Ⅰ・28（渡辺康行）。

谷口優子『尊属殺人罪が消えた日』（筑摩書房筑摩書房，1987年）：本件についてのノンフィクション。

13 法の下の平等②

婚外子の法定相続分差別

茂木洋平

最大決平成 25（2013）年 9 月 4 日
民集 67 巻 6 号 1320 頁

【判決のポイント】
嫡出子でない子の法定相続分を嫡出子の 2 分の 1 と定める民法 900 条 4 号但書（「本件規定」）は憲法 14 条 1 項に違反する。

【事案の概要】
抗告人である X_1 と X_2 は被相続人 A の婚外子であり，A の死亡に伴い相続が開始された。その際，抗告人らは嫡出でないことを理由に相続分に差がつけられたため，遺産分割審判で平等の相続分を主張したが認められず，高裁でも棄却されたため，最高裁に抗告した。

裁判所の判断 ―― 破棄差戻し

①憲法 14 条 1 項は合理的根拠のない法的な差別的取扱を禁止する。相続制度を定める際には，それぞれの国の伝統，社会事情，国民感情などが考慮されなければならず，「立法府の合理的な裁量判断」に委ねられている。

②制度の合理性を支える事柄は時代とともに変わり，「昭和 22 年民法改正時から現在に至るまでの間の社会動向，我が国における家族形態の多様化やこれに伴う国民の意識の変化，諸外国の立法のすう勢及び我が国の批准した条約の内容とこれに基づき設置された委員会からの指摘，嫡出子と嫡出でない子の区別に関わる法制等の変化，更にはこれまでの当審判例における度重なる問題の指摘等を総合的に考察すれば，家族という共同体の中における個人の尊重がより明確に認識されてきたことは明らか」である。

③法律婚の制度が定着しているとしても，「自ら選択ないし修正する余地のない事柄を理由としてその子に不利益を及ぼすことは許され」ず，当該規定は遅くとも平成 13 年 7 月には，憲法 14 条 1 項に違反していた。

④本決定は，95 年最大決及び最高裁の各合憲判断を変更しない。本決定が解決済みの事案に効果を及ぼすことは，「著しく**法的安定性**を害する」ため，「当裁判所の違憲判断も，その先例としての事実上の拘束力を限定し，法的安定性の確保との調和を図ることが求められている」。

既に関係者の間で裁判，合意等で確定したといえる法律関係までをも現時点で覆すのは相当ではないが，そのような段階に至っていない事案であれば，本決定により当該規定の適用を排除した上で法律関係を確定させるのが相当である。

本決定は，A の相続の開始時から本決定までの間に開始された他の相続につき，当該規定を前提としてなされた遺産の分割の審判その他の裁判，遺産の分割の協議その他の合意で確定的となった法律関係に影響を及ぼさない。

※なお，3 つの補足意見がある。

解　説

1本件規定の合憲性の問題は，高裁レベルでは法令違憲の判断も出されたが（東京高決平成 5（1993）・6・23 高民集 46 巻 2 号 43 頁，東京高判平成 6（1994）・11・30 判時 1512 号 3 頁），最大決平成 7（1995）・7・5 民集 49 巻 7 号 1789 頁（「平成 7 年決定」）は合憲とし，以後これが先例となり，最高裁と下級審では合憲判断が下されてきた（①最判平成 12（2000）・1・27 集民 196 号 251 頁，②最判平成 15（2003）・3・28 集民 209 号 347 頁，③最判平成 15（2003）・3・31 集民 209 号 397 頁，④最判平成 16（2004）・10・14 集民 215 号 253 頁，⑤最決平成 21（2009）・9・30 集民 231 号 753 頁）。しかし，平成 7 年決定を含め最高裁では本件規定を違憲とする反対意見が常に存在し，多くの場合に本件規定の改正を促す補足意見が付された。②までは本件規定の改正を促さずに合憲とする意見が単独で多数を形成していたが，③以降は単独で多数を形成できず，合憲とする立場は補足意見を併せて多数を形成している。そして，年を経るごとに補足意見の改正を促す表現は先鋭化した。この流れにあって，本決定で，はじめて最高裁大法廷で違憲判断が下された。しかも全員一致の決定であったことから注目される。

2平成7年決定で，本件規定を合憲とする裁判官は10名であり，違憲とするのは5名である。しかし，多数意見に加わった4名は社会事情の変化から本件規定の合理性は疑わしく，この問題は立法による解決が望ましいとする補足意見を述べる。そのため，実質的には，違憲の疑いがあるまたは違憲だとする裁判官が9名であり，多数を占める。補足意見と反対意見の違いは，問題の解決が立法と司法どちらに任されるのかにあった。平成7年決定の時点で，本件規定の改正を認めるのかについては，既に肯定する意見が多数であった。この当時，法務省は当該規定の改正について議論を重ねていた。そのため，補足意見を述べた4名は立法による解決を期待していた。

3多数の裁判官が本件規定に違憲あるいは違憲の疑いを持ちながらも，本決定に至るまで合憲と判断されてきたのは，違憲判断により法的安定性が害されることが心配されたからである。本決定は本件の相続開始日（平成13（2001）年7月）から本件規定を違憲とした（判旨③）。そして，先例の合憲判断を覆さず，先例で問題とされた最も遅い相続開始日（平成12（2009）年9月）には本件規定は合憲であったと判断した。さらに，本件相続開始日以降になされた相続であっても，既に解決済みのものには本決定の効力は及ばないとした。法的安定性に一定程度の配慮がされたため，本決定ではじめて違憲判断に至った。本決定を受けて，本件規定は平成25（2013）年12月に削除された。

4平成7年決定の反対意見は，本件規定が嫡出でない子への差別を助長することを問題とした。この立場はその後の最高裁の各判断の反対意見で踏襲され，補足意見でも採られることがあった。本件決定は，本件規定が嫡出でない子への差別を助長すると認識し，嫡出でない子を個人として尊重すべきと判示する（判旨②③）。平成7年決定の法廷意見は，本件規定は遺言がない場合の補充的な規定にすぎず差別を助長しないとの前提に立っていた。13年最大決は全員一致の判断であり，一連の反対意見の立場をすべての裁判官がとったという意味で重要である。しかし，本決定は相続における嫡出子と嫡出でない子の別異取扱自体が問題だとしながらも，本件規定の合憲性判断の際に慎重な審査を行う旨を示していない。これは，嫡出でない子が嫡出子と同じ法定相続分を得るという地位がさして重要でないからだとも説明される（蟻川・113-14頁）。

◉事案の背景

明治から昭和初期において嫡出でない子が出生に占める割合はそれなりにあったが（5-9%），戦後その割合は低下し，平成初頭に至るまで1%前後で推移してきたが，近年は増加傾向にある（2013年で2.21%）。欧米と比べて日本では嫡出でない子の出生比率が低く，その理由として，嫡出性規範が強いこと，嫡出でない子の養育が難しいことなどが挙げられる。近年，戸籍の続柄欄における嫡出子と嫡出でない子の区別の撤廃（2004年11月）など，嫡出でない子をめぐる法的処遇は徐々に改善しており，本判決もこの流れの中で下された。

しかし，日本では配偶者の法定相続分が少なく，法定相続分の平等化は生存配偶者の生活を脅かす心配がある。例えば，相続財産の大部分が住居である場合，嫡出子が親の老後を心配して相続を放棄すれば，生存配偶者はその住居に居続けることができるが，嫡出でない子がこのような配慮をするとは考え難い。法定相続分の平等化には，こうした課題もある。

【キーワード】

法的安定性 法秩序が明確で安定して適用され，どのような行為が如何なる法的効果に結びつくのかが予測できること。本件で言えば，嫡出子と嫡出でない子の法定相続分に区別があることを前提に，相続が進められること。

【文献】 蟻川恒正・法教397号102頁，水野紀子・法時85巻12号1頁。

婚外子の相続規定をめぐる最高裁の決定を受け，「憲法違反」と書かれた垂れ幕を掲げる嫡出でない子の側の弁護団（2013年9月4日，最高裁前）（出典：日本経済新聞〔2013/9/4〕〈http://www.nikkei.com/article/DGXNASDG0401A_U3A900C1000000/〉）

14 法の下の平等③

再婚禁止期間訴訟

吉田仁美

最大判平成 27（2015）年 12 月 16 日
判タ 1421 号 61 頁

【判決のポイント】
民法 733 条 1 項が規定する女性の再婚禁止期間の，100 日を超える部分は違憲である。本規定を改廃しなかった立法不作為は，国家賠償法 1 条 1 項の適用上違法の評価を受けない。

【事案の概要】
民法 733 条 1 項（以下，本件規定）は，女性について 6 ヶ月の再婚禁止期間を定めている。X（上告人）は，夫の暴力により，2006 年 9 月に夫と別居し，2008 年 3 月に前夫と離婚した。その間に後夫の子を妊娠したが，本件規定のために同年 10 月まで後夫と再婚できなかった。X は，これにより被った精神的損害等の賠償として，Y（国，被上告人）に対し，165 万円及びこれに対する遅延損害金の支払を求めた。

X は，本件規定が合理的な根拠なく女性を差別的に取り扱うものだとして，憲法 14 条 1 項及び 24 条 2 項に違反するとし，本件規定を改廃しなかった立法不作為について，国家賠償法 1 条 1 項にもとづき損害賠償を請求した。

原審は，父性の推定の重複回避という立法目的は正当で，当該規定が直ちに過剰な制約であるとはいえず，本件立法不作為は国家賠償法 1 条 1 項の適用上違法の評価を受けないと判断し，X の請求を棄却した。

裁判所の判断 ―――― 上告棄却

①民法 733 条 1 項の憲法適合性　本件規定は，女性についてのみ前婚の解消又は取消しの日から 6 ヶ月の再婚禁止期間を定めており，再婚をする際の要件に関し男性と女性とを区別している。このような区別が事柄の性質に応じた合理的な根拠に基づくものと認められない場合には，本件規定は憲法 14 条 1 項に違反する。

憲法 24 条 2 項は，「婚姻及び家族に関する事項について，具体的な制度の構築を第一次的には国会の合理的な立法裁量に委ねるとともに，その立法に当たっては，個人の尊厳と両性の本質的平等に立脚すべきであるとする要請，指針を示すことによって，その裁量の限界を画したものといえる」。

女性の再婚後に生まれる子については，計算上 100 日の再婚禁止期間を設けることで，父性の推定の重複が回避される。夫婦間の子が嫡出子となることは婚姻による重要な効果であるため，「出産の時期を起点とする明確で画一的な基準から父性を推定し，父子関係を早期に定めて子の身分関係の法的安定を図る仕組みが設けられた趣旨に鑑みれば」，「上記の 100 日について一律に女性の再婚を制約することは，婚姻及び家族に関する事項について国会に認められる合理的な立法裁量の範囲を超えるものではなく，上記立法目的との関連において合理性を有する」。100 日の再婚禁止期間を設ける部分は，憲法 14 条 1 項にも，憲法 24 条 2 項にも違反しない。

これに対し，100 日超過部分については，民法 772 条の定める父性の推定の重複回避のために必要な期間といえない。旧民法起草時や，再婚禁止期間の規定が旧民法から現行の民法に引き継がれた当時においては，本件規定は国会の立法裁量の範囲を超えるものであったとまではいえない。しかし，その後，医療や科学技術が発達した今日においては，再婚禁止期間を厳密に父性の推定の重複を回避するための期間に限定せず，一定の期間の幅（6 ヶ月）を設けることを正当化することは困難になった。

加えて，昭和 22（1947）年民法改正以降，婚姻及び家族の実態が変化し，平成期に入った後は，晩婚化が進む一方，離婚件数及び再婚件数が増加するなど，再婚についての制約をできる限り少なくするという要請が高まった。また，諸外国は徐々に再婚禁止期間を廃止する傾向にあり，世界的には再婚禁止期間を設けない国が多くなっている。婚姻の自由が憲法 24 条 1 項の規定の趣旨に照らし十分尊重されるべきことや妻が婚姻前から懐胎していた子を産むことは再婚の場合に限られないことをも考慮すれば，………厳密に父性の推定の重複回避のための期間を超えて婚姻を禁止する期間を設けることを正当化することは困難である。本件規定のうち100日超過部分は合理性を欠いた過剰な制約を課すものとなっている。

以上を総合すると，本件規定のうち100日超過部分は，遅くとも上告人が前婚を解消した日から100日を経過した時点までには，婚姻及び家族に関する事項について国会に認められる合理的な立法裁量の範囲を超えるものとして，その立法目的との関連において合理性を欠くものになっていたと解される。

本件規定のうち100日超過部分が憲法24条2項にいう両性の本質的平等に立脚したものでなくなっていたことも明らかであり，同部分は，憲法14条1項に違反するとともに，憲法24条2項にも違反するに至っていたというべきである。

②本件立法不作為の国家賠償法上の違法性　平成7年判決の後も，100日超過部分については，違憲の司法判断がされてこなかった状況下では，医療や科学技術の発達及び社会状況の変化等に伴い，平成20年当時において，100日超過部分が憲法14条1項及び24条2項に違反するものとなっていたことが，国会にとって明白であったということは困難である。

国家賠償法1条1項の適用の観点からみた場合には，憲法の規定に違反することが明白であるにもかかわらず国会が正当な理由なく長期にわたって改廃等の立法措置を怠っていたと評価することはできず，本件立法不作為は，国家賠償法1条1項の適用上違法の評価を受けない。

解　説

当該規定は，様々に批判されてきた。Xは，本件規定は，道徳的な理由で寡婦に一定の服喪を強制する不当な趣旨を含む，と主張したが，学説では，このような見方は支配的でない（中川淳「昭和家族と私（51）再婚禁止期間について」戸籍時報606号（2006年）86頁）。本規定は，父性の推定の重複回避のためのものだと解されているため，①父性の推定の混乱がない場合（規定の運用上は，前夫との再婚，夫の3年以上の生死不明による離婚判決，悪意の遺棄による離婚判決により夫が3年以上音信のないことが認定された場合，高齢の場合，不妊手術をした旨の証明書がある場合等）は，再婚禁止期間は必要ないとの解釈論が有力である。また，②100日の期間を置けば充分なのならば，必要以上に長い期間，女性の婚姻の自由を制限することは合理的とはいえない。さらに，③実質的に6ヶ月の夫婦生活の隔たりがなければ，再婚禁止期間の制度には意味がない（中川・87頁）。こうした場合に前婚の解消後300日以内に生まれた子の真実の父が，前夫である場合は，ごく希な少数の場合に過ぎない（武田政明「再婚禁止期間廃止論の検討」判タ813号49頁）。そのため，再婚禁止期間を置かず，父が明らかでない場合は，父を定める訴え（民法773条）の適用を拡大して解決すればよい（中川・87頁），あるいは，再婚後に生まれた子は後夫の子と推定する規定を置くべきだ（佐藤義彦「再婚禁止期間の合憲性について」判タ765号98頁，100頁）等の提案がなされている。これに関連してDNA検査等によって父子関係を確定することが容易になったなどの近年の科学技術の進歩も指摘される。ただし，当事者の協力が得られず，鑑定が難しい場合はありうる（千葉・23頁，椿寿夫「百日の再婚禁止期間は，必要かつ適切な改正か」法時68巻4号64頁）。

本件判決は，再婚禁止期間を存置し，父性の重複回避のために必要な100日を超える期間について，違憲の判断を下した。ただし，本件立法不作為については，国家賠償法1条1項に基づく損害賠償をみとめなかった（☞**本書53，74，75**）。共同補足意見などに与した10人の裁判官が，前婚の解消等の時点で懐胎していない女性について，民法733条1項の適用除外を示唆したことから，法務省は，再婚禁止期間を100日に短縮し，さらに，離婚時に妊娠していないことを医師が証明すれば，離婚後100日以内であっても直ちに再婚を認める改正が行われた。この改正案は2016年3月8日に閣議決定され，6月1日に成立した。

しかし，再婚禁止期間によっては事実上の混乱は避けられず，手段の合理性が疑われるため，再婚禁止期間自体の廃止を検討すべきであろう。国際人権規約（B規約）委員会や女子差別撤廃委員会は，再婚禁止期間の「廃止」を勧告している。

◉事案の背景

民法733条は，明治23（1890）年に民法人事編32条に規定され，明治31（1898）年に民法767条に引き継がれた。法医学者の意見を聞き，ヨーロッパでは300日との立法例が多いが，倫理的な理由からで，血統の混乱を防ぐためだけならば長すぎるとして，再婚禁止期間は6ヶ月とされた。明治23年の民法草案では4ヶ月とされていたのだが，専門家でなくても確実に懐胎の有無を判断できる等の理由で，6ヶ月にのばされた。この規定は，戦後，昭和22（1947）年の民法改正の際，現行法の733条に，口語化して同内容で引き継がれた（千葉洋三「III 再婚禁止期間について」戸籍時報688号（2008年）20頁）。

最判平成7（1995）・12・5・判時1563号81頁では，本件と同じく，再婚禁止期間を改廃しない立法不作為が，国賠法1条の違法な公権力の行使に当たるかどうかが争われ，損害賠償が認められなかった（☞**本書 53, 74, 75**）。733条の規定については，立法裁量の範囲内で違憲とはいえないとの判断だと解されていた（西埜章「立法行為と国家責任」判タ780号（1992年）22頁，27頁）。

再婚禁止期間は，離婚後300日以内に出生した子の父性の推定と関連して，本件のようなDV被害者とその子の保護の観点からも改正・廃止が議論されている。

なお，本判決と同日に下された，夫婦別姓に関する大法廷判決（最大判平成27（2015）・12・16判タ1421号84頁）では，夫婦同氏制を規定する民法750条が合憲とされた。大法廷判決は，婚姻の際に「氏の変更を強制されない自由」が憲法上の権利として保障される人格権の一内容であるとはいえず，13条違反ではないとし，性別に基づく法的な差別的取扱いがあるわけではなく，14条1項違反でもないとした。憲法24条は，封建的な戦前の家制度を打破し，婚姻の自由を中心に，個人の尊厳と両性の平等に基づいて，家族を形成することを定めている。大法廷判決は，24条については，24条1項が婚姻の自由の根拠となることに触れた後，民法750条が24条2項に基づく立法裁量の範囲内かどうかについて検討した。そして，①家族の呼称としての氏を一つに定めることには合理性がある，②嫡出子であることを示すために子が両親双方と同氏である仕組みを確保することにも一定の意義がある，③家族を構成する個人が，同一の氏を称することにより家族という一つの集団を構成する一員であることを実感することに意義を見いだす考え方も理解できる，④子が，いずれの親とも等しく氏を同じくすることによる利益を享受しやすい，⑤夫婦同氏制それ自体に男女間の形式的な不平等が存在するわけではない，⑥アイデンティティの喪失感を抱いたり，婚姻前の氏を使用する中で形成してきた個人の社会的な信用，評価，名誉感情等を維持することが困難になったりするなどの不利益は，氏の通称使用が広まることにより一定程度は緩和され得るとした。結論として，夫婦同氏制は，個人の尊厳と両性の本質的平等の要請に照らして合理性を欠く制度であるとは認められず，立法裁量の範囲内であって，24条に反しないとした。

【キーワード】

父性の推定　婚姻中に懐胎された子は，夫の子と推定される（民法722条1項）。嫡出の推定は，父性の推定と懐胎時の推定（婚姻成立から200日後または婚姻解消から300日以内に生まれた子は，婚姻中に懐胎されたと推定される，民法772条2項）とから成る。嫡出推定を覆すには，夫が，嫡出否認（民法774条）の訴えを起こすことになる。

【文献】 床谷文雄・婚姻法改正を考える会「シリーズ・婚姻法改正を考える〔第3回〕再婚禁止期間は性差別か」法セ456号（1992年）86頁，三宅裕一郎「女性の再婚禁止期間と法の下の平等」法セ696号（2013年）130頁，大村 敦『家族法〔第3版〕』（有斐閣，2010年）。

再婚禁止期間 最高裁が「違憲」初判断　賠償請求は棄却
（出典：毎日新聞〔2015年12月16日〕再婚禁止期間について最高裁が違憲とする判決を出し，喜ぶ原告団ら＝東京都千代田区で2015年12月16日午後3時41分，喜屋武真之介撮影）

コラム３「判例」を読むこと

判例も法？

「判例」とは，一般に裁判の先例をいいますが，個々の裁判所の判決を指して用いられる場合もあります（本書も，特に使い分けていません）。憲法「判例」というときには，主に最高裁の判決を指して用いられていることが多いようです。

狭義には，判決の真の理由，すなわち結論を導くうえで重要な理由づけ及び基本原理をいいます（ratio decidendi（レイシオ デシデンダイ））。それ以外の部分は単なる付随的な意見，つまり傍論となります（obiter dictum（オビタ ディクタム））。いずれの部分が判決の核心部分であり，また傍論に過ぎないのか。この区別が，判例を考えるうえで特に重要です。

判例は，法律や規則，条例などのような一般的な法規範（法源）ではありません。しかし，「判例法」という言葉にみられるように，実際の裁判では，過去の判例が実質的に「法」と同じような機能を果たしていることに気づかされます。人は，同じような法的紛争が起こった場合，過去に下された判断と同様の判断が示されるにちがいないと予測するでしょう。それが平等な取扱いであり，法的安定性につながります。日本は成文法主義を採用していますが，判例にも一定の先例拘束性があると考えられています。

判例は「生ける法」といわれることがあります。すでに100年近く前に，民法学の碩学・末広厳太郎博士は「判例を度外視して現行法の何たるかを知ることは今や全く不可能となった」と喝破されました。法律学における判例の重要性は減退するどころか，今日ますます高まるばかりです。

もちろん憲法学においても例外ではありません。日本国憲法の条文（規定）の具体的な意味を理解するためには，実際の事件のなかで，その条文がどのように適用されたかを検討することが欠かせません。

判例学習のすすめ

本書の「判旨」に掲載されているのは，実際の判決文のごく一部です。事案の全体像を知るには，判決文すべてに目を通す必要があります。例えば，最高裁の憲法判例に関しては，公式の判例集『最高裁判所判例集（民事・刑事）』（月１回発行）があります。また，下級審の判例も含め，『判例時報』や『判例タイムズ』等の雑誌には，簡単な解説とあわせて最近の判決文が掲載されており便利ですので，図書館などで調べてみてください。

最近では，インターネットで手軽に様々な情報が得られます。裁判所のウェブサイト（http://www.courts.go.jp/）では，誰でも無料で「裁判例情報」を閲覧できます。本書で個々の事件の概要と判旨を確認したあとは，実際の判決文にあたってみることをお薦めします。判決文を調べる際には，事前に新聞等で判決が下された裁判所や日時を確認しておきましょう。

昨今，小・中学校でも法教育・憲法教育の取組みが積極的にすすめられています。判例を読むことは，「人間の尊重についての考え方を，基本的人権を中心に深め，法の意義を理解する」（中学校学習指導要領・平成29年３月告示）ことにも役立つものと思われます。それは，ひろく社会の諸問題に人々の目を向けさせ，ひろい視野で多角的に考察し，建設的な議論を行うことのできる力を育むことにつながるのではないでしょうか。

判決宣告（イメージ図）（出典：広島地方裁判所・広島家庭裁判所・広島県内の簡易裁判所〈http://www.courts.go.jp/hiroshima/saibanin/hontyo/guide08/〉）

15 思想・良心の自由①

謝罪広告事件

松井直之

最大判昭和31（1956）年7月4日
民集10巻7号785頁

【判決のポイント】
「単に事態の真相を告白し陳謝の意を表明するに止まる程度の」謝罪広告を新聞紙に掲載することを命ずる判決は，良心の自由（憲法19条）を侵害するものではない。

【事案の概要】
Yは，1952年10月の衆議院議員総選挙に立候補した。そしてYは，政見放送や新聞において，対立候補Xが県副知事在職中に発電所の発電機購入に際して斡旋料を貰ったと公表した。Xは，虚偽の事実の流布により著しく名誉を毀損されたとして，Yに対して謝罪広告の掲載等を求めた。第一審（徳島地判昭和28（1953）・6・24民集10巻7号809頁）は，虚偽の事実の流布によるXの名誉毀損を認め，名誉回復のために，Y名義で「右放送及記事は真実に相違して居り，貴下の名誉を傷つけ御迷惑をおかけいたしました。ここに陳謝の意を表します」という文面の謝罪広告の新聞への掲載を命じた。控訴審（高松高判昭和28（1953）・10・3民集10巻7号818頁）も，第一審判決を支持した。これに対しYは，Xの名誉を毀損する不法行為を犯した覚えはなく，「陳謝」，「謝罪」のような意図しない言説を新聞紙に掲載させるのは，良心の自由を侵害するなど主張して上告した。

裁判所の判断 —— 上告棄却

①「『他人の名誉を毀損した者に対して被害者の名誉を回復するに適当な処分』として謝罪広告の新聞等への掲載を加害者に命ずることは，従来学説判例の肯認するところであ」る。「とはいえ，謝罪広告を命ずる判決にも」，「時にはこれを強制することが債務者の人格を無視し著しくその名誉を毀損し意思決定の自由乃至良心の自由を不当に制限することとなり」，「強制執行に適さない場合に該当することもありうるであろう」。しかし「単に事態の真相を告白し陳謝の意を表明するに止まる程度のものにあっては，これが強制執行も代替作為として民訴733条〔現民執法171条〕の手続によることを得るものといわなければならない」。

②Xの請求は，Yに「公表事実が虚偽且つ不当であったことを広報機関を通じて発表すべきことを求めるに帰する」。「少くなくともこの種の謝罪広告を新聞紙に掲載すべきことを命ずる原判決はYに屈辱的若くは苦役的労苦を科し，又はYの有する倫理的な意思，良心の自由を侵害することを要求するものとは解せられない」。

③なお，謝罪広告の強制が良心の自由を侵害するかという点について，田中耕太郎裁判官補足意見は，良心を「ひろく世界観や主義や思想や主張をもつこと」に限定し，「謝罪の意思表示の基礎としての道徳的の反省とか誠実さ」を含まないと解し，「謝罪する意思が伴わない謝罪広告といえども，法の世界においては被害者にとって意味がある」として掲載命令を合憲とした。これに対し，藤田八郎裁判官反対意見は，良心を「事の弁別善悪の判断」と広く解し，「人の本心に反して，事の弁別善悪の判断を外部に表現せしめ，心にもない陳謝の念の発露を判決をもって命ずるがごときことは，まさに憲法19条の保障する良心の外的自由を侵犯するものであること疑を容れない」とした。また，垂水克己裁判官反対意見も，「謝罪」，「ここに陳謝の意を表します」との文言を用いた部分を「本人の信条に反し，彼の欲しないかもしれない意思表明の公表を強制するものであ」るとした。

解　説

名誉棄損に対する典型的な救済方法として，従来，損害賠償請求と謝罪広告の掲載が用いられてきた。本件では，裁判所が謝罪広告の掲載を命じることが良心の自由を侵害するかが問題となった。思想・良心の自由にいう良心とは，思想と一体的に捉え，人の精神作用のうち倫理的側面に関わるものと理解される。しかし，そもそも思想・良心とは何かについては，①信仰に準ずる世界観，人生観，主義，主張など個人の人格形成の核心をなすものに限定する信条説と②人の内心における精神作用全般とする内心説の争いがある。本判決は，良心の意味を明言せずに，良心の自由を制限する程度が高くないことを理由に掲載命令を合憲とした。

これまで，本件は沈黙の自由（公権力は個人の思想の開示や申告を強制してはならないこと）を侵害する事案として捉えられてきた。しかし本件は，Yに謝罪の意思が内心にあり，それを外部に強制的に表明させた事案ではなく，謝罪広告という外部的行為をYの内心に反して行わせた事案として解することができる（藤田裁判官・垂水裁判官反対意見参照）。このように解した場合，被告の信念の強度，信念と行動の結びつきの程度，行為制限により被告が受ける不利益の程度，代替手段の有無などを検討すべきであったように思われる（君塚正臣ほか・VIRTUAL憲法30頁参照（藤井樹也））。学説からは，単に事実を明らかにしてXの名誉を回復する処置をとることはともかく，Yの意に反して「陳謝」の意までをも表明させることの合憲性は疑わしいとの見解も主張されている。この点につき，東京高判平13・4・11判時1754号89頁が謝罪命令を名誉侵害の程度が著しい場合等に限定し，訂正命令を名誉侵害に対する原則的救済方法とする方向性を示唆するものとして注目される。

◉事案の背景

1948年10月に昭和電工事件（昭電疑獄）が原因で総辞職した芦田均内閣に代わり，第二次吉田茂内閣が成立した。吉田内閣は，少数与党政権だったので，衆議院の解散・総選挙を実施し，国会での基盤強化を望んでいた。これに対し，野党は昭電疑獄により国民の支持を失い総選挙での劣勢が予想されたので，解散時期を引き延ばしたかった。そこで連合国軍総司令部（GHQ）主導のもと，同年12月に野党が内閣不信任決議案を提出し，与野党一致でこれを可決し，吉田内閣はこれに対して衆議院の解散権を行使した（なれあい解散）。翌年1月の第24回衆議院議員総選挙では，民主自由党が大勝したことから，第三次吉田茂内閣が発足した。その後1951年9月のサンフランシスコ平和条約を締結により，GHQの占領が終了し，公職追放されていた鳩山一郎が追放を解除されると，鳩山系議員が吉田茂首相の辞任を要求するようになった。吉田内閣は，こうした事態を打開するため，密かに選挙の準備を進め，準備の整っていない鳩山派に打撃を与えようと1952年8月に内閣不信任決議が提出されないまま衆議院を解散した（抜き打ち解散）。この解散を受けて，同年10月に第25回衆議院議員総選挙が行われることになった。本件は，この選挙運動期間中に起きた事件である。

【キーワード】

名誉　学説・判例は，民事・刑事上保護される名誉を人の社会的評価と解する。民事上，名誉を毀損するとは，人の社会的評価を傷つけることとされ，刑事上，名誉棄損罪が成立するには「公然と事実を適示」することと「人の名誉を毀損すること」が必要である。

不法行為　ある者が「故意又は過失によって他人の権利又は法律上保護される利益を侵害した」場合，その者に対して「これによって生じた損害を賠償する責任を負」わせる法制度である（民法709条）。

【文献】松井茂記『表現の自由と名誉棄損』（有斐閣，2013年），山田隆司『名誉毀損—表現の自由をめぐる攻防』（岩波書店，2009年）。

法務省：不当な書き込みの防止に向けたポスター（出典：政府公報オンラインHP〈http://www.gov-online.go.jp/useful/article/200808/3.html〉）：インターネットで他人への誹謗中傷や無責任なうわさや個人情報を流すことは，名誉毀損の罪に問われることもあるので，人と直接接するときと同様にルールやモラルを守り，コミュニケーションをとることが求められている。

『表現の自由と名誉棄損』（松井，2013）：学校における愛国心教育や「日の丸・君が代」をめぐる問題などを，良心の自由の保障という視点から分析し，子どもの心の自由を育てることを考えている。

16 思想・良心の自由②

南九州税理士会政治献金事件

織原保尚

最判平成 8（1996）年 3 月 19 日
民集 50 巻 3 号 615 頁

【判決のポイント】
強制加入団体が政治献金をすることは，たとえそれが政治的要求を実現するためのものであっても，法に定める団体の目的の範囲外の行為であり，そのために会員から特別会費を徴収することはできない。

【事案の概要】
南九州税理士会Ｙは，税理士法改正運動に要する特別資金として，南九州各県税理士政治連盟へ配付するため，会員から特別会費 5000 円を徴収する決議をした。Ｙの会員である税理士Ｘは，この決議は無効であると考え，特別会費を納入しなかった。Ｙの規則により，会費滞納を理由として，Ｘは役員の選挙権・被選挙権が否定された。これに対してＸは，本件決議は①Ｙの目的外の行為であり，②Ｘの思想信条の自由を侵害するなどの理由から，本件決議を無効と主張し，特別会費の納入義務を負わないことの確認，慰謝料の支払いなどを求めた。一審（熊本地判昭和 61（1986）・2・13 判時 1181 号 37 頁）はＸの請求を認めたが，二審（福岡高判平成 4（1992）・4・24 判時 1421 号 3 頁）は原判決を取り消した。Ｘが上告した。

裁判所の判断

一部破棄自判，一部破棄差戻し

①「民法上の法人は，法令の規定に従い**定款**又は寄付行為で定められた目的の範囲内において権利を有し，義務を負う」。

②税理士会は，「会社とはその法的性格を異にする法人であって，その目的の範囲については会社と同一に論ずることはできない」。

③税理士会が強制加入の団体であり，税理士に脱退の自由が保障されていないことから，「その目的の範囲を判断するに当たっては，会員の思想・信条の自由との関係で，次のような考慮が必要である」。

④税理士会は法人として，多数決原理により決定された団体の意思に基づいて活動し，その会員はこれに従い協力する義務を負い，会費を納入する義務を負う。「しかし，法が税理士会を強制加入の法人としている以上，その構成員である会員には，様々の思想・信条及び主義・主張を有する者が存在することが当然に予定されている」。したがって，税理士会が「決定した意思に基づいてする活動にも，そのために会員に要請される協力義務にも，おのずから限界がある」。

⑤政党など規正法上の政治団体に対して金員の寄付をするかどうかは，選挙における投票の自由と表裏を成すものとして，会員各人が自主的に決定すべき事柄である。なぜなら政治団体は，「政治上の主義若しくは施策の推進，特定の公職の候補者の推薦等のため，金員の寄付を含む広範囲な政治活動をすることが当然に予定され」ており，そこに金員の寄付をすることは，「選挙においてどの政党又はどの候補者を支持するかに密接につながる問題だからである」。

⑥「公的な性格を有する税理士会が，このような事柄を多数決原理によって団体の意思として決定し，構成員にその協力を義務付けることはできないというべきであり，税理士会がそのような活動をすることは，法の全く予定していないところである。税理士会が政党など規正法上の政治団体に対して金員の寄付をすることは，たとい税理士に係る法令の制定改廃に関する要求を実現するためであっても」，税理士会の目的の範囲外の行為といわざるを得ない。

⑦以上から，本件決議は無効である。

解　説

本判決は，強制加入団体である税理士会の決議の有効性について初めて判断したものとして注目される。税理士会が規正法上の政治団体に金銭の寄付をすることは，そもそも税理士会の目的の範囲外の行為であり，その目的のために会員から特別会費を徴収する旨の決議を無効としている。

この団体の行為を無効とする判断のプロセスについて，学説上の対立がある。まず，一段階説は，本判決の判断枠組みのように，団体内に少数派がいることを前提にしつつ，そのような状況下での政治献金行為そのものが，団体の権利能力の範囲外であるとして，権利能力を判断する段階で少数派の調整をし，判断を一段階で確定させるという判断方法である。それに対して二段階説は，団体に権利能力があるかないかという問題と，団体の権利能力の範囲内の行為について構成員に協力義務を課すことができるかどうかの問題が，別個独立に判断される判断方法である。阪神・淡路大震災で被災した司法書士会の支援を目的とした資金拠出の決議を有効とした群馬司法書士会事件判決（最判平成14（2002）・4・25判時1785号31頁）においては二段階説がとられており，学説上も有力である。

本判決においては，政党など政治団体に対する金銭の寄付について，「会員各人が……自主的に決定すべき事柄」であり，「選挙における投票の自由と表裏を成すもの」という評価をしている。この点，「会社は，自然人たる国民と同様，国や政党の特定の政策を支持，推進しまたは反対するなどの政治的行為をなす自由を有する」として，企業による政治献金の自由を広く認めた，八幡製鉄事件最高裁判決（☞**本書4**）とは，異なる判断をしていることが指摘される。判決は，公的な性格を有し，強制加入団体である税理士会は，「会社とはその法的性格を異にする法人であって，……会社と同一に論ずることはできない」とする。しかし，政治団体への金銭の寄付に対する評価を，寄付する側の団体の性格によって異なるものになると説明することは，困難ではないだろうか。

◉事案の背景

本事件は「税政連事件」と呼ばれる法案買収事件の資金の一部についての事件である。本事件地裁判決の認定したところによると「税政連事件」とは，以下のようなものである。税理士政治連盟（税政連）では，税理士会会員から特別会費を徴収し，1979年衆院選間近の時期に，日本税理士政治連盟（日税政）の推薦候補計101名を，500万円から50万円の5ランクに分け，合計約1億3000万円の政治献金をすることが了承された。日本税理士会連合会（日税連）は税政連の地方幹部に，選挙戦最中の各推薦候補者事務所にこれを持参させ，ほとんどの候補者はこれを受領した。しかし，この事実は同年12月7日毎日新聞夕刊1面トップで「日税連，献金を強制徴収，ワイロの性格濃厚」との見出しの下に報道され，大きな社会問題となった。この金銭の授受に関し，税理士が，代議士を受託収賄罪で，また日税連及び日税政の幹部を贈賄罪で東京地検に告発した。告発について捜査が開始され，東京地方検察庁は税理士法一部改正法の成立後に，日税連，税政連の幹部3名を起訴猶予処分に，政治家5名を不起訴処分にする旨発表した。

この後，1988年に発覚したリクルート事件なども契機として，1994年，政治資金規正法は大幅な改正がなされ，企業からの献金の対象を政党に限定し，個人に対する献金を禁止している。一方，同年には政党助成法が制定され，これにより政党交付金が導入された。この制度は，政党助成法の基準を満たした政党の届出に基づいて，国庫からの資金が分配される制度である。総額320億円以上という金額の多さや，既存政党が有利に扱われる点が，批判の対象になることがある。

【キーワード】

定款　法人の根本規則のこと。例えば会社法によれば株式会社の定款には，目的・商号・本店の所在地などを記載することが義務付けられている。

強制加入団体　税理士会は，税理士の入会が強制される強制加入団体である。税理士であって税理士試験に合格するなどして，税理士としての資格を得た後，税理士会に入会することによって，税理士としての業務を行うことができる。

【文献】 百選Ⅰ・39（西原博史），渡辺康行・平成八年度重判解13頁，中島茂樹・法教192号96頁。

南九州税理士会は，熊本，大分，鹿児島，宮崎の税理士が所属する団体である。写真は大分支部。

17 思想・良心の自由③

日の丸・君が代訴訟

松井直之

最判平成 23（2011）年 5 月 30 日
民集 65 巻 4 号 1780 頁

【判決のポイント】
「君が代」の起立斉唱を命じる職務命令は，思想・良心の自由（憲法 19 条）の間接的な制約になるが，その目的と内容，行動の制限から生じる制約の態様を総合すると，行動の制約を許容し得る程度の必要性と合理性が認められるので，同条を侵害するものではない。

【事案の概要】
都立高等学校の教諭 X は，校長の職務命令に従わず，卒業式での国歌斉唱の際に起立しなかった。そのため東京都教育委員会（都教委）は，不起立行為が本命令に違反するとして，X に**戒告処分**を下した。その後，X は定年退職に先立ち非常勤の嘱託職員等の採用選考を申請したが，都教委は不起立行為が職務命令違反であることを理由に不合格とした。X は，職務命令が憲法 19 条に違反し，都教委による不合格が違法であるなどと主張し，Y（東京都）に国家賠償法 1 条 1 項に基づく損害賠償等を求めた。第一審（東京地判平成 21（2009）年 1 月 19 日民集 65 巻 4 号 1821 頁）は，職務命令が X の思想・良心の自由を侵害したとはいえないが，都教委による不合格には裁量権の逸脱，濫用があったことを認めた。控訴審（東京高判平成 21（2009）年 10 月 15 日民集 65 巻 4 号 1840 頁）は，職務命令が X の思想・良心の自由を侵害したとはいえず，都教委による不合格には裁量権の逸脱，濫用があったことは認められないとした。これに対して X は，本命令が憲法 19 条に違反することを主張して上告した。

裁判所の判断 ―― 上告棄却

①「本件職務命令に係る起立斉唱行為は」，「X の歴史観ないし世界観との関係で否定的な評価の対象となるものに対する敬意の表明の要素を含むものである」から，それに対する「敬意の表明には応じ難いと考える X にとって，その歴史観ないし世界観に由来する行動（敬意の表明の拒否）と異なる外部的行為となる」。この点に照らすと，本件職務命令は，一般的，客観的な見地からは式典における慣例上の儀礼的な所作とされる行為を求めるものであ」るが，「結果として上記の要素との関係においてその歴史観ないし世界観に由来する行動との相違を生じさせることとなるという点で」，「X の思想及び良心の自由についての間接的な制約となる面がある」。

②他方で「本件職務命令は，公立高等学校の教諭である X に対して当該学校の卒業式という式典における慣例上の儀礼的な所作として国歌斉唱の際の起立斉唱行為を求めることを内容とするものであって，高等学校教育の目標や卒業式等の儀式的行事の意義，在り方等を定めた関係法令等の諸規定の趣旨に沿い，かつ，地方公務員の地位の性質及びその職務の公共性を踏まえた上で，生徒等への配慮を含め，教育上の行事にふさわしい秩序の確保とともに当該式典の円滑な進行を図るものである」。本件職務命令は，「外部的行動の制限を介して X の思想及び良心の自由についての間接的な制約となる面」があるが，「職務命令の目的及び内容並びに上記の制限を介して生ずる制約の態様等を総合的に較量すれば，上記の制約を許容し得る程度の必要性及び合理性が認められる」。「以上の諸点に鑑みると，本件職務命令は，X の思想及び良心の自由を侵すものとして憲法 19 条に違反するとはいえないと解するのが相当である」。

解　説

本件では，職務命令が教師の思想・良心に反する外部的行為を強制できるかが問題となった。この問題に関して，まず最高裁判所は音楽専科の教師のピアノ伴奏拒否と「君が代」に否定的な歴史観・世界観が一般的には不可分に結びつかず，入学式でのピアノ伴奏を命じる職務命令が直ちにその歴史観・世界観自体を否定しないとした（最判平成19（1944）・2・27民集61巻1号291頁）。その後，本判決において本職務命令が思想・良心の自由の間接的な制約になるが，「教育上の行事にふさわしい秩序の確保」と「当該式典の円滑な進行を図るもの」であり，思想・良心の自由の「制約を許容し得る程度の必要性及び合理性が認められる」とした。しかし都教委は，通達で本命令の出し方を細かく指示し，内心の自由を説明しないことを求め，不起立行為の把握方法を入念に指導し，式典に職員を派遣し式の状況を監視していることなどに鑑みると，「式典の円滑な進行を図る」ためではなく，「不利益処分をもってその歴史観等に反する行為を強制することにあるとみることができる」（最判平成23（2011）・6・6民集65巻4号1856頁での宮川裁判官反対意見）。この通達に基づく本命令は，教師の思想・良心の直接的な制約であると解するほうが現実的であるように思われる。

◉事案の背景

文部省（現・文部科学省）は，1958年の学習指導要領の改訂で「国民の祝日などにおいて儀式などを行う場合には，児童・生徒に対してこれらの祝日などの意義を理解させるとともに，国旗を掲揚し，君が代を斉唱させることが望ましい」と初めて国旗・君が代について規定した。この条項は，1977年の改定で「君が代」が国歌に改められ，1989年の改定で「国旗を掲揚するとともに，国歌を斉唱するよう指導するものとする」と改められた。こうした儀式などにおける国旗掲揚・国歌斉唱の義務づけに対して，教職員組合などが反対運動を行うようになった。このような状況のもと，1999年，国旗国歌法が国会で制定され，日章旗が国旗，「君が代」が国歌と公式に定められた。国旗国歌法は，国民に国旗・国歌を強制するものではないが，国旗国歌法の成立後，学校儀式での国旗掲揚・国歌斉唱が厳しく求められるようになり，これに反対する教員に対する懲戒処分が相次ぐことになった。さらに都教委が2003年に「🔑10.23通達」を出したことから，本件のような「君が代」の起立斉唱に関する職務命令をめぐる訴訟が起きることになったのである。

【キーワード】

🔑**戒告処分** 公務員の職務上の義務違反に対する懲戒処分の一つであり，本人の義務違反の責任を確認し，将来を戒める旨を申し渡す処分をいう。懲戒処分のなかで，戒告は最も軽い処分であり，より重い処分としては減給，停職，免職がある。

🔑**10.23通達** 2003（平成15）年10月23日，都教委が都立高等学校長らに発した「入学式，卒業式等における国旗掲揚及び国歌斉唱の実施について」と題する通達を指す。教職員が本通達に基づく校長の職務命令（国旗掲揚・国歌斉唱の実施の際に起立斉唱すること）に従わない場合に，服務上の責任を問われることが明確になった。

【文献】田中伸尚『ルポ良心と義務 ―「日の丸・君が代」に抗う人びと』（岩波書店，2012年），西原博史『良心の自由と子どもたち』（岩波書店，2006年）。

下鴨神社のさざれ石

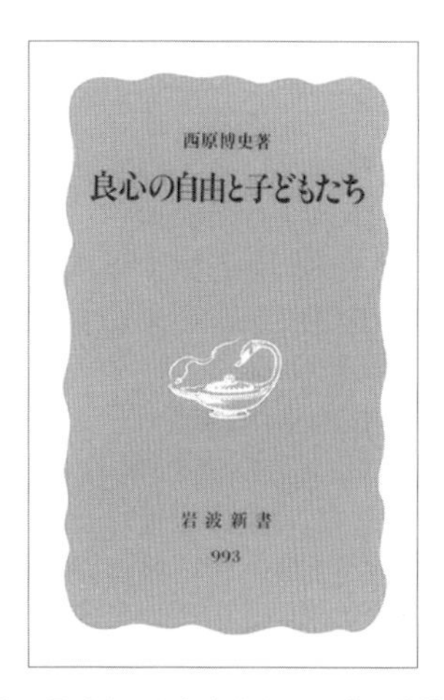

『良心の自由と子どもたち』（西原，2006）：学校における愛国心教育や「日の丸・君が代」をめぐる問題などを，良心の自由の保障という視点から分析し，子どもの心の自由を育てることを考えている。

18 信教の自由①

加持祈祷事件

松井直之

最大判昭和 38（1963）年 5 月 15 日
刑集 17 巻 4 号 302 頁

【判決のポイント】
宗教上の行為が人の生命，身体等に危害を及ぼす違法な有形力の行使に当り，被害者を死亡させた場合に傷害致死罪（刑法 205 条）として処罰しても，信教の自由（憲法 20 条 1 項）の侵害には当たらない。

【事案の概要】
僧侶Ｙは，被害者Ａの母親らの依頼に基づき，異常な言動を行うＡに対して「線香護摩」による**加持祈祷**を始めた。Ａが熱気により暴れ出すと，Ｙは，憑いている大きな狸が咽喉まで出てきていると言い，咽喉を線香で煙らせ，背中を殴るなどした。Ａは，約3時間，燃えさかる護摩壇の傍に座らされ，全身に熱傷と皮下出血などを負い，急性心臓麻痺により死亡した。Ｙの行為は，傷害致死罪に問われて起訴された。第一審（大阪地判昭和 35（1960）・5・7 刑集 17 巻 4 号 328 頁）は，Ｙの加持祈祷の動機手段方法，Ａの生命を奪った暴行の程度等に徴すると，健全な社会人の常識に照らし，著しく公の秩序善良の風俗に反し，宗教者としての正当な業務行為とは認め難く，Ｙが迷信により判断を誤り，Ａに違法な有形力を行使したとして，傷害致死罪の成立を認め，懲役２年（執行猶予３年）に処した。控訴審（大阪高判昭和 35（1960）・12・22 刑集 17 巻 4 号 333 頁）も，第一審の判断を支持した。これに対しＹは，信教の自由が絶対的保障であり，宗教行為の判定が公権力の恣意により左右されてはならないことなどを主張し上告した。

裁判所の判断 —— 上告棄却

①信教の自由は「基本的人権の一として極めて重要なものである」。しかし国民は，基本的人権を濫用してはならず，公共の福祉のために利用すべきである（憲法 12 条）。また基本的人権は，公共の福祉に反しない限り立法その他の国政のうえで尊重される（同 13 条）。「従って，信教の自由の保障も絶対無制限のものではない」。

②「Ｙの本件行為は，Ａの精神異常平癒を祈願するため，線香護摩による加持祈祷の行としてなされたものであるが，Ｙの加持祈祷行為の動機，手段，方法およびそれによってＡの生命を奪うに至った暴行の程度等は，医療上一般に承認された精神異常者に対する治療行為とは到底認め得ない」。「しからば，Ｙの本件行為は」，「一種の宗教行為としてなされた」としても，「他人の生命，身体等に危害を及ぼす違法な有形力の行使に当たるものであり」，「Ａを死に致したものである以上」，「著しく反社会的なものであることは否定し得ない」。Ｙの行為は「信教の自由の保障の限界を逸脱したもの」であり，これを刑法 205 条に基づき処罰しても，憲法の右条項に反するものではない。

解　説

本件では，加持祈祷という宗教行為をめぐり，憲法 20 条が保障する宗教行為の自由の限界が問題となった。本判決は，Ｙの加持祈祷が「一種の宗教行為としてなされたものであったとしても」，「著しく反社会的なもの」であれば，信教の自由の保障の限界を逸脱することを示した。そして，宗教固有の価値が通俗的な合理性を超えるところにあることを踏まえ，宗教行為の自由が社会通念に基づいて安易に制限されないとしたうえで，宗教行為が「著しく反社会的なもの」か否かを「他人の生命，身体等に危害を及ぼす違法な有形力の行使」によって，「被害者を死に至らしめた」という 2 つの「行為の外形的事実」に着目して判断した。

本件のように生命・身体に危害を及ぼす行為を一律に禁止する一般的・中立的な法律（刑法 205 条）により宗教行為が規制される場合，2 つの「行為の外形的事実」に着目して判断することは妥当である。しかし，宗教行為の外形的事実が刑罰法規に触れる場合でも，これに対する処罰が常に正当化されるわけではない。宗教行為により侵害される法益，信仰と宗教行為の結びつきなどを配慮したうえで，慎重に判断することが求められているのである（牧会活動事件・神戸簡裁昭和50（1975）年2月20日判時768号3頁参照）。

なお本判決は，加持祈祷が宗教行為に該当するか否かの判断を示さなかった。公権力が宗教行為に該当するか否かを判断することは，その行為の背景にある信仰内容の当否を判断することになり，公権力により信仰の自由が侵害されるおそれがあるからである。この点を踏まえると，第一審判決がYによる加持祈祷を「迷信」により判断を誤ったものと認定したことには問題があり，本判決がYによる加持祈祷を「一種の宗教行為としてなされたものであったとしても」と仮定したうえで，宗教行為の自由の限界について判断を進めたことは妥当なものである。

◉事案の背景

わが国は，複数の宗教（無宗教を含む）が併存する多元的社会である。もっとも，これは，国や国民などによる宗教への配慮が充分に行き渡っていることを意味するのではなく，国や国民などが宗教に対して無頓着であることを意味している。わが国において信教の自由を保障する意味は，宗教に対して無頓着な多数者から，宗教を信仰する少数者を守るという点にある。

今も昔も，深刻な悩みを抱えている人，生きがいを感じられないという人は少なからずいる。宗教は，そうした人々を教え導くという役割を果たしてきた。しかし現在では，営利目的のために宗教的な装いのもと人の心を巧みに利用する人々や信教の自由を盾にして世俗的な目的から課された規制・義務の免除を主張し，社会通念に反する行動，さらには反社会的行動を行う宗教団体もみられる。こうした人々や宗教団体に対しては，社会通念では計り知れないことを理由に，その行動を規制することが求められている。今日では，特定の宗教を明白な意図をもって弾圧すること（明治憲法下の1921年と1935年の大本教事件，1936年のひとのみち教団事件，1942年のホーリネス教会事件，1943年の創価教育学会事件など）は稀だが，社会通念に基づき，宗教行為の自由を安易に制限しないためにも，宗教行為を処罰するのに求められる「著しく反社会的なもの」であるという要件の内容をさらに検討することが必要である。

【キーワード】

加持祈祷　密教の行法に始まり，民間に広まった祈祷の形態である。一般に，病気平癒・除災招福などの現世利益のために行う祈祷，または儀式を指す。

正当業務行為　正当な業務による行為は，刑罰法規に触れる行為であっても，処罰すべき違法性を欠くため罰せられない（刑法35条）。たとえば医師の行う外科手術は，治療行為であるため，傷害罪として処罰されない。

【文献】 大石 眞『憲法と宗教制度』（有斐閣，1996年），佐藤幸治＝木下毅編『現代国家と宗教団体―紛争処理の比較法的研究』（岩波書店，1992年）。

宗教年鑑（文化庁，2014）

『憲法と宗教制度』（大石，1996）
比較法的な視野から，国家と宗教の関係，新宗教運動と社会のかかわりを踏まえ，宗教法人のあり方や宗教のもつ社会的意味が探求されている。

19 信教の自由②

宗教法人オウム真理教解散命令事件

前田　聡

最大判平成8（1996）年1月30日
民集50巻1号199頁

【判決のポイント】
大量殺人を目的として毒ガスの生成を計画し，生成した宗教法人に対する**解散命令**（宗教法人法81条）は，憲法20条1項に違反しない。

【事案の概要】
東京地検検事正と宗教法人Y（抗告人）の所轄庁たる東京都知事は，宗教法人法（以下，本項では「法」と略記）81条1項に基づき，東京地裁に対してYの解散命令を請求した。Yの代表役員Aが，信者多数と共に組織的に不特定多数の者を殺害する目的で，毒ガスたるサリンの生成を企て，もって殺人の予備をしたところ，この行為が「法令に違反して，著しく公共の福祉を害すると明らかに認められる行為」（法81条1項1号）及び「宗教の教義をひろめ，儀式行事を行い，及び信者を教化育成すること」（法2条柱書）という宗教団体の「目的を著しく逸脱した行為」（法81条2項前段）に該当する，というのがその理由である。

第一審東京地裁（東京地判平成7（1995）・10・30判時1544号43頁）は請求を認めてYに対する解散命令を決定した。これに対してYは即時抗告したところ，第二審東京高裁（東京高判平成7（1995）・12・19判時1548号26頁）は抗告を棄却。これに対してYが特別抗告した。

裁判所の判断 ―― 抗告棄却

①「法による宗教団体の規制は，専ら宗教団体の世俗的側面だけを対象とし，その精神的・宗教的側面を対象外として」おり，「信者……の信教の自由に介入しようとするものではない（法1条2項参照）」。そして，解散命令により宗教法人が解散しても「信者は，法人格を有しない宗教団体を存続させ，あるいは，これを新たに結成することが妨げられるわけではなく，また，宗教上の行為を行い，その用に供する施設や物品を新たに調えることが妨げられるわけでもない。すなわち，解散命令は，信者の宗教上の行為を禁止したり制限したりする法的効果を一切伴わないのである」。

②もっとも，宗教法人の解散命令にともない，「信者らが行っていた宗教上の行為を継続するのに何らかの支障を生ずることがあり得る」。そうであるならば「憲法の保障する精神的自由の一つとしての信教の自由の重要性に思いを致し，憲法がそのような規制を許容するものであるかどうかを慎重に吟味しなければならない」。

③かかる観点からすると，ⅰ）「専ら宗教法人の世俗的側面を対象とし，かつ，専ら世俗的目的によるものであって，宗教団体や信者の精神的・宗教的側面に容かいする意図によるものではなく，その制度の目的も合理的である」。また，ⅱ）Yの代表役員および多数の幹部は，「大量殺人を目的として毒ガスであるサリンを大量に生成することを計画し……計画的，組織的にサリンを生成した」ことから，法81条1項1号及び同2項前段に該当する行為をしたことは明らかである。そして，ⅲ）Yの法人格を失わせることは「必要かつ適切」であり，他方，解散命令によりYやその信者らが行う「宗教上の行為に何らかの支障を生ずることが避けられないとしても，その支障は，解散命令に伴う間接的で事実上のものであるにとどまる」。本件解散命令は，Yやその信者らの精神的・宗教的側面に及ぼす影響を考慮しても，Yの行為に対処するのに必要でやむを得ない法的規制であるということができる。

解　説

本件は，大量殺人を目的として組織的にサリンを生成した宗教法人に対する具体的な解散命令の合憲性が問われた事案である。

本決定では法の規定する解散命令の制度が「専ら宗教法人の世俗的側面を対象とし，かつ，専ら世俗的目的によるもの」であって，「合理的」であるとしている。この点，解散命令の制度は「法人格の有無の問題にとどま」るとの理解から宗教的結社の自由を侵害するということにはならない，と考えられる（近藤・77 頁）。もっとも，宗教団体において「世俗的側面」と「精神的・宗教的側面」とが「截然と区別されているのかは疑問」との指摘もある（土屋・138 頁）。

一方，本決定も指摘するように，法人格の剥奪が当該法人の信者らの宗教的行為に「何らかの支障」を与える可能性が想定されうる。これについて本決定は，上述のように解散命令の制度の合理性を確認したうえで，本件において解散命令によることが「必要かつ適切」であること，また信者らの宗教上の行為に生じうる「何らかの支障」も「間接的で事実上のもの」にすぎないことから，「必要でやむを得ない法的規制」であると判断する。ただ，本件事案が史上類を見ないほど「極端なもの」だったこともあってか，結論の妥当性はともかく，「論証はかなり簡易」であり（土屋・138 頁），本決定が述べるほどに「慎重な吟味」がなされたといえるかには，疑問を呈する余地もあろう（プロセス〔第 3 版〕・44–45 頁（駒村圭吾））。

◉事案の背景

前述の宗教法人Ｙことオウム真理教は，1994 年にいわゆる松本サリン事件，翌 95 年に地下鉄サリン事件を引き起こすなどして，多数の死傷者を生じさせた。法 81 条 1 項 1 号及び 2 号前段のいわゆる法人格の濫用を事由とする解散命令は本件が最初である（土屋・137 頁）。その後，分派を経て 2 つの後継団体が任意の団体として活動を継続している。

このオウム真理教事件を受けて，1995 年に宗教法人法が一部改正されると共に，1999 年にはいわゆる🔑**団体規制法（無差別大量殺人行為を行った団体の規制に関する法律）**が制定された。オウム真理教の後継団体に対しては，2000 年以来同法に基づく観察処分（3 年間）が下されており，2015 年 1 月に 5 回目の期間更新決定がなされている。

【キーワード】

🔑**解散命令**　宗教法人は任意に解散することができるほか（宗教法人法 43 条 1 項），法廷の解散事由に該当する場合にも解散する（同 2 項 1-6 号）。解散命令はその一つで，法によって法人格を認める実質的意義を有するとは認められないような場合に，裁判所の関与のもとに法人格を剥奪する仕組みである（渡部・374–375 頁）。

🔑**無差別大量殺人行為を行った団体の規制に関する法律（団体規制法）**　一連のオウム真理教関連事件を受けて 1999 年に制定された。「例えばサリンを使用するなどして，無差別大量殺人行為を行った団体」に対して行う「観察処分」（同法 5 条）や無差別大量殺人行為等の「再発防止処分」について規定し，「もって国民の生活の平穏を含む公共の安全の確保に寄与することを目的」とする法律である。上述の通り，オウム真理教とその後継団体には施行以来観察処分が継続的になされている。

【文献】近藤崇晴・最判解民事篇平成 8 年度（上）67 頁，百選Ⅰ・42（光信一宏），土屋英雄『思想の自由と信教の自由〔増補版〕』（尚学社，2008 年），渡部 蓊『逐条解説宗教法人法〔第 4 次改訂版〕』（ぎょうせい，2009 年）。

公安調査庁 HP　団体規制法の施行状況についての情報提供が行われており，オウム真理教に対する観察処分や立入検査の実施についての情報がまとめられている（出典：公安調査庁〈http://www.moj.go.jp/psia/kouan_topics_topics01.html〉）。

20 信教の自由③

神戸高専剣道実技受講拒否事件

織原保尚

最判平成8（1996）年3月8日
民集50巻3号469頁

【判決のポイント】
信仰上の理由による剣道実技の履修拒否を理由に，正当な理由のない履修拒否と区別することなく，代替措置について何ら検討することもなく，退学処分をしたという措置は，裁量権の範囲を超える違法なものである。

【事案の概要】
神戸市立工業高等専門学校（以下神戸高専）の1年生であったXは，信仰する宗教（エホバの証人）の教えに基づき，絶対的平和主義の考えを持ち，格技に参加すべきではないと確信していた。しかし，神戸高専では，Xが入学した年度から体育の課程の種目の中に剣道を取り入れ，必修となっていた。Xは剣道実技には参加しなかったため，学校長YはXの体育の単位を認定せず，原級留置の処分をし，翌年度も同様の処分がなされた。そして，2年連続の原級留置を理由に，退学処分を行った。Xは，これらの処分は，信教の自由などを侵害するものとして，処分の取り消しを求めた。

一審（神戸地判平成5（1993）・2・22判タ813号134頁）は本件処分をYの裁量権の範囲内としてXの請求を棄却，二審（大阪高判平成6（1994）・12・22判時1524号8頁）は，「裁量権を著しく逸脱」しているとし，一審判決を取り消した。

裁判所の判断 ―― 上告棄却

①「校長の裁量権の行使としての処分が，全く事実の基礎を欠くか又は社会観念上著しく妥当を欠き，裁量権の範囲を超え又は裁量権を濫用してされたと認められる場合に限り，違法」と判断すべきである。退学処分は，教育上やむを得ない場合に限って選択すべきであり，「特に慎重な配慮を要する」。また，原級留置処分も同様である。

②剣道実技の履修は「必須のものとまではいい難く，体育科目による教育目的の達成は」，代替的方法でも可能である。

③Xが剣道実技を拒否する理由は，「Xの信仰の核心部分と密接に関連する真しなもの」だった。Xが本件各処分による「重大な不利益を避けるためには剣道実技の履修という自己の信仰上の教義に反する行動を採る」ほかなく，Yは裁量権の行使に当たり，「当然そのことに相応の考慮を払う必要があった」。Xが，自由意思によって剣道を必修としている学校を選択したことを理由に，「著しい不利益をXに与えることが当然に許容されることになるものでもない」。

④「他の学生に不公平感を生じさせないような適切な方法，態様による代替措置を採ることは可能である」。代替措置を採ることで教育秩序を維持することができないとか，学校全体に重大な支障を生ずるとは認められない。「代替措置を採ることが実際上不可能であったということはできない」。

⑤代替措置を採ることが，「その目的において宗教的意義を有し，特定の宗教を援助，助長，促進する効果を有するものということはできず，他の宗教者又は無宗教者に圧迫，干渉を加える効果があるともいえないのであって」，憲法20条3項に違反しない。また，「学生が信仰を理由に剣道実技の履修を拒否する場合に，学校が，その理由の当否を判断するため，……確認する程度の調査をすることが公教育の宗教的中立性に反するとはいえない」。

⑥「Yの措置は，考慮すべき事項を考慮しておらず，又は考慮された事実に対する評価が明白に合理性を欠き，その結果，社会観念上著しく妥当を欠く処分をしたものと評するほかはなく，本件各処分は，裁量権の範囲を超える違法なもの」である。

解　説

公立の工業高専の学生が，その宗教上の信条のために授業の一環である剣道実技を拒否できるか，また学校側が代替措置を取ることが宗教的中立性を損なうかどうかが問われた事件で，注目を集めた。

まず，宗教上の信条のために剣道実技を拒否できるかどうかについては，信教の自由との関連が問題となる。信教の自由の制限については，学説上一般的に厳格な審査に服すると説明され，その制限は，単に公共の利益といったような一般原則から許されるわけではなく，必要不可欠な目的を達成するための最小限の手段でなければならないと説明される。この点について本最高裁判決においては，そのような厳格な基準は明示的には用いられておらず，判決の結論とは別に批判のある部分である。また，制約によって信教の自由が制限される程度についても問題となるが，本判決では「著しい不利益」とその程度を大きいものと判断している。これらの点において，公立小学校の指導要録における欠席の記載について争われた日曜日授業参観事件（東京地判昭和61（1986）・3・20判時1185号67頁）における結論とは，区別されるものである。

次に，学校側がその学生のために代替措置を取ることが，信教の自由を理由とする有利な扱いをすることになり，公教育における宗教的中立性を損なうかどうかという点である。政教分離原則との関係で問題となる。政教分離原則の性質については，学説上厳格分離が主張される。その点本判決においては，津地鎮祭判決（最大判昭和52（1977）・7・13判時855号24頁）以来の目的効果基準が用いられ，比較的緩やかに判断されているといえる。信教の自由という権利の性質上，多数派の考える宗教的中立性は，少数派にとっては必ずしも中立ではないということを考慮すると，厳格分離の立場に立った上でも，本件のような場合においては，信教の自由に配慮した判断がなされるべきであろう。

これらの議論を前提に，本判決においては最終的に，進級留置，退学の処分は，社会観念上著しく妥当を欠き，裁量権の範囲を超えるものとして違法であると判断している。

◉事案の背景

2008年に中学校学習指導要領の改訂により，保健体育教科での授業の内容として武道が必修化されたことが話題となった。学習指導要領の説明によれば，武道は，武技，武術などから発生した日本固有の文化であること，武道に積極的に取り組むことを通して，武道の伝統的な考え方を理解することなどが強調されている。本事件で問題となった武道が中学校の段階で必修化されたわけだが，この変化は，本事件が起こった時期からの教育に関する政策の方向性とも関連している。

武道は，戦前の学校教育において民族主義や軍国主義を助長したとして，戦後長らく学校教育で慎重に扱われてきたとされる。学習指導要領においては1989年の改定によって「武道」という名称を復活させている。この改定では，日本の国際化を背景に，日本の文化と伝統を尊重する態度の育成を重視するとともに，世界の文化や歴史についての理解を深め，国際社会に生きる日本人としての自覚やものの見方，考え方についての基礎を培うことが方針として示されている。

また，この改定では同時に，学校における式典において，国旗の掲揚と，国歌の斉唱を実施するものと定められた。国旗及び国歌については，日本人としての自覚を高め国家社会への帰属意識を養うとともに，国際社会において信頼される日本人を育てることを目指すと説明されている。この後1999年には国旗国歌法が制定され，2006年には教育基本法改正により，いわゆる愛国心教育の導入などがなされた。

これらの変化の中には，国が示すところの日本の文化や伝統，目指すところの日本人像に「しっくりこない」と感じる生徒の視点はどの程度入っているのだろうか。そのような意味においても，宗教的少数派の立場から学校教育のあり方を問うた本事件の意義は，非常に大きいと思われる。

【キーワード】

行政裁量　行政による処分などについて，法律が一義的な文言を置かないことによって，行政が自己の判断で内容などを決めることができるように定められている場合，行政庁が自己の判断を下すことのできる余地のことを行政裁量と呼ぶ。

【文献】矢島基美・平成八年度重判解15頁，百選Ⅰ・45（栗田佳泰），「座談会　戦後教育制度の変遷」ジュリ1337号2頁。

中学校における武道の授業風景（出典：文部科学省：平成21年度学校体育振興事業「中学校武道必修化に向けた地域連携指導実践校」研究報告書〈http://www.mext.go.jp/component/a_menu/sports/detail/__icsFiles/afieldfile/2012/01/27/1315299_2.pdf〉）

21 政教分離の原則①

愛媛県玉串料訴訟

大江一平

最大判平成 9（1997）年 4 月 2 日
民集 51 巻 4 号 1673 頁

【判決のポイント】
愛媛県による**靖国神社**，県護国神社への玉串料等の支出は，憲法 20 条 3 項（政教分離原則）および同 89 条（公金支出の禁止）に違反する。

【事案の概要】

1981 年から 86 年にかけて，愛媛県は宗教法人靖国神社の例大祭に玉串料（合計 4 万 5 千円）を，みたま祭に献灯料（合計 3 万 1 千円）を，さらに，愛媛県護国神社の慰霊大祭に供物料（合計 9 万円）を県の公金から支出した。これらの公金支出に対して，憲法 20 条 3 項，89 条等に違反するとして，当時の県知事 Y らに対して，同県住民 X らが地方自治法 242 条の 2 第 1 項 4 号（平成 14 年改正前）に基づく**住民訴訟**を提起した。

第一審（松山地判平成元（1989）・3・17 行集 40 巻 3 号 188 頁）は，本件支出が憲法 20 条 3 項に違反するとしたが，第二審（高松高判平成 4（1992）・5・12 行集 43 巻 5 号 717 頁）は社会的儀礼であるとして 20 条および 89 条に違反しないと判断した。そこで，原告が上告した。

裁判所の判断 ―― 破棄自判

①「憲法20条3項にいう宗教的活動とは，およそ国及びその機関の活動で宗教とのかかわり合いを持つすべての行為を指すものではなく，そのかかわり合いが……相当とされる限度を超えるものに限られるというべきであって，当該行為の目的が宗教的意義を持ち，その効果が宗教に対する援助，助長，促進又は圧迫，干渉等になるような行為をいうものと解すべきである。そして，ある行為が右にいう宗教的活動に該当するかどうかを検討するに当たっては，当該行為の外形的側面のみにとらわれることなく，当該行為の行われる場所，当該行為に対する一般人の宗教的評価，当該行為者が当該行為を行うについての意図，目的及び宗教的意識の有無，程度，当該行為の一般人に与える効果，影響等，諸般の事情を考慮し，社会通念に従って，客観的に判断しなければならない」。

②「憲法 89 条が禁止している公金その他の公の財産を宗教上の組織又は団体の使用，便益又は維持のために支出すること又はその利用に供することというのも，前記の政教分離原則の意義に照らして，公金支出行為等における国家と宗教とのかかわり合いが前記の相当とされる限度を超えるものをいうものと解すべきであ」る。

③「玉串料及び供物料は，例大祭又は慰霊大祭において……宗教上の儀式が執り行われるに際して神前に供えられるものであり，献灯料は，これによりみたま祭において境内に奉納者の名前を記した灯明が掲げられるというものであって，いずれも各神社が宗教的意義を有すると考えていることが明らかなものである」。

④「これらのことからすれば，県が特定の宗教団体の挙行する重要な宗教上の祭祀にかかわり合いを持ったということが明らかである。そして，一般に，神社自体がその境内において挙行する恒例の重要な祭祀に際して右のような玉串料等を奉納することは，建築主が主催して建築現場において土地の平安堅固，工事の無事安全等を祈願するために行う儀式である起工式の場合とは異なり，時代の推移によって既にその宗教的意義が希薄化し，慣習化した社会的儀礼にすぎないものになっているとまでは到底いうことができず，一般人が本件の玉串料等の奉納を社会的儀礼の一つにすぎないと評価しているとは考え難いところである」。「地方公共団体が特定の宗教団体に対してのみ本件のような形で特別のかかわり合いを持つことは，一般人に対して，県が当該特定の宗教団体を特別に支援しており，それらの宗教団体が他の宗教団体とは異なる特別のものであるとの印象を与え，特定の宗教への関心を呼び起こすものといわざるを得ない」。

⑤「以上の事情を総合的に考慮して判断すれば，県が本件玉串料等を靖國神社又は護國神社に前記

のとおり奉納したことは，その目的が宗教的意義を持つことを免れず，その効果が特定の宗教に対する援助，助長，促進になると認めるべきであり，これによってもたらされる県と靖國神社等とのかかわり合いが我が国の社会的・文化的諸条件に照らし相当とされる限度を超えるものであって，憲法20条3項の禁止する宗教的活動に当たると解するのが相当である」。

⑥「また，靖國神社及び護國神社は憲法89条にいう宗教上の組織又は団体に当たることが明らかであるところ，……本件玉串料等を靖國神社又は護國神社に前記のとおり奉納したことによってもたらされる県と靖國神社等とのかかわり合いが我が国の社会的・文化的諸条件に照らし相当とされる限度を超えるものと解されるのであるから，本件支出は，同条の禁止する公金の支出に当たり，違法というべきである」。

※なお，2つの補足意見，3つの意見，2つの反対意見がある。

解　説

本件最高裁判決は，国家と宗教のかかわり合いが政教分離違反であるか否かの判断基準として，(1) 問題とされる国家行為の目的が宗教的意義を持つか，(2) 当該行為の効果が宗教に対する援助，助長，促進または圧迫，干渉等となるかを問う目的効果基準を用いた。

従来，最高裁の目的効果基準については，津地鎮祭事件（最大判昭和52（1977）・7・13民集31巻4号533頁）のように，曖昧かつ緩やかな基準ではないかとの批判がなされてきた。しかし，本件において最高裁は同基準を厳格に適用し，目的および効果の点で政教分離原則に違反すると判断した。

特に，最高裁が本件支出の効果について「一般人に対して……特定の宗教への関心を呼び起こす」と指摘した部分は，特定宗教の信者以外の「合理的観察者」からみて，特定宗教や宗教一般を是認または否定するような印象を与える国家行為を禁止するアメリカのエンドースメント・テストの影響を受けているとの指摘が有力である。とはいえ，本件で最高裁が述べるような形で地鎮祭と玉串料の性質を区別できるのかという疑問は残る。

なお，自治会の神社への市有地無償提供が20条1項後段と89条に違反するとした空知太訴訟（最大判平成22（2010）・1・20民集64巻1号1頁）は目的効果基準に直接言及しなかった。そのため，今後，同基準がどのように用いられるのかが注目される。

◉事案の背景

明治憲法28条は信教の自由を保障したが，「安寧秩序ヲ妨ケス及臣民タルノ義務ニ背カサル限ニ於テ」という制約がなされ，神社神道は事実上の国教（国家神道）として扱われた。また，1920～40年代には，治安維持法や不敬罪の適用によって，大本教弾圧事件（1921年および1935年）等の宗教弾圧が行われた。

日本の占領政策を遂行したGHQは，1945年12月の神道指令によって国家と神社神道を分離した。そして，日本国憲法は20条で信教の自由と政教分離原則を保障し，89条で財政面からの政教分離を徹底した。そのため，本件で最高裁がこうした政教分離規定成立の歴史的経緯に言及した上で目的効果基準を厳格に適用した点が重要である。

【キーワード】

靖国神社　戊辰戦争から第2次大戦に至る戦争等で亡くなった約250万人の戦没者を顕彰・追悼する神社。神道指令によって第2次大戦後は一宗教法人となったが，政教分離原則の問題にとどまらず，戦没者追悼や歴史認識をめぐる議論の争点となり続けてきた。

住民訴訟　政教分離違反のように，地方公共団体が「違法又は不当な公金の支出」等を行っていると疑われる場合に，住民は監査委員に監査を請求できる（地自法242条）。監査委員の監査に不満がある場合には，客観訴訟の一種である住民訴訟を提起することができる（地自法242条の2）。

【文献】 百選Ⅰ〔第5版〕（戸松秀典），百選Ⅰ・48（岡田信弘）102頁，判例講義Ⅰ・52（駒村圭吾），芹沢斉・市川正人・阪口正二郎編『新基本法コメンタール 憲法』（日本評論社，2011年）170–175頁（阪口）。

三土修平『靖国問題の原点〔増訂版〕』（日本評論社，2013年）靖国神社をめぐる問題がなぜここまでこじれたのか，憲法の政教分離原則のみならず，近隣各国との戦後補償問題や戦没者追悼のあり方から論じている。

22 政教分離の原則②

内閣総理大臣靖国参拝事件

茂木洋平

大阪高判平成4（1992）年7月30日
判時1434号38頁，判タ789号94頁

【判決のポイント】
内閣総理大臣の靖国神社公式参拝は憲法上の政教分離原則に違反する疑いがある。

【事案の概要】
1985年8月15日，当時の内閣総理大臣である中曽根康弘は，官房長官らを随行させて公用車で靖国神社に赴き，拝殿で「内閣総理大臣中曽根康弘」と記帳し，本殿で黙祷した後，深く一礼した。その際，供花料の代金として3万円を公費から支出し，神社側に納めた。参拝後，中曽根は公式参拝であると明言した（「本件公式参拝」）。

本訴訟を含め，いくつかの地裁で，本件公式参拝は憲法の政教分離原則に違反し，それにより損害を被ったとして損害賠償を求める訴えが提起された。原告らは，本件公式参拝が政教分離原則に基づく利益，信教の自由，宗教的人格権，宗教的プライバシー権，平和的生存権を侵害し，精神的苦痛を被ったと主張した。

本件の原審（大阪地判平成元（1989）・11・9訟月36巻7号1141頁）を含め，各地裁判決は本件公式参拝の憲法適合性を判断せず，原告らの主張する信教の自由の侵害はなく，宗教的人格権などは保護の対象でないとして請求を棄却した。

裁判所の判断 ——控訴棄却（確定）

①憲法20条3項が国及びその機関に禁止する宗教的活動に該当するのかは「目的・効果基準」により判断され，行為の目的が「宗教的意義をもち，その効果が，宗教に対する援助，助長，促進又は圧迫，干渉」などの行為がそれにあたる。

本件公式参拝の目的や方法等を考えると，憲法20条3項所定の宗教的活動に該当しないと解する余地がある。しかし，ⅰ）靖国神社が宗教団体であること，ⅱ）参拝行為の目的と方法がどうであれ，「外形的・客観的には，神道とかかわりをもつ宗教的活動であるとの性格を否定」できないこと，ⅲ）従来の政府見解は公式参拝が政教分離原則に抵触するとしていたこと，ⅳ）公式参拝には強い反対があり，国民的合意は得られていないこと，ⅴ）公式参拝が内外に及ぼす影響が極めて大きいこと，ⅵ）現実に国内外から抗議されていること，ⅶ）継続して行われることが予定されていたことから，本件公式参拝は違憲とは断定できないが，一般人に与える影響などを考えると，違憲の疑いが強い。

②しかし，仮に本件公式参拝が違憲であっても，「控訴人らは，本件公式参拝により法律上，保護された具体的な権利ないし法益の侵害を受けたことはないし，また，慰謝料をもって救済すべき損害を被ったこともな」い。政教分離規定は，国から間接的に干渉や圧迫を受けない権利を保障した人権規定ではなく，国民に具体的権利を保障していない。政教分離に違反する行為がなされたことだけで，直ちに個人の具体的権利・利益が侵害されたとはいえない。また，本件公式参拝の違法性が強いため，侵害された権利・利益が多少弱くとも，損害賠償を請求できるという主張は認められない。

解　説

1靖国神社への国の機関の参拝をめぐる訴訟には2つの類型がある。第1に，靖国神社への天皇や内閣総理大臣の公式参拝実現を要望する県議会決議や知事らによる靖国神社参拝への玉串料などの公金による支出を違憲として損害賠償を求める住民訴訟である。この場合，自治体が公金を支出したことに着目し，地方自治法に基づき住民訴訟を提起し，その行為の憲法適合性を問える。自治体による靖国神社への公金支出について，高裁レベルでは傍論で違憲判断が下され（岩手靖国訴訟判決（仙台高判平成3（1991）・1・10行集42巻1号1頁），最高裁でも違憲判断が出されている（愛媛玉串料訴訟（最大判平成9（1997）・4・2民集51巻4号1673頁）。第2に，現実に行われた靖国神社への公式参拝を違憲として国家賠償を求める訴訟である。現行法上，この型の訴訟は明文で規定されていない。

2総理大臣の公式参拝の憲法適合性を裁判で争うには，公式参拝により法的に保護された権利・利益が侵害されたと主張する必要がある。本件を含め，第2の訴訟類型では，宗教的人格権などの侵害が主張された（事実の概要）。公式参拝は一定の人々に不快感を与えるが，実害はない。本件を含め（判旨②），各下級審判決は憲法の政教分離原則は国から間接的に干渉などを受けない権利を保障していないと判断し，最高裁もこの点を確認している（最判平成18（2006）・6・23集民1220号573頁）。

3裁判所が原告に保護すべき法的利益がないと判断する以上，憲法判断を行わずに事件を決着させることもできる。本判決の憲法判断の部分は，判決の主文とは関係のない「傍論」である。傍論で憲法判断を行うことの是非については，学説上，評価が分かれる。否定説は，裁判所の役割は具体的な争いを解決することにあり，それに必要な限りで憲法判断を行うべきであり，最高裁以外は必要がない場合には行うべきでないとする（百地・71-73頁）。これに対し，多くの学説は提起された問題の重要性を考えて，裁判所が傍論で一定の憲法判断を下すことができるとする（芦部理論・413頁等）。実際に，最高裁は傍論で憲法判断を行っている（最大判昭和28（1953）・12・23民集7巻13号1561頁：最大判昭和42（1967）・5・24民集21巻5号1043頁）。ただし，これらの憲法判断は，問題とされた国の行為が違法でないことを付け加えたものであり，主文の内容と矛盾しない。本件の場合，原告の請求を退けているが，傍論では本件公式参拝に違憲の疑いがあるとしている。つまり，主文と傍論の内容が異なる「ねじれ判決」である。違憲の疑いありと判断するのであれば，原告勝訴としなければ理論が一貫しない（横田・34頁）。また，本件を含め総理大臣の靖国参拝の憲法適合性を問う訴訟では，原告の狙いは裁判所による憲法判断を引き出すことにある。下級審で「ねじれ判決」が下されると，事実上勝訴した原告側は控訴せず判決は確定し，国側は控訴できない。この点で，「ねじれ判決」には問題がある。

◉事案の背景

靖国神社は，幕末以降の国内外の事変・戦争などに殉じた軍人，軍属を祀る神社である。多くの日本兵が戦友と別れる際に「靖国で会おう」と言ったことから，過去の日本の戦争の1つの象徴的存在である。いわゆるA級戦犯が祀られていること等から，総理大臣の靖国神社参拝の憲法適合性を争う訴訟には，それが政教分離原則に違反するかという問題とともに，第二次大戦前の日本の戦争が自衛か侵略かという歴史的評価と強く結びついている。A級戦犯の合祀などを理由に中国や韓国などは首相の靖国参拝を批判するが，それがはじめてなされたのは本件公式参拝のときである。A級戦犯の合祀が明らかになったとき（1979年4月）から本件公式参拝の前までに，3人の総理大臣が計21回にわたり参拝したが，批判はなかった。靖国神社公式参拝の問題は国際政治の問題とも深く関わっている。また，昭和天皇は戦後8回にわたり靖国神社を参拝したが，1975年を最後に行わなかった。その1つの理由として，昭和天皇がA級戦犯の合祀を快く思っていなかったことが明らかにされている。

【キーワード】

A級戦犯　極東国際軍事裁判（東京裁判）において平和に対する罪と人道に対する罪により有罪とされた者をいう。東京裁判をめぐっては肯定的に捉える見解と勝者の一方的な裁きにすぎないとして否定的に捉える見解とに分かれている。

【文献】横田耕一・法セ455号32頁，関連する判例評釈として，百地章・判評555号2頁など。

中曽根首相　靖国神社に初の公式参拝（昭和60年8月15日）。（出典：NHK名作選 みのがし なつかし〈http://cgi2.nhk.or.jp/archives/tv60bin/detail/index.cgi?das_id=D0009030198_00000〉）

23 表現の自由①

「四畳半襖の下張」事件

辻 雄一郎

最判昭和55（1980）年11月28日
刑集34巻6号433頁

【判決のポイント】
わいせつの判断にあたって，文書を全体として，読者の好色的興味に訴えるものと認められるか否か，その時代の社会通念に照らして，「徒らに性欲を興奮又は刺激せしめ，かつ，普通人の正常な性的羞恥心を害し，善良な性的道義観念に反するもの」といえるか，の基準が用いられる。

【事案の概要】
昭和47年6月にXとYは「四畳半襖の下張」を雑誌「面白半分」7月号に掲載し，およそ2万8000部数を販売した。彼らの行為がわいせつ物の販売に該当するとして起訴された。刑法175条は罰金刑を規定している。第一審（東京地判昭和51（1976）・4・27判時812号22頁）は，**刑法175条**（わいせつ文書販売罪）の成立にあたって，(1)その文書の有する社会的有用性の利用と実現に資するという真摯な目的に出たかどうかに着目した。(2) 販売が印刷・製本の体裁，広告・宣伝の方法，紹介・解説の内容・読者層等にも十分留意して，右の目的が正しく達成されるような配慮の下で行われ，また文書が販売されたことにより，(3) 社会が芸術，思想，学問等の間で享受した利益とわいせつ性のために侵害された法益との比較衡量をした上で，(4) その行為を全体として考察し，法秩序の範囲内にあると認められた場合，正当な行為として違法性が阻却される。また，わいせつ文書を販売した者が当該文書をわいせつでないと信じ，そう信じたことに相当な理由がある場合は故意が阻却される。

第二審（東京高判昭和54（1979）・3・20判時918号17頁）は，刑法175条が憲法22条1項，31条に違反しないと判断した。本件文書のわいせつ性を認めた。

裁判所の判断 ―――― 上告棄却

①刑法175条は合憲　Xらは，刑法175条が憲法21条に違反すると主張する。わいせつ文書の出版を刑法175条で処罰しても憲法21条に違反しない。また，刑法175条は不明確であるとはいえず，憲法31条に違反しない。

②文書のわいせつ性判断基準　文書のわいせつ性の判断にあたって，ｉ）当該文書の性に関する露骨で詳細な描写叙述の程度とその手法，ⅱ）描写叙述の文書全体に占める比重，ⅲ）文書に表現された思想等と描写叙述との関連性，ⅳ）文書の構成や展開，さらにはｖ）芸術性・思想性等による性的刺激の緩和の程度，ⅵ）これらの観点から該文書を全体としてみたときに，主として，読者の好色的興味にうったえるものと認められるか否かなどの諸点を検討することが必要である。これらの事情を総合し，その時代の健全な社会通念に照らして，それが「徒らに性欲を興奮又は刺激せしめ，かつ，普通人の正常な性的羞恥心を害し，善良な性的道義観念に反するもの」といえるか否かで判断する。

③本件作品のわいせつ該当性　本件「**四畳半襖の下張**」は，男女の性的交渉の情景を扇情的な筆致で露骨，詳細かつ具体的に描写した部分が量的質的に文書の中枢を占めており，その構成や展開，さらには文芸的，思想的価値などを考慮に容れても，主として読者の好色的興味にうったえるものと認められる。総合検討すれば，本件文書は「わいせつの文書」に該当する。

解　説

1 わいせつの判断基準について判例が積み重ねられてきた　チャタレー事件（最大判昭和32（1957）・3・13刑集11巻3号997頁）は，「チャタレー夫人の恋人」という作品について裁判所がわいせつに該当するかどうかを判断した。

原作はイギリスの有名な作家D.H.ロレンスの長編小説「チャタレー夫人の恋人」である。この日本訳本が問題となった。この物語は「第一次大戦において負傷し，性的機能を失った若い貴族のクリッフォードとその妻コニー」の生活を描いている。彼らの「領地内に住んでいる，妻と別居していたメラーズという森番の男」とコニーと「の間に恋愛および肉体的関係が発生，発展し……離婚によって不自然と思われる婚姻を清算して恋愛を基礎とする新生活に入ろう」とする。このチャタレー事件は「性的秩序を守り，最小限度の性道徳を維持する」という根拠で刑法175条の合憲性を支持した。

問題となる作品に芸術性といった文学的価値が含まれている場合はどのように扱うべきだろうか。チャタレー事件はわいせつ性と芸術性は両立しないと判断していたが，悪徳の栄え事件（最大判昭和44（1969）・10・15刑集23巻10号1239頁）はわいせつ性と芸術性は両立すると判断した。文書の芸術性が性的描写の性的刺激を減少させ，緩和させる場合があると述べている。

日本で「悪徳の栄え」として紹介される作品は「変態的猟奇的性格および反権力的行動から，しばしば投獄され，遂には精神病院でその生涯を閉じたと伝えられるフランスの18世紀の作家マルキ・ド・サドの著作である『ジュリエット物語あるいは悪徳の栄え』の後半部」の抄訳である。主人公ジュリエットのヨーロッパで冒涜（ぼうとく）の限りを尽くしておきながら栄華を極めるという話である。奇妙な姿態，方法による乱交，鶏姦，獣姦，口淫，同性愛などが描写されている。かなりの教養を必要とするので，小説の評価は読者の判断に委ねたい。

2全体として判断する　四畳半襖の下張事件は文書を全体として考察する場合の基準を示している。メイプルソープ判決については札幌税関事件を参照されたい。

3刑法175条の改正の合憲性と単純所持規制の処罰の問題　特定の販売・頒布だけを処罰すればよいはずだから，刑法175条は違憲であるという主張もある。合憲と考える立場は，わいせつ文書は①見たくない者にとっては苦痛であり，②未成年者を保護する必要があり，③全面的に禁止しているのではなく文書の頒布と販売に限定して規制していると主張する。

たしかにわいせつ物の単純処罰は禁止されていない。個人として楽しむため（単純所持）に海外から持ちこむ場合，刑法の処罰対象から外れる可能性がある。しかし，輸入の目的をいちいち識別することはできないため，水際で阻止して，我が国の健全な性的風俗が害されることを防いでいる。法律の文言だけでなく，実際に執行する程度も問題になってくることに注意したい。

なお，2014年改正児童買春・ポルノ禁止法は，**児童ポルノの単純所持**を規制することになっている。少なくとも児童ポルノについては，被写体になる児童は自らの行為を十分に理解できず，撮影された写真が将来にわたって半永久的に回覧される損害を考えれば，撮影される児童の利益が優先しよう。

4差別表現との関係　アメリカではアンドレア・ドゥオーキンとキャサリン・マッキノンがわいせつとポルノグラフィを区別し，ポルノグラフィは性にもとづく差別だ，と主張している。ポルノグラフィは，女性の身体をモノとして扱い，人格を貶め，男性による支配と女性の従属を固定化している差別表現だという。彼らは，ポルノグラフィを禁止する条例をミネアポリス市で制定しようと運動したが成立には至らなかった。この条例はポルノグラフィが女性の公民権を侵害することを根拠に，制作者や頒布者の民事責任を規定していた。この条例は連邦控訴裁判所に違憲無効であると判断されている。カナダなど他国の例も参照してみてほしい。

◉事案の背景

1. この本の作者は誰なのか

この本の作者は誰だったのだろうか。まず訴訟の当事者に注目したい。X（佐藤）は，編集業務を担当していた大光社を退社して，面白半分社を設立し，代表取締役となった。同社の出版している月刊誌「面白半分」は編集長を半年ごとに現役の小説家が交代して担当する方針をとっていた。Xは，大光社勤務時代に知り合ったY（野坂）に編集長を依頼した。XとYは，金阜山人の戯作「四畳半襖の下張」の掲載を企画した。「四畳半襖の下張」とは，永井荷風作とされる作品の名前である。

2. わいせつ性の判断は裁判官だと適切に判断できるのか

わいせつ性の判断の客観性を担保することは難しい。わいせつ該当性の判断が難しい点について，アメリカの例が参考になる。アメリカのポッター・スチュワート（Potter Stewart）裁判官がJacobellis v. Ohio, 378 U.S. 184（1964）で映画『The Lovers』のわいせつ性を判断する際，「見れば分かるI know it when I see it.」と述べたことがある。スチュワート裁判官は晩年には視力が衰えており，同席する裁判官に描写を聴いて判断していたので，実際には「聞けば分かる」であろう。問題となる作品は裁判官だけで別室で視聴し，裁判官を助ける立場のロークラークはこの視聴には同席できなかった。

裁判官であれば，あるいは有識者であれば，わいせつ性の見識があるといえるのか，が問題となっている。実際に本作品を読んで判断されたい。ダビデ像や小便小僧を見て，わいせつかどうか，を考えてみたい。本判決の示す基準は，裁判官自身の判断も拘束することになる。

【キーワード】

四畳半の下張　四畳半の部屋で発見したということ。下張は「したばり」と読む。襖や天井には外装として上張りが貼られている。襖の上張りの裏に貼られている下張に隠れていた本を発見したということ。これを発見した金阜山人がきれいに書き直して紹介するという形式で表現されている。本訴訟は永井荷風没（1959年没）後に争われており，作者については争いがある。

児童ポルノの単純所持　性的好奇心を満たす目的で18歳未満の児童のポルノを所持した場合，一年以下の懲役または百万円以下の罰金が科せられる。ただし罰則の適用は法施行から一年間猶予される。

【文献】 DVD『ラリー・フリント』（ソニー・ピクチャーズ エンタテインメント，1998年），伊藤 整・伊藤 礼訳『チャタレィ夫人の恋人』（新潮社，1996年），渋澤龍彦『悪徳の栄え 上・下』（河出書房新社，1990年），中里見 博・森田成也訳（キャサリン・マッキノン，アンドレア・ドウォーキン）『ポルノグラフィと性差別』（青木書店，2002年）。

四畳半襖の下張

金阜山人戯作

今年曝書の折ふと発閲の中に二三の断簡を見出したれば暑をわすれんとて浄書せしついでにこの襖の下張と名づけし淫文一編もまたうつし直して老の寝覚のわらひ草とはなすになん

大地震のてうど一年目に当らむとする日

金阜山人あざぶにて識るす

さるところに久しく売家の札斜に張りたる待合。固より横町なれども、其後往来の片側取ひろげになりて、表通の見ゆるやうになりしかば、待合家業当節の御規則にて、代がかはれば二度御許可になるまじとの噂に、普請は申分なき家なれど、買手なか／＼つかざりしを、こゝに金阜山人といふ馬鹿の親玉、通りがゝりに何心もなく内をのぞき、家づくり小庭の様子一目見るなり無暗とほれ込み、早速買取りこゝかしこ手を入れる折から、母家から濡縁つたひの四畳半、その襖の下張何やら一面にこまかく書つゞる文反古、いかなる写本のきれはしならんと、かゝることには目さとき山人、経師屋が水刷毛奪ひ取つて一枚一枚剥しながら読みゆくに、これやそも誰が筆のたはむれぞや。

はじめの方はちぎれてなし　持つて生れし好きごゝろいくつになつても止むものでなし。十八の春千種の花読みふけりし頃、ふと御神燈のかげくゞり初めしより幾年月の仇夢、相手は新造年増小娘のいろ／＼と変れども、主のこなたはいつも変らぬ好きごゝろ飽くを知らず、人生五十の坂も早一ツ二ツ越しながら、寝覚の床に聞く鐘の音も、あれは上野か浅草かとすぐに河東がゝりの鼻唄、まだなかなか諸行無常と響かぬこそいやはや呆れた次第なり。

思へば二十歳の頃、身は人情本中の若旦那よろしくひとりよがりして、十七八の生娘などは面白からず五ツ六ツも年上の大年増泣かして見たしと願掛までせし頃は四十の五十のといふ老人の遊ぶを見れば、あの爺何といふ排々ぞや、色恋も若気のあやまちと思へばゆ

「四畳半襖の下張」金阜山人戯作　第1ページ
（http://www.eonet.ne.jp/~tamakobo/book2.htm）

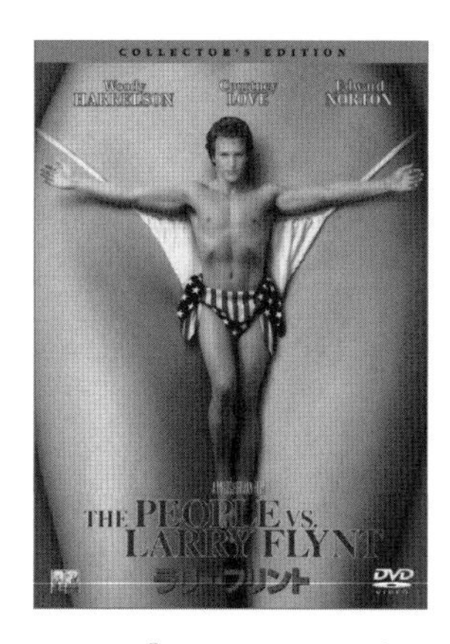

DVD『ラリー・フリント』
（ソニー・ピクチャーズ エンタテインメント，1998）

コラム４　最高裁判所裁判官の国民審査

最高裁判所裁判官の任命

最高裁判所は，長官１名と裁判官 14 名とで構成されています（日本国憲法 79 条１項，裁判所法５条３項）。これら最高裁判所の長官及び裁判官の任命については，実質的にはもっぱら内閣に委ねられます。その資格要件として，「識見の高い，法律の素養のある年齢 40 年以上の者」とされ，15 人中少なくとも 10 人は裁判官，検察官，弁護士，または法律学の教授・准教授の職に一定年数以上在職した者でなければならないと定められています（裁判所法 41 条）。

最高裁判所と国民審査

いわゆる三権のなかで，国会（立法権）や内閣（行政権）と比べると，国民との関係が希薄であるような印象をもたれる裁判所（司法権）ですが，最高裁判所の裁判官に対しては国民審査の制度があります。これは，アメリカの幾つかの州の制度をモデルにしたとされ，裁判官選任に対する民主的コントロールの意味をもつものです。

国民審査は，罷免を可とする裁判官について，投票用紙の氏名の上に「×」印を記載し，そうでない裁判官については何も記入しないという方法で行われています（右図を参照）。その人物が最高裁判所の裁判官としてふさわしいのかどうか。国民が判断することは困難です。国民審査のあり方に対しては，投票方法それ自体も含めて，かねてより疑問が投げかけられてきたところです（☞本書 68）。もとより現在に至るまで，国民審査において罷免を可とする投票が総投票数の過半数を占めた例は見当たりません。そうしたことから，この制度を廃止すべきではないかとする意見も有力です。

個別意見制度

これら「国民審査の際の判断の資料」（最高裁判所事務総局）になるとされるのが，最高裁判所においてのみ認められた個別意見制度です（裁判所法 11 条）。本書の判旨のなかにも，「反対意見」や「補足意見」が付されているものがみられます。ちなみに，多数意見（法廷意見）の結論に反対するものを「反対意見」，多数意見に結論も理由も賛成だが，なお補足して意見を述べたい場合に付するものを「補足意見」と呼んでいます。また，「意見」とは，多数意見と結論を同じくするが理由を異にするものをいいます。

個別意見が付されるということは，裁判官の間でも意見が分かれていたことをうかがわせます。かつての少数意見が，後々，多数意見となったことも少なくありません。今後の判例の動向をうかがい知る貴重な資料であるといえます。裁判官の“生の声”が聞こえるかもしれません。注目してみてください。

2015 年に選挙権年齢が引き下げられました。議員の選挙とともに，最高裁判所裁判官の国民審査も 18 歳から行うことになります。国民が最高裁判所裁判官について意見を述べる唯一の機会でもあります。

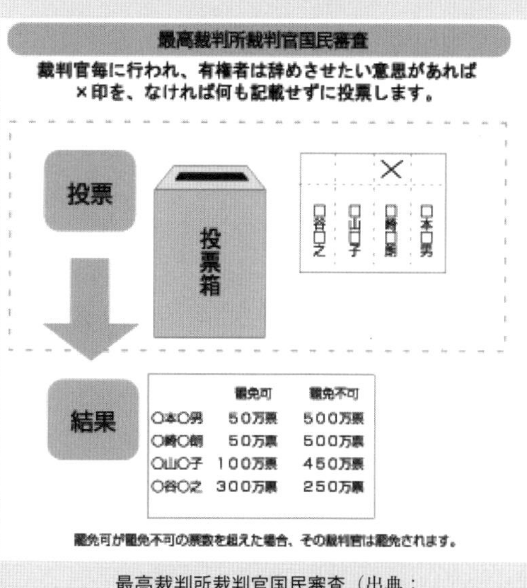

最高裁判所裁判官国民審査（出典：総務省のウェブサイトより〈http://www.soumu.go.jp/senkyo/senkyo_s/naruhodo/naruhodo04.html〉）

24 表現の自由②

大分県屋外広告物条例事件

前田　聡

最判昭和 62（1987）年 3 月 3 日
刑集 41 巻 2 号 15 頁

【判決のポイント】
街路樹の支柱に政党演説会のプラカード式ポスターを針金でくくりつける行為について大分県屋外広告物条例を適用して処罰しても，憲法 21 条 1 項には違反しない。

【事案の概要】
被告人Ｙは，大分市内の商店街にある街路樹の支柱（2 本）に，政党の演説会開催を告知宣伝するプラカード式ポスター各一枚を針金でくくりつけたところ（以下「本件行為」），街路樹，路傍樹及びその支柱に広告物を表示することを禁止する大分県屋外広告物条例（「本件条例」）4 条 1 項 3 号に反するとして起訴された。第一審（大分簡判昭和 58（1983）・6・21 刑集 41 巻 2 号 42 頁）は罰金 1 万円（執行猶予 1 年）の有罪判決を下した。Ｙが控訴したが，第二審（福岡高判昭和 59（1984）・7・17 刑集 41 巻 2 号 50 頁）も控訴を棄却した。これに対してＹが上告した。

裁判所の判断 ――上告棄却

①本件条例は，屋外広告物法とあいまって「大分県における美観風致の維持……の目的のために，屋外広告物の表示の場所・方法……について必要な規制をしているところ，国民の文化的生活の向上を目途とする憲法の下においては，都市の美観風致を維持することは，公共の福祉を保持する所以であり，右の程度の規制は，公共の福祉のため，表現の自由に対し許された必要かつ合理的な制限と解することができるから」，Ｙの本件行為につき，「同条例 33 条 1 号，4 条 1 項 3 号の各規定を適用してこれを処罰しても憲法 21 条 1 項に違反するものでない」。

※おおむね上記の法廷意見に対し，以下のような伊藤正己裁判官の補足意見が付されている。

(a)「美観風致の維持が表現の自由に法的規制を加えることを正当化する目的として肯認できるとしても，このことは，その目的のためにとられている手段を当然に正当化するものでな」く，「正当な目的を達成するために法のとる手段もまた正当なものでなければならない」。このように考えると「当該条例が憲法からみて疑問の余地のないものということはできない。それが手段を含めて合憲であるというためには，さらにたちいつて検討を行う必要がある」。

(b) ビラ，ポスター等は容易に意見や情報を他人に伝達する効果をあげうる方法であるが，「簡便で有効なだけに，これらを放置するときには，美観風致を害する情況を生じやすい」。しかし，「ビラやポスターを貼付するに適当な場所や物件は，道路，公園等とは性格を異にするものではあるが，私のいう**パブリック・フォーラム**……たる性質を帯びるもの」といえる。そうとすれば，「とくに思想や意見にかかわる表現の規制となるときには，美観風致の維持という公共の福祉に適合する目的をもつ規制であるというのみで，たやすく合憲であると判断するのは速断にすぎるものと思われる」。

(c) 本条例の規制手段にはいくつかの疑点があるものの，本条例は法令として違憲無効であると判断すべきではない。しかし，かかる疑点があることは「当然に，本条例の適用にあたつては憲法の趣旨に即して慎重な態度をとるべきことを要求するものであり，場合によつては適用違憲の事態を生ずることをみのがしてはならない。本条例 36 条（屋外広告物法 16 条も同じである）は，『この条例の適用にあたつては，国民の政治活動の自由その他国民の基本的人権を不当に侵害しないように留意しなければならない。』と規定している。この規定は，……本条例も適用違憲とされる場合のあることを示唆している」といえる。

(d) したがって「それぞれの事案の具体的な事情に照らし」，広告物の貼付された場所の性質，周囲の状況，貼付された広告物の数量・形状，掲出のしかた等を総合的に考慮し，「その地域の美観風致の侵害の程度と掲出された広告物にあらわれた表現のもつ価値とを比較衡量した結果，表現の価値の有する利益が美観風致の維持の利益に優越すると判断されるときに，本条例の定める刑事罰を科することは，適用において違憲となるのを免れない」。

解　説

屋外広告物条例については，既に大阪市屋外広告物条例事件において，ほぼ本判決の法廷意見と同趣旨の理由で合憲の判断が示されたことがある（最大判昭和 43（1968）・12・18 刑集 22 巻 13 号 1549 頁）。同判決の論理を踏襲する本判決の法廷意見は，本件において「適用違憲を否定した」ものである（佐藤憲法論・273 頁，傍点は原文）。もっとも本判決の法廷意見およびそこに引用された大阪市屋外広告物条例事件最高裁大法廷判決のような，規制目的から直ちに規制手段を正当化するような論理は，「憲法論の視点からいって，致命的な欠陥がある」と指摘されている（プロセス〔第 3 版〕・106 頁（山元 一））。

これに対して伊藤裁判官の補足意見は，「手段を含め」た本件条例の合憲性を論じ，本件条例は「法令として違憲無効」とはいえないものの，判旨（d）に示されたような諸要素を考慮し，美観風致の侵害の程度と表現の価値との比較衡量の結果によっては，適用違憲となりうる旨指摘している点が注目される。

◉事案の背景

屋外広告物法は，「美観風致を維持し，又は公衆に対する危害を防止するため」に，屋外広告物の表示及び掲出等に関する規制の基準を定めた法律である。（同法 1 条。なお，2004 年の改正により「美観風致を維持し」という文言は，2004 年に「良好な景観を形成し，若しくは風致を維持し」とされた）。そして，同法に言う（屋外）広告物に関する規制を各都道府県の条例に委任している（3-5 条を参照）。

これらの法令に基づいて広告物の貼付が規制される場所は相当に広範に及ぶが，しかし「この種の条例それ自体を直ちに違憲だと断ずることは，困難であろう」といわれる（芦部憲法学Ⅲ・450 頁）。だが，条例の運用上，特に 1960-70 年代に政治的な広告物が狙い撃ちにされたと批判されており（芦部・同前），1973 年の同法の改正において，上記伊藤裁判官補足意見でも言及されるように，法律の「適用に当たつては，国民の政治活動の自由その他国民の基本的人権を不当に侵害しないように留意しなければならない」とする 15 条（現 29 条）が追加されている。

【キーワード】

パブリック・フォーラム（論）　この概念は，いわゆる駅構内ビラ配り事件（最三小判昭 59・12・18 刑集 38 巻 12 号 3026 頁）の伊藤裁判官補足意見にも現れるもので，同補足意見によれば「道路，公園，広場」といった「一般公衆が自由に出入りできる場所」のことを「パブリック・フォーラム」といい，こうした「パブリック・フォーラム」が表現の場所として用いられるときには，「所有権や，本来の利用目的のための管理権に基づく制約を受けざるを得ないとしても，その機能にかんがみ，表現の自由の保障を可能な限り配慮する必要がある」べきだとされている。

【文献】佐藤憲法論・273-274 頁，芦部憲法学Ⅲ・449-456 頁，高橋省吾・最判解刑事篇昭和 62 年度 21 頁，百選Ⅰ・61（金井光生）。

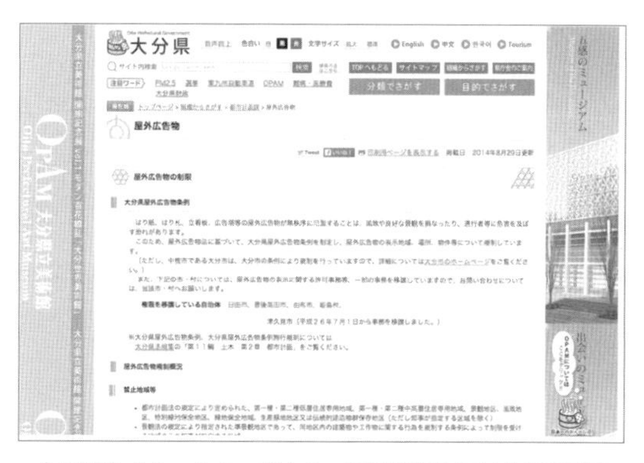

大分県公式ホームページ中の，屋外広告物に対する規制に関する案内のページ（出典：大分県大分県屋外広告物制度〈http://www.pref.oita.jp/soshiki/17500/okugai.html〉）。

25 表現の自由③

「宴のあと」事件

城野一憲

東京地判昭和39（1964）年9月28日
下民集15巻9号2317頁

【判決のポイント】
私生活をみだりに公開されないという法的保障ないし権利としてのプライバシー権の侵害に対しては，民法709条の不法行為として，侵害行為の差し止めや精神的苦痛による損害賠償請求権が認められる。

【事案の概要】
被告は，三島由紀夫という筆名を持つ著名な作家である。被告は，「政治と恋愛の衝突」をテーマに，元外交官であり東京都知事選への立候補経験もある原告と，料亭「般若苑」の経営者であり原告の妻でもあったAをモデルに,「宴のあと」と題する小説を雑誌「中央公論」に連載した後，同小説を単行本として被告新潮社から出版した。原告は，同小説には原告らの夫婦生活などの私生活を「のぞき見」するかのような描写が含まれ，原告のプライバシーを侵害するものであると主張し，同小説を今後絶版とする旨などを記載した謝罪広告の新聞紙上への掲載と，損害賠償を求めて被告らを提訴した。東京地裁は，不法行為に基づく損害賠償のみを認めた。なお，本判決後に原告は死去し，遺族と被告との間で和解が成立した。

裁判所の判断 —— 請求一部認容

①「たとえ小説の叙述が作家のフイクシヨンであつたとしてもそれが事実すなわちモデルの私生活を写したものではないかと多くの読者をして想像をめぐらさせるところに純粋な小説としての興味以外のモデル的興味というものが発生し，モデル小説のプライバシーという問題を生むものであるといえよう」。

②「ここに挙げたような成文法規［軽犯罪法1条1項23号，民法235条1項，刑法133条］の存在と前述したように私事をみだりに公開されないという保障が，今日のマスコミユニケーシヨンの発達した社会では個人の尊厳を保ち幸福の追求を保障するうえにおいて必要不可欠なものであるとみられるに至つていることとを合わせ考えるならば，その尊重はもはや単に倫理的に要請されるにとどまらず，不法な侵害に対しては法的救済が与えられるまでに高められた人格的な利益であると考えるのが正当であり，それはいわゆる人格権に包摂されるものではあるけれども，なおこれを一つの権利と呼ぶことを妨げるものではないと解するのが相当である」。「いわゆるプライバシー権は私生活をみだりに公開されないという法的保障ないし権利として理解されるから，その侵害に対しては侵害行為の差し止めや精神的苦痛に因る損害賠償請求権が認められるべきものであり，民法709条はこのような侵害行為もなお不法行為として評価されるべきことを規定しているものと解釈するのが正当である」。

③「プライバシーの侵害に対し法的な救済が与えられるためには，公開された内容が（イ）私生活上の事実または私生活上の事実らしく受け取られるおそれのあることがらであること，（ロ）一般人の感受性を基準にして当該私人の立場に立つた場合公開を欲しないであろうと認められることがらであること，換言すれば一般人の感覚を基準として公開されることによつて心理的な負担，不安を覚えるであろうと認められることがらであること，（ハ）一般の人々に未だ知られていないことがらであることを必要とし，このような公開によつて当該私人が実際に不快，不安の念を覚えたことを必要とするが，公開されたところが当該私人の名誉，信用というような他の法益を侵害するものであることを要しないのは言うまでもない」。

④「プライバシーの価値と芸術的価値……の基準とは全く異質のものであり，法はそのいずれが優位に立つものとも決定できない」。「小説を発表し，刊行する行為についても憲法21条1項の保障があることはその主張のとおりであるが，元来，言論，表現等の自由の保障とプライバシーの保障とは一般的にはいずれが優先するという性質のものではなく，言論，表現等は他の法益すなわち名

誉，信用などを侵害しないかぎりでその自由が保障されて」おり，「このことはプライバシーとの関係でも同様であるが，ただ公共の秩序，利害に直接関係のある事柄の場合とか社会的に著名な存在である場合には，ことがらの公的性格から一定の合理的な限界内で私生活の側面でも報道，論評等が許されるにとどまり，たとえ報道の対象が公人，公職の候補者であつても，無差別，無制限に私生活を公開することが許されるわけではない」。

解　説

19 世紀末のアメリカにおいて「一人で放っておいてもらう権利」として提唱されたプライバシー権は，その後，私生活への侵入や私事の公開，印象誤認，氏名・肖像の無断使用などに対する法的救済を与えるための不法行為法上の権利として認められるようになった。本判決は，民法上の不法行為としてのプライバシー侵害について，その要件と救済方法について日本で初めて判示した，重要な下級審判決の一つである。

不法行為を理由とした言論規制の例としては，名誉毀損によるものがあり，プライバシー侵害とは重なり合う部分もある。ただし，後者は私事の公開それ自体が問題となるため，真実性の証明による免責は認められえない。また，いったん公開された私生活の原状回復が困難であることは，言論の事前抑制である出版の差止が許容される余地を大きくしており，**「石に泳ぐ魚」事件**では，実際に出版の差止が認められている。

「宴のあと」は，モデル小説というフィクションの形式を採り，かつ，選挙と公職の候補者という公共性の高いテーマを扱ったものでもあった。それゆえ本件は，表現の自由との関係では，芸術表現の虚構性の評価や，公共的な理由に基づく私事の公開の許容性といった様々な論点を内包している。プライバシー権を，憲法が保障する個人の尊厳と幸福追求のために必要不可欠な人格権の一つとして位置付けたことは，自己情報コントロール権としての憲法上のプライバシー権への展開の基礎ともなった。そうした意味で，本判決は今なお重要な憲法判例の一つでもある。

◉事案の背景

「宴のあと」の舞台にもなった 1959 年の東京都知事選では，原告の当選を阻止するために，当時原告の妻であった A の私生活上の行状について虚実入り混じって暴き立てる「怪文書」が大量に頒布され，A に対する名誉毀損が認定されている（最判昭和 44（1969）・2・8 刑集 23 巻 2 号 83 頁）。こうした中で，超一流の作家である被告の著したモデル小説をめぐる裁判は大いに注目を集め，「プライバシーの侵害」は，流行語にもなったと言われている。

【キーワード】

「石に泳ぐ魚」事件（最判平成 14（2002）・9・24（判時 1802 号 60 頁））　柳美里による小説「石に泳ぐ魚」の登場人物のモデルとされた一般人の女性が，同小説における女性の障害や病歴，家族の逮捕歴等についての記述は，プライバシー，名誉，名誉感情を侵害するとして，著者と出版社らを提訴した事例。重大な人格権侵害の恐れがあるとされ，慰謝料と出版の差止が認められた。なお，同小説は問題の部分を加除修正した改訂版として出版されている。

【文献】 田島泰彦・山野目章夫・右崎正博編著『表現の自由とプライバシー：憲法・民法・訴訟実務の総合的研究』（日本評論社，2006 年），百選Ⅰ・65（根森 健）。

『般若苑マダム物語』
事前に 10 万部が印刷され，都知事選において 2 万部以上がばら撒かれたという全56頁の「怪文書」。冒頭部分には，離婚歴を暴き立てるために，原告と A らの戸籍謄本の写しも掲載されている。

26 表現の自由④

「夕刊和歌山時事」事件

吉田仁美

最大判昭和44（1969）年6月25日
刑集23巻7号975頁

【判決のポイント】
刑法230条ノ2第1項にいう事実が真実でない場合でも，行為者がその事実を真実であると誤信し，それについて確実な資料，根拠に基づく相当の理由がある場合には，犯罪の**故意**がなく，名誉毀損は成立しない。

【事案の概要】
被告人は，『夕刊和歌山時事』を発行していたが，その誌上で「吸血鬼Aの罪業」と題し，AまたはAの指示のもとにA経営の『和歌山特だね新聞』の記者が和歌山市役所土木部の某課長に向かつて「出すものを出せば目をつむつてやるんだが，チビリくさるのでやつたるんや」と聞こえよがしの捨てせりふを吐いたうえ，今度は上層の某主幹に向かつて「しかし魚心あれば水心ということもある，どうだ，お前にも汚職の疑いがあるが，一つ席を変えて一杯やりながら話をつけるか」と凄んだ旨の記事を掲載，頒布した。被告には，これによって，Aの名誉を毀損したとして起訴された。第一審判決は，刑法230条1項を適用し，230条の2による免責は，「事実が真実であることの証明」がなされていないため適用されないとして，被告人を有罪とした。原判決も，これを支持した。

裁判所の判断 ―― 破棄差戻し

刑法230条ノ2の規定は，人格権としての個人の名誉の保護と，憲法21条による正当な言論の保障との調和をはかつたものというべきであり，これら両者間の調和と均衡を考慮するならば，たとい刑法230条ノ2第1項にいう事実が真実であることの証明がない場合でも，行為者がその事実を真実であると誤信し，その誤信したことについて，確実な資料，根拠に照らし相当の理由があるときは，犯罪の故意がなく，名誉毀損の罪は成立しないものと解するのが相当である。これと異なり，右のような誤信があつたとしても，およそ事実が真実であることの証明がない以上名誉毀損の罪責を免れることがないとした当裁判所の前記判例（昭和33年（あ）第2698号同34（1959）5・7・第一小法廷判決，刑集13巻5号641頁）は，これを変更すべきものと認める。

解　説

刑法230条は，「公然と事実を摘示し，人の名誉を毀損した者は，その事実の有無にかかわらず」処罰するとする。戦後，1947年（昭和22年）に日本国憲法制定に伴って刑法が改正された際に，刑法230条の2が加えられ，表現の自由の保護の拡大がはかられた。刑法230条の2は，①公共の利害に関する事実に係り，かつ，②その目的が専ら公益を図ることにあったと認める場合には，③事実の真否を判断し，真実であることの証明があったときは，これを罰しない，とする。このうち，③真実性の証明は必ずしも簡単ではない。そのため，本件の最高裁は，民事不法行為の訴訟（最判昭和41（1966）6・23民集20巻5号1118頁）につづき，刑事事件でも，③真実性の証明がなくても，「行為者がその事実を真実であると誤信し，その誤信したことについて，確実な資料，根拠に照らし相当の理由があるときは犯罪の故意がなく，名誉毀損の罪は成立しない」と判断して，表現の自由の保護を拡大したと評価された。ただし，最高裁は「相当の理由」があるかどうかについて，厳格に判断する立場をとり，実際には刑事免責・民事免責は認められにくい。

このほか，月刊ペン事件（最判昭和56（1981）4・16刑集35巻3号84頁）は，①について，「私人の私生活上の行状」であっても，「そのたずさわる社会的活動の性質及びこれを通じて社会に及ぼす影響力の程度などのいかんによっては，その社会的活動に対する批判ないし評価の一資料として」①公共の利害に関する事実と判断される場合があるとした。この考え方は民事の名誉毀損訴訟にも及ぶと考えられている。民事と刑事の名誉毀損の法理では，よく似た枠組みが用いられているが，民事では，いわゆる「公正な論評の法理」（最判平成元（1989）12・21 民集 43 巻 12 号 2252 頁，☞本書 27）が採用されている。

◉事案の背景

被告人は，1946 年 6 月に新聞社を創立し，発行部数約 3,000 の『夕刊和歌山時事』を編集発行し，社団法人和歌山新聞協会に加盟し，1853, 54 年ごろには同協会々長であった。和歌山市を中心とする地方新聞人の親睦団体「和歌山地方紙懇話会」にも加入し，一審は，「地方新聞人の雄として広範に活躍している者」と形容している。

一方で，A は，1954 年ごろ「特だね新聞社」を経営し旬刊『和歌山特だね新聞』（以下特だね新聞，発行部数約 5,200）を編集発行していた。A の編集方針は，「他の新聞に書かれない或は他紙が敢えて取り上げないいわゆる特だねをできる限り書く」ことで，暴露攻撃の記事を主としていた。A は，過去に 3 つの恐喝事件で名誉毀損罪に処せられたことがあった。被告人は，A の特だね新聞を，社会の公器たる新聞の使命にもとるものとして，2 回にわたり自己の新聞に批判の記事を執筆した。地方新聞人や一般識者の間でも，特だね新聞に対する強い批判の声が聞かれ，A は和歌山新聞協会への加入を拒否されており，同協会や夕刊和歌山時事新聞に対する批判を特だね新聞紙上で行っていた。当該事件における被告人の批判記事は，これらの A による記事が引き金の一つになったとされる。

一審は，被告人側の証人 E が同公訴事実の記事内容に関する情報を和歌山市役所の職員から聞いて，被告人に提供した，という証言を伝聞証拠であるとして排除した。しかし，最高裁は，一審は被告人が本件記事内容を真実であると誤信したことにつき相当の理由があったかどうかの点についての証拠を不当に排除したと判断し，本件を破棄差し戻した。差戻し審の和歌山地裁では，「相当の理由」が認められないとして，ふたたび有罪判決が下った。その後，大阪高裁への控訴に手続きミスがあって棄却され，罰金刑が確定した（山田隆司『名誉毀損』（岩波書店，2009 年）152 頁）。

【キーワード】

名誉権　最高裁は，本判決で，はじめて，「人格権としての個人の名誉の保護」という表現を用い，これが表現の自由と対立し，調整が必要とされる場合があることを示した。のちに，北方ジャーナル事件（☞本書 27）が，「人格権としての個人の名誉の保護」（名誉権）を 13 条に基づくものとした。

故意　刑法における故意とは，構成要件（刑法の条文のうち，何が犯罪となるかを規定した部分）に該当する客観的事実（犯罪事実）を認識しながら，敢えて行為に出る意思。

【文献】 百選Ⅰ・68（上村貞美）・69（高佐智美）・70（長岡 徹），松井茂記『マスメディアの表現の自由』（日本評論社，2005 年），山田健太『法とジャーナリズム　第 3 版』（学陽書房，2014 年）。

名誉棄損で週刊誌が高額賠償判決を
受けた主な事例（肩書は当時）

01 年 2 月	女性自身 VS. 女優の大原麗子さん	賠償額 500 万円
01 年 3 月	週刊ポスト VS. プロ野球の清原和博選手	1000
01 年 10 月	週刊文春 VS. 建築家の黒川紀章さんと設計事務所	1000
03 年 10 月	フォーカス VS. 熊本の医療法人と理事長	1980
06 年 9 月	週刊文春 VS. 福岡で殺害された一家の実兄夫婦	1100
07 年 6 月	週刊ポスト VS. 女優の杉田かおるさんの元夫	800
09 年 1 月	週刊新潮 VS. 楽天と三木谷浩史社長ら	990
09 年 3 月	週刊現代 VS. 日本相撲協会と北の湖前理事長	1540
09 年 3 月	週刊現代ＶＳ．日本相撲協会と朝青龍関ら力士３０人	4290

高額の損害賠償は，表現の自由の抑制につながるおそれがある。（出典：朝日新聞 2009 年 05 月 26 日「名誉棄損，相次ぐ高額賠償　週刊誌，訴訟対策に必死」）

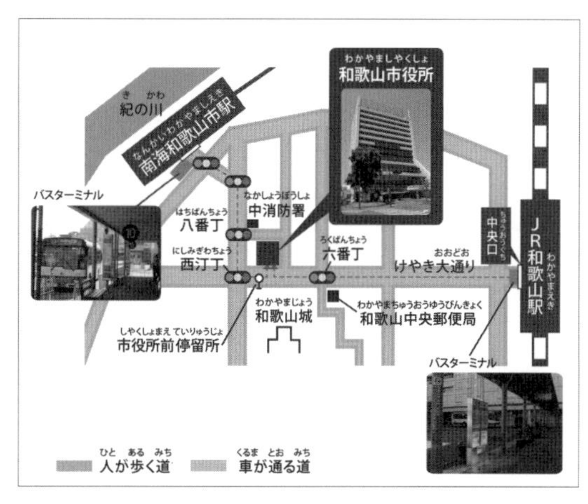

現在の和歌山市街地図（出典：和歌山市ＨＰ〈http://www.city.wakayama.wakayama.jp/_res/projects/default_project/_page_/001/005/300/annai/map.pdf〉）

27 表現の自由⑤

長崎教師批判ビラ事件

桧垣伸次

最判平成元（1989）年12月21日
民集43巻12号2252頁

【判決のポイント】
教師を批判するビラの配布行為は，名誉侵害の不法行為の違法性を欠く。

【事案の概要】

長崎市内の公立小学校の通知表の様式などをめぐり論争が起こっていた。長崎市内の公立小学校に勤務する教師であるXらは，1980年の第2学期に，通知表を校長の指示通りに記入せず，その決裁を得られなかったため児童に通知表を交付しなかった。

この事態は長崎市内の教育関係者だけでなく，一般市民の間でも大きな関心事になっていた。Yは，Xらの行為が，組合の指示のもとに組合に属する教師が学校当局に対して行う抗争であるとの認識に立ち，約5000枚のビラを作成し，Xらの勤務先学校や各学区内の家庭の郵便受，さらには長崎市内の繁華街などで配布した（以下，「本件配布行為」とする）。本件ビラには，通知表の公布をめぐる混乱の経過等についてYの立場から詳細な記述がなされた一方で，「お粗末教育」，「有害な無能教職員」等の表現が用いられた。また，Xらの各勤務先学校・担任クラス・氏名・年齢・住所・電話番号が記載された一覧表も付されていた。

Xらは，本件配布行為の後，担任クラスの児童，その父母等から本件ビラの内容についての質問や誤解を受けて困惑し，中には，深夜等に非難攻撃の匿名電話が自宅に繰り返しかかる者もいた。そこで，Xらは，Yに対し，損害賠償の支払いと謝罪広告の掲載を求めて出訴した。

第一審（長崎地判昭和58（1983）・3・28判時1121号106頁）は，本件ビラの内容は，主として公益を図る目的でなされた公正な論評ないし真摯な意見の陳述ということはできないとして，慰謝料各5万円の支払いと謝罪広告の掲載を命じた。控訴審（福岡高判昭和60（1985）・7・17判タ567号180頁）は第一審の判断に加え，本件ビラの内容について真実の証明もなされていないとして，Yの控訴を棄却した。そこで，Yが上告した。

裁判所の判断 ―― 破棄自判

①「公共の利害に関する事項について自由に批判，論評を行うことは，もとより表現の自由の行使として尊重されるべきものであり，その対象が公務員の地位における行動である場合には……当該公務員の社会的評価が低下することがあっても，その目的が専ら公益を図るものであり，かつ，その前提としている事実が主要な点において真実であることの証明があったときは，人身攻撃に及ぶなど論評としての域を逸脱したものでない限り，名誉侵害の不法行為の違法性を欠くものというべきである」。

②「本件配布行為は，……Xらが有害無能な教職員でその教育内容が粗末であることを読者に訴え掛けることに主眼があるとはにわかに解し難く」，むしろ本件配布行為の当時「一般市民の間でも大きな関心事になっていた小学校における通知表の交付をめぐる混乱という公共の利害に関する事項についての批判，論評を主題とする意見表明というべきである。……Xらの氏名・住所・電話番号等が個別的に記載された部分も，……それ自体としては，Xらの社会的評価に直接かかわるものではなく，また，本件ビラを全体として考察すると，……Xらの人身攻撃に及ぶなど論評としての域を逸脱しているということもできない。……本件配布行為の主観的な意図及び本件ビラの作成名義人が前記のようなものであっても，そのことから直ちに本件配布行為が専ら公益を図る目的に出たものに当たらないということはできず，更に，本件ビラの主題が前提としている客観的事実については，その主要な点において真実であることの証明があったものとみて差し支えないから，本件配布行為は，名誉侵害の不法行為の違法性を欠くものというべきである」。

※ただし，YがXらの住所等を公表したこと

によりXらの私生活の平穏が違法に侵害された点については，Yの不法行為責任を認めた。

解　　説

本件では，意見または論評（以下，「論評」とする）による名誉毀損が問題となっている。

刑法230条の2は，名誉毀損について，①事実の公共性，②目的の公益性，③事実の真実性が証明された場合には違法性を欠くとして，表現の自由と名誉の保護との調整を図っている。また，夕刊和歌山事件（最判昭和44（1969）・6・25，☞**本書26**）では，③の証明がない場合でも，行為者が事実と誤信したことにつき，相当の理由がある場合には故意を欠くとして，③の要件を緩和した。しかし，論評による名誉毀損の場合，そもそも「事実の摘示」がないため，真実性は問題にならない。そのため，事実の摘示による名誉毀損とは別個の調整法理が必要とされる。本判決は，論評による名誉毀損の成立要件につき，最高裁が初めて明確な基準を示したものである。

最高裁は，判旨①で示した基準を打ち立てた。ここでは，真実性の証明の対象を，論評そのものではなく，それが前提としている事実だとする。すなわち，本判決が示した要件は，論評の内容それ自体の正当性や合理性を問うことのない基準である。

本判決は，**英米法における「公正な論評（fair comment）の法理」**を参考にしたものと考えられている。しかし，アメリカでは，論評は原則として名誉毀損とはなり得ないとされ，名誉毀損的な事実の存在を暗示する場合でも，論評の合理性を支える事実を証明すれば免責される。その点で，本判決の示す法理は，英米法における公正な論評の法理とは異なるものである。本判決はこの法理の一部を取り入れたにすぎず，表現の自由への配慮としては不十分であると批判される。

◉事案の背景

従来より，論評による名誉毀損は成立するとされてきた（大判明治43（1910）・11・2民録16輯745頁）。これに対し，学説は，誤った事実の摘示とは異なり，論評の自由は広く認めるべきだと主張してきた。その中で，本判決は，論評による名誉既存の成立要件を初めて示した点で重要な判決である。

本判決が残した課題の一つとして，事実と論評をどのように区別するのかという問題がある。この点につき，最高裁は，証拠等をもってその存否を決することが可能な特定の事項だけでなく，一見論評のように見える場合であっても，一般の読者が有する知識ないし経験を考慮し，比喩的表現などにより間接的ないし婉曲的に同事項を主張すると理解される場合，あるいは，前後の文脈を考慮すると同事項を黙示的に主張すると理解される場合は，事実を摘示するものとした（最判平成9（1997）・9・9民集51巻8号3804頁）。さらに最高裁は，「当該表現が証拠等をもってその存否を決することが可能な他人に関する特定の事項を明示的又は黙示的に主張するものと理解される」場合は事実の摘示であり，そのような「証拠等による証明になじまない物事の価値，善悪，優劣についての批評や論議など」は論評であるとした（最判平成16（2004）・7・15民集58巻5号1615頁）。

【キーワード】

英米法における公正な論評（fair comment）の法理　公共の関心事に関する論評については，それが公的活動とは無関係な私生活暴露や人身攻撃にわたらず，かつ論評が公正である限りは，いかに激越・辛辣であろうとも，またその結果として，被論評者が社会から受ける評価が低下することがあっても，名誉毀損とはならないとする法理。

【文献】松井茂記『表現の自由と名誉毀損』（有斐閣，2013年），五十嵐清『人格権法概説』（有斐閣，2003年），百選Ⅰ・70（長岡徹），メディア百選・34（渋谷秀樹），35（常本照樹），37（阪本昌成），篠原勝美・曹時43巻3号759頁。

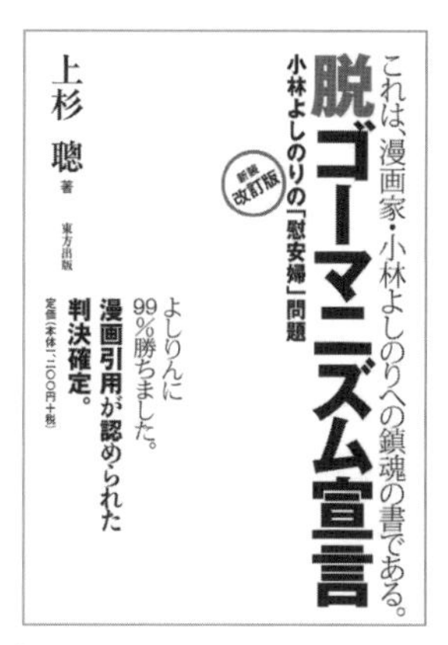

上杉　聡『脱ゴーマニズム宣言』（東邦出版，2002年）

28 表現の自由⑥

「北方ジャーナル」事件

前田　聡

最大判昭和 61（1986）年 6 月 11 日
民集 40 巻 4 号 872 頁

【判決のポイント】
◉名誉を違法に侵害された者は，人格権としての名誉権に基づき，加害者に対し，侵害行為の排除・予防のため，侵害行為の差止めを求めることができる。
◉表現行為に対する事前抑制は，憲法 21 条の趣旨に照らし，厳格かつ明確な要件のもとにおいてのみ許容されうる。

【事案の概要】
Y（被告・控訴人・被上告人）は，11 年余りに渡って旭川市長の地位にあり，1979 年 4 月施行予定の北海道知事選に立候補する予定であった。X（原告・控訴人・上告人）は，「ある権力主義者の誘惑」と題する記事を，その発行する雑誌『北方ジャーナル』（1979 年 2 月 23 日発売予定）に掲載する予定であった。この予定を知った Y は，同月 16 日に札幌地裁に対して，名誉権の侵害を予防するとの理由で，本件雑誌の印刷・頒布等の禁止を求める**仮処分**申請を行ったところ，同日，札幌地裁はこの申請を相当と認めて，仮処分決定を行った。

X は，Y の仮処分の申請および裁判所による仮処分決定により損害を受けたとして，Y 及び国に対して，損害賠償を請求する訴えを提起した。

第一審（札幌地判昭和 55（1980）・7・16 民集 40 巻 4 号 908 頁），第二審（昭和 56（1981）・3・26 民集 40 巻 4 号 921 頁）ともに X の請求を棄却。これに対して X が上告した。

裁判所の判断 ―― 上告棄却

①「仮処分による事前差止め」は，「司法裁判所により，当事者の申請に基づき差止請求権等の私法上の被保全権利の存否，保全の必要性の有無を審理判断して発せられるもの」であり，税関検査事件最高裁判決にいう「『検閲』には当たらない」。

②「人の……人格的価値について社会から受ける客観的評価である名誉を違法に侵害された者は，……人格権としての名誉権に基づき，加害者に対し，現に行われている侵害行為を排除し，又は将来生ずべき侵害を予防するため，侵害行為の差止めを求めることができる」。

③「表現行為に対する事前抑制は，表現の自由を保障し検閲を禁止する憲法 21 条の趣旨に照らし，厳格かつ明確な要件のもとにおいてのみ許容されうる」。

④「出版物の頒布等の事前差止めは，このような事前抑制に該当するものであ」り，とりわけ「公務員又は公職選挙の候補者に対する評価，批判等の表現行為に関するものである場合には，……一般にそれが公共の利害に関する事項であるということができ」，憲法 21 条 1 項の趣旨に照らし，「その表現が私人の名誉権に優先する社会的価値を含み憲法上特に保護されるべきであること」に鑑みると，当該表現の事前差止めは「原則として許されない」。しかし，そのような場合でも㋐（a）「その表現内容が真実でなく」又は（b）「それが専ら公益を図る目的のものではないこと」が「明白」であり，㋑「かつ，被害者が重大にして著しく回復困難な損害を被る虞」があるときは，「例外的に事前差止めが許されるものというべきである」。

⑤公共の利害に関する事項についての表現の事前差止めを仮処分手続によって求める場合には，「口頭弁論又は債務者の審尋を行い，表現内容の真実性等の主張立証の機会を与えることを原則とすべき」である。ただ，口頭弁論を開き又は債務者の審尋を行うまでもなく，債権者の提出した資料により，上記④中の㋐（a）又は（b）が明白であり，かつ，㋑が認められるときは，口頭弁論又は債務者の審尋を経なくとも「憲法 21 条の前示の趣旨に反するものということはできない」。

※なお，本判決には，伊藤正己，大橋進，牧圭次，長島敦各裁判官の補足意見，谷口正孝裁判官の意見が付されている。

解　説

本判決では，まず判旨①において，税関検査事件最高裁判決を踏まえて，実施主体や目的，手続の態様の異同を指摘して，裁判所による事前差止めが「検閲」に該当しないと判断した。次に判旨②で「人格権としての名誉権に基づ」く侵害行為の差止請求権を認める。そして判旨③は「憲法21条の趣旨」に触れつつ，事前差止めの「厳格かつ明確な要件」として，判旨④の(ア)（a）又は（b），かつ，(イ)の2つを挙げる。表現行為の事前差止めの要件については，表現の自由への配慮から，従来より高度な違法性説，現実の悪意説（谷口裁判官意見を参照），個別的衡量説，類型的衡量説などが唱えられていた。本判決は，原則的に差止めを認めないとしつつ，例外的に上記(ア)（a）または（b），かつ，(イ)を満たす場合にのみ差止めを許容するとしており，類型的衡量説の立場に立つといえる（加藤・296頁）。もっとも，上記(ア)では（a）と（b）が「又は」で結ばれている点には疑問が呈されている（野坂・180頁）。また，（b）の要件は，差止請求権が人格権としての名誉権に基づくと解する本判決の立場とは整合しないとの指摘がある（宍戸・149頁参照）。

また，判旨⑤は，公共の利害に関する行為の事前差止めの仮処分手続につき，口頭弁論または債務者の審尋を要求し，表現内容の真実性等の主張・立証の機会を与えることを原則とすべき，として，手続的要件も明らかにする。その一方で，例外的に口頭弁論または債務者の審尋を要しない場合も認めている。そして実際本件では，Xへの審尋なく仮処分決定が発せられている。この例外につき，実質的には，実体的要件が備わっていれば手続的要件を不要とするもので，前者と別に後者を設ける意味が失われる，と指摘される（野坂・183頁）。

◉事案の背景

従来から，名誉毀損に対する救済方法として，損害賠償（民法709条）や謝罪広告等の名誉回復処分（723条）といった事後的な救済が認められてきた。その一方，本件にいたるまで裁判所による表現物の事前差止めをめぐっては，「裁判所自身にとっても十分に意識されているとは思われない状況にあった」と指摘される（芦沢・288頁）。

ところで，本件で問題となった「北方ジャーナル」誌につき，とりわけYとの関係で，本件よりも前に，「旭川ゴキブリ市長征伐論」と題する記事をおさめた同誌1978年11月号の販売等の差止めを認める仮処分決定がなされている。大橋裁判官の補足意見は「本件類似の記事を掲載した」同号の仮処分で「最も丁重な方式による債務者審尋」が行われていることを指摘した上で，本件の仮処分が債務者審尋を経ることなく発せられたとしても，それが憲法の要請に反しないことは「明らか」だと指摘している。

【キーワード】

仮処分　民事訴訟の本案の権利や権利関係を保全するための「民事保全」の一種。本件で問題となった「印刷・頒布等の禁止を求める仮処分」は，「争いがある権利関係について債権者に生ずる著しい損害又は急迫の危険を避けるため」になされる「仮の地位を定める仮処分」（民事保全法23条2項）として行われる。

【文献】 加藤和夫・最判解民事篇昭和61年度278頁，百選Ⅰ・72（阪口正二郎），メディア百選148頁（宍戸常寿），野坂泰司『憲法基本判例を読み直す』（有斐閣，2011年）167頁，松井茂記『マス・メディアの表現の自由』（日本評論社，2005年）。

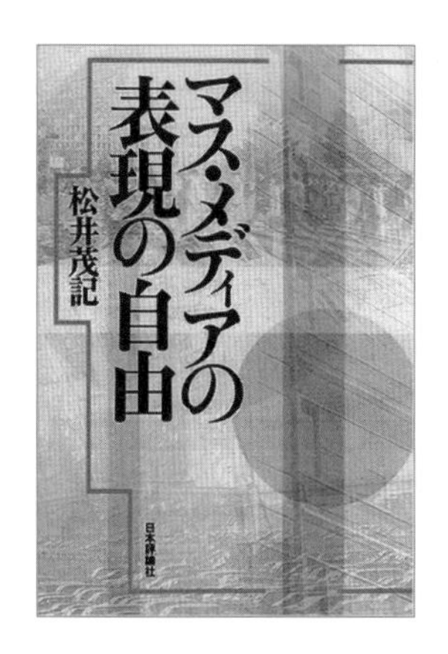

『マス・メディアの表現の自由』（松井，2005）：マス・メディアの表現・報道の自由は「民主政にとって必要不可欠である」という認識から，表現物の事前差止めに関し，それが「いとも簡単に認められるようになっている」として，批判的に検討している。

29 表現の自由⑦

公立図書館蔵書廃棄事件

前田　聡

最判平成 17（2005）年 7 月 14 日
民集 59 巻 6 号 1569 頁

【判決のポイント】
公立図書館職員が，図書の廃棄につき，独断的な評価や個人的な好みにより不公正な取扱いをしたときは，当該図書の著作者の人格的利益を侵害する。

【事案の概要】
Y 市の設置する Y 市立西図書館の司書 A は，上告人 X_1（新しい歴史教科書をつくる会）やこれに賛同する者等及びその著書に対する否定的評価と反感から，図書館資料の除籍基準である「Y 市図書館資料除籍基準」に該当しないにもかかわらず，その独断により，図書館蔵書の内 X_1 らの執筆・編修にかかる書籍を含む書籍計 107 冊につき，コンピューターの蔵書リストから除籍する処理をして廃棄した。X_1 およびその役員または賛同者である X_2 ないし X_8 は，Y 市に対して慰謝料の支払いを求めて訴えを提起した。第一審（東京地判平成 15（2003）・9・9 民集 59 巻 6 号 1579 頁），第二審（東京高判平成 16（2004）・3・3 民集 59 巻 6 号 1604 頁）ともに X らの請求を棄却した。これに対して X らが上告した。

裁判所の判断 ―― 破棄差戻

①「図書館は，『図書，記録その他必要な資料を収集し，整理し，保存して，一般公衆の利用に供し，その教養，調査研究，レクリエーション等に資することを目的とする施設』であり（**図書館法** 2 条 1 項），「社会教育のための機関」であって（社会教育法 9 条 1 項），国及び地方公共団体が国民の文化的教養を高め得るような環境を醸成するための施設」である（同法 3 条 1 項，教育基本法 7 条 2 項参照）。そして「公立図書館は，この目的を達成するために地方公共団体が設置した公の施設である（図書館法 2 条 2 項，地方自治法 244 条，地方教育行政の組織及び運営に関する法律 30 条）」。また 2001 年の「『公立図書館の設置及び運営上の望ましい基準』（文部科学省告示第 132 号）は，公立図書館の設置者に対し，同基準に基づき，図書館奉仕（図書館サービス）の実施に努めなければならない」としている。

②かかる公立図書館の役割・機能に照らせば，公立図書館は，「住民に対して思想，意見その他の種々の情報を含む図書館資料を提供してその教養を高めること等を目的とする公的な場」といえる。そして，公立図書館職員は，その役割が果たせるよう，「独断的な評価や個人的な好みにとらわれることなく，公正に図書館資料を取り扱うべき職務上の義務を負」っており，「閲覧に供されている図書について，独断的な評価や個人的な好みによってこれを廃棄することは，図書館職員としての基本的な職務上の義務に反する」。

③他方，公立図書館は，「そこで閲覧に供された図書の著作者にとって，その思想，意見等を公衆に伝達する公的な場でもある」。したがって，公立図書館職員が「閲覧に供されている図書を著作者の思想や信条を理由とするなど不公正な取扱いによって廃棄することは，当該著作者が著作物によってその思想，意見等を公衆に伝達する利益を不当に損なうもの」である。そして，「著作者の思想の自由，表現の自由が憲法により保障された基本的人権であることにもかんがみると，公立図書館において，その著作物が閲覧に供されている著作者が有する上記利益は，法的保護に値する人格的利益であると解するのが相当であり，公立図書館の図書館職員である公務員が，図書の廃棄について，基本的な職務上の義務に反し，著作者又は著作物に対する独断的な評価や個人的な好みによって不公正な取扱いをしたときは，当該図書の著作者の上記人格的利益を侵害するものとして国家賠償法上違法となるというべきである」。

※その後，差戻控訴審（東京高判平成 17（2005）・11・24 判時 1915 号 29 頁）において，X_1 らの請求を一部認容した。

解　説

本判決は判旨①で，公立図書館の目的・機能を確認し，次に判旨②で，公立図書館が住民の教養を高めること等を目的とする「公的な場」であるとして，かかる公立図書館職員には独断的評価や個人的好みによらず「公正に図書館資料を取り扱うべき職務上の義務」があるとする。そして判旨③で，判旨②が示す公立図書館の性格から，公立図書館が「そこで閲覧に供された図書の著作者」にとり「思想，違憲等を公衆に伝達する公的な場」でもあるとし，かかる「公的な場」において「当該著作者が著作物によってその思想，意見等を公衆に伝達する利益」があり，その利益は，「思想の自由，表現の自由が憲法により保障された基本的人権であることにもかんがみ」れば，「法的保護に値する人格的利益」だとする。そして当該著作物を公立図書館職員がその基本的な「職務上の義務」に反する「不公正な取扱い」で廃棄した場合には，上述した「人格的利益を侵害する者として国家賠償法上違法」であるとする。

一般に，図書館の収蔵資料の廃棄（除籍）については，書庫に限度がある現実などからすれば，図書館に裁量が認めざるをえない。その一方で廃棄に際して合理的な基準が求められる（松井・73頁）。いったん収集し，閲覧に供した資料を廃棄するということは，「自らの思想，伝達しうる機会を現実に付与」されたにもかかわらず，かかる機会を「剥奪」されることになるからである（中林・158頁）。

本判決はいったん収集し，閲覧に供した資料の著作者に対し，公立図書館の目的・機能を踏まえて，「不公正な取扱い」を受けない法的利益を認めたものであり，その射程は決して広いものとはいえないと指摘される（松並・415–416頁，中林・158頁）。

◉事案の背景

しばしば公立図書館の収蔵資料の閲覧停止や廃棄処分が問題とされる（日本図書館協会図書館の自由に関する調査委員会編・52頁以下）。たとえば，いわゆる天皇コラージュ事件（名古屋高金沢支判平成12（2000）·2·16判時1726号111頁。県立美術館が展示していた作品を他に譲渡すると共に図録を焼却したことにつき，当該作品の作者らが国家賠償請求等を求めた事件。作者らの請求は棄却された）に関連し，問題の図録を収蔵した県立図書館が非公開の措置をとった事例などがある。

なお，図書館実務に詳しい行政官から，本判決が，「図書館を『思想の自由』『表現の自由』を保障する『公の場』とすることが，公立図書館に対する特定の著作者やこれを支持する勢力からのさまざまな圧力がもたらされる契機になる可能性」があると指摘されている（鑓水・166頁）。

【キーワード】
図書館法　「社会教育法……の精神に基き，図書館の設置及び運営に関して必要な事項を定め，……国民の教育と文化の発展に寄与することを目的とする」法律。「図書館」を「公立図書館」と「私立図書館」とに区分してそれぞれ規律するとともに，図書館に置かれる専門的職員としての司書・司書補について定める。

【文献】松井茂記『図書館と表現の自由』（岩波書店，2013年），鑓水三千男『図書館と法　図書館の諸問題への法的アプローチ』（日本図書館協会，2009年），日本図書館協会図書館の自由に関する調査委員会編『図書館の自由に関する事例33選』（日本図書館協会，1997年），百選Ⅰ・74（中林暁生），松並重雄・最判解民事篇平成17年度（下）394頁。

『図書館と表現の自由』（松井，2013）：図書館における図書の収集・管理やプライバシー保護にまつわる諸問題を憲法学の観点から分析する。

30 表現の自由⑧

税関検査事件

辻 雄一郎

最大判昭和59（1984）年12月12日
民集38巻12号1308頁

【判決のポイント】
税関検査は，憲法の禁止する「検閲」に該当しない。

【事案の概要】

原告（X）は，昭和49年3月にアメリカとドイツに所在をおく商社に8ミリフィルム，雑誌，カタログ等の書籍の購入を注文した。これらの7通の外国郵便が札幌郵便局に到着した。札幌郵便局が税関支署長（Y_1）に通知し，税関が（旧）関税定率法にもとづいて中身を確認したところ，これが輸入禁制品に該当するとして，Xに「通知」を行った。Xは函館税関長（Y_2）に対して異議申立てを行ったが棄却されたため，Y_1・Y_2に対して右通知及び棄却決定の取消しを求めて訴えを提起した。第一審（横浜地判昭和47（1972）・10・23判タ288号181頁）は，旧関税定率法21条3項の通知および同条5項の決定は，憲法21条2項にいう「検閲」に該当すると判断し，同法の通知および決定を取り消した。横浜地裁は，「検閲」とは，公権力が外に発表されるべき思想の内容を予め審査し，不適当と認めるときはその発表を禁止することを意味するものと解するのが相当である，と示した。第一審は，「いまだ，これを輸入する行為が他大の利益と衝突するおそれの程度が強く，その輸入により直ちに右明白かつ差し迫った危険の存在が予見される例外的事情の存することを認めるに足りる証拠はないと判断した。原告が「その性の研究資料に使用する目的で本件物件を注文，輸入せんとしたことはともかく……本件物件は郵便物として送付された小数のものに過ぎないことから見れば，むしろ，かかる事情は存しない」と判断した。

第二審（東京高判昭和56（1981）・12・24判時1024号23頁）は検閲に該当しないと判断した。

裁判所の判断 ―――上告棄却

最高裁は，検閲の主体を公権力から行政権に限定して，検閲の該当性を否定した。

①検閲とは　憲法21条2項にいう「検閲」とは，行政権が主体となって，思想内容等の表現物を対象とし，その全部又は一部の発表の禁止を目的として，対象とされる一定の表現物につき網羅的一般的に，発表前にその内容を審査した上，不適当と認めるものの発表を禁止することを，その特質として備えるものを指すと解すべきである。

②3号物件に関する税関検査が憲法21条2項にいう「検閲」に当たるか　税関長の右処分により，わが国内においては，当該表現物に表された思想内容等に接する機会を奪われ，右の知る自由が制限されることとなる。これらの点において，税関検査が表現の事前規制たる側面を有することを否定することはできない。

しかし，これにより輸入が禁止される表現物は，一般に，国外においては既に発表済みのものであつて，その輸入を禁止したからといつて，それは，当該表現物につき，事前に発表そのものを一切禁止するというものではない。また，当該表現物は，輸入が禁止されるだけであって，税関により没収，廃棄されるわけではないから，発表の機会が全面的に奪われてしまうというわけのものでもない。その意味において，税関検査は，事前規制そのものということはできない。……税関検査は，関税徴収手続の一環として，これに付随して行われるもので，思想内容等の表現物に限らず，広く輸入される貨物及び輸入される郵便物中の信書以外の物の全般を対象とし，3号物件についても，右のような付随的手続の中で容易に判定し得る限りにおいて審査しようとするものにすぎず，思想内容等それ自体を網羅的に審査し規制することを目的とするものではない。

③明確性について　（旧）関税定率法21条1項3号が明確性を欠き，その文言が不明確ゆえに違憲無効であると主張する点について，同号は，書籍，図画，彫刻物その他の物品のうち「公安又は風俗を害

すべき」ものを輸入禁制品として掲げている。「公安」または「風俗」という規制の対象として可分な2種のものを便宜上，ひとつの条文中に規定したものである。本件では，上告人に適用があるとされた「風俗」に関する部分についてのみ判断する。

「風俗を害すべき書籍，図画」を合理的に解釈すれば，「風俗」とは専ら性的風俗を意味し，この規定によって輸入禁止の対象とされるのはわいせつな書籍，図画等に限られる。わいせつ性の概念は刑法175条の規定の解釈に関する判例の蓄積により明確化されており，規制の対象となるものとそうでないものとの区別の基準につき，明確性の要請に欠けるところはない。3号の規定をこのように限定的に解釈すれば，憲法上保護に値する表現行為をしようとする者を萎縮させ，表現の自由を不当に制限する結果を招来するおそれはない。

解　説

1 **検閲の定義とは　執行とは**　郵便局に到着した郵送物の外見だけで，（旧）関税定率法に抵触しているかどうかわからない。郵便物の中身を開披（かいは）し，中身を確認する必要がある，本件では，本件郵便物は札幌中央郵便局に到着した。中央郵便局は札幌税関に通知し，税関職員が郵便局職員の立会のもとに開披して，確認した。その結果，8ミリカラー映画フイルム1巻，カタログ3点が確認された。ほかに雑誌「EROTISKTVANG」が1冊，雑誌「KITTEN」,「LOVELY No.2」，書籍「A HISTORY OF ERO-TICISM No.4 が1冊，書籍「AHISTORY OF ERO-TICISM No.5」1冊が確認された。

なぜ税関で，このような検査が必要とされるのだろうか。たとえば8ミリフィルムはその内容によって，**関税定率**が異なる（たとえばニュースの場合）し，書籍の中に高価な課税物件となるダイヤモンドなどが隠される場合もあると判決は考えている。最高裁の定義する「行政権」「発表」「一般網羅的」は狭すぎるという批判もある。

2 **（旧）関税定率法の文言は明確か**　そもそも「風俗」とは何なのだろうか。（旧）関税定率法21条1項3号は，書籍，図画，彫刻物その他の物品のうち「公安又は風俗を害すべき」ものを輸入禁制品として掲げている。これを3号物件と呼ぶ。Xは，この規定が明確性を欠き，その文言不明確の故に当該規定自体が違憲無効であると主張した。最高裁によれば，「公安」または「風俗」は区別できるのだけれども便宜上，ひとつの条文に規定してあるのだ，と解釈した。本件はXに適用があるとされた「風俗」に関する部分についてのみ判断した。最高裁によれば，「風俗」とは専ら性的風俗を意味し，この規定により輸入禁止の対象とされるのはわいせつな書籍，図画等に限られるものというと合理的に解釈でき，このような限定的な解釈が可能であるから明確であるという。

故ロバート・メイプルソープ氏の写真集が旧関税定率法の風俗を害すべき書籍に該当するかどうかについて，本件写真集における芸術性など性的刺激を緩和させる要素の存在，本件各写真の本件写真集全体に占める比重，その表現手法等の観点」から写真集を全体としてみても，風俗を害すべき書籍に該当しないとした（メイプルソープ判決最大判平成20（2008）・2・19民集62巻2号445頁）。本件で問題になった書籍は，国外で出版され，翻訳されて国内で発表済みであった。これを国外に持ち出して，帰国後に税関検査で問題となった。

◉事案の背景

明治憲法時代には，出版法にもとづき内務大臣が一般の出版物を審査して，発売と頒布を禁止することができた。そこで，実際には，出版物を内務当局に提出して，非公式に審査してもらっていた。これを「内閲」と呼ぶ。出版社が不適当かどうかの判断をあおぐためにすすんで提出している点をみれば一種の自主規制といえるようにもみえる。憲法起草期にはGHQ/SCAP（連合国軍最高司令官総司令部）が1945年に「言論及ビ新聞ノ自由ニ関スル覚書」を出し，不適当と判断した記事の修正，禁止を命じていた。この覚書で出版法は実質的に効果を失い，1949年に廃止された。わいせつな文書の規制は刑法の条文にゆだねられることになった。

【キーワード】
関税定率　いわゆる関税率のこと。関税とは輸入品に課される税である。物品によって課される関税は異なる。関税率は，租税法律主義に従い，国会の制定する法律や条約に従って設定されている。それぞれの品目の関税率は，関税定率法の別表で定められている。

【文献】 Mapplethorpe R. *Mapplethorpe*.（Te Neues Pub Group, 1987），奥平康弘『なぜ「表現の自由」か』（東京大学出版会，1988年）

31 表現の自由⑨

博多駅事件

城野一憲

最大決昭和44（1969）年11月26日
刑集23巻11号1490頁

【決定のポイント】
報道の自由は表現の自由を規定した憲法21条のもとで保障されており，報道のための取材の自由も十分尊重に値するが，公正な刑事裁判を実現する上で必要な場合には，取材の自由も一定の制約を受けることを報道機関は受忍しなければならない。

【事案の概要】
1968年1月16日早朝，米海軍の原子力空母エンタープライズの佐世保寄港への反対運動を企図した学生らが，国鉄博多駅で集団下車した際に，警備の機動隊と衝突した（いわゆる博多駅事件）。この博多駅事件をめぐっては，学生らによる公務執行妨害事件（高裁で無罪確定）の他に，機動隊員による特別公務員暴行陵虐罪等を理由とした**付審判請求**が提起された。付審判裁判所である福岡地裁は，民放三社及びNHKに対して，事前の提出勧告を経て，衝突の状況を撮影したフィルム全ての提出を命じたところ，四社はこれを不服として抗告，特別抗告を行った。

裁判所の判断 —— 抗告棄却

①「報道機関の報道は，民主主義社会において，国民が国政に関与するにつき，重要な判断の資料を提供し，国民の『知る権利』に奉仕するものである」。「思想の表明の自由とならんで，事実の報道の自由は，表現の自由を規定した憲法21条の保障のもとにあることはいうまでもない」。「報道機関の報道が正しい内容をもつためには，報道の自由とともに，報道のための取材の自由も，憲法21条の精神に照らし，十分尊重に値いするものといわなければならない」。

②「報道機関がその取材活動によつて得たフイルムは，報道機関が報道の目的に役立たせるためのものであつて，このような目的をもつて取材されたフイルムが，他の目的，すなわち，本件におけるように刑事裁判の証拠のために使用されるような場合には，報道機関の将来における取材活動の自由を妨げることになるおそれがないわけではない」。「公正な刑事裁判の実現を保障するために，報道機関の取材活動によつて得られたものが，証拠として必要と認められるような場合には，取材の自由がある程度の制約を蒙ることとなつてもやむを得ないところというべきである」。「このような場合においても，一面において，審判の対象とされている犯罪の性質，態様，軽重および取材したものの証拠としての価値，ひいては，公正な刑事裁判を実現するにあたつての必要性の有無を考慮するとともに，他面において取材したものを証拠として提出させられることによつて報道機関の取材の自由が妨げられる程度およびこれが報道の自由に及ぼす影響の度合その他諸般の事情を比較衡量して決せられるべきであり，これを刑事裁判の証拠として使用することがやむを得ないと認められる場合においても，それによつて受ける報道機関の不利益が必要な限度をこえないように配慮されなければならない」。

③「本件の付審判請求事件の審理……は，現在において，被疑者および被害者の特定すら困難な状態であつて，事件発生後二年ちかくを経過した現在，第三者の新たな証言はもはや期待することができず，したがつて，当時，右の現場を中立的な立場から撮影した報道機関の本件フイルムが証拠上きわめて重要な価値を有し，被疑者らの罪責の有無を判定するうえに，ほとんど必須のものと認められる状況にある」。「他方，本件フイルムは，すでに放映されたものを含む放映のために準備されたものであり，それが証拠として使用されることによつて報道機関が蒙る不利益は，報道の自由そのものではなく，将来の取材の自由が妨げられるおそれがあるというにとどまるものと解されるのであつて，付審判請求事件とはいえ，本件の刑事裁判が公正に行なわれることを期するためには，この程度の不利益は，報道機関の立場を十

分尊重すべきものとの見地に立つても，なお忍受されなければならない程度のものというべきである」。「以上の諸点その他各般の事情をあわせ考慮するときは，本件フイルムを付審判請求事件の証拠として使用するために本件提出命令を発したことは，まことにやむをえないものがあると認められる」。

解　説

従来，最高裁は取材の自由の保障に消極的な態度を採っていたが，本決定は，報道の自由と，報道のための取材の自由が憲法上の保護を受けることを明言した。また，取材の自由に対する制限の許容性を検討する際には，「公共の福祉」概念による一元的な判断方法ではなく，被侵害利益と保護法益との間の比較衡量の手法を採用した。本決定は，権利保障が拡充され，司法審査の精密化が進められた点では，画期的なものと言える。

報道機関の取材活動は，取材を通じて収集された情報が報道以外の目的には使用されないという一種の信頼関係を前提として行われている。したがって，一定の場合に，報道機関に**取材源秘匿権**を認める必要がある。アメリカの一部の州やドイツとは異なり，日本においては，取材源秘匿権を特別に認める立法はなされていない。それゆえ，裁判における取材源秘匿の可否は，それぞれの事案に応じて個別的に裁判所によって判断されることになる。本決定は，結論として公正な刑事裁判の実現を優先し，報道の自由への影響は「将来の取材の自由」に対する限定的なものとして，押収を是認した。押収対象は，駅構内とその周辺という公開の場を，放映（公開）を前提として撮影されたものであること，事件の実態解明の必要性が高いということをふまえれば，押収の是認は妥当とも考えられる。

ただし，未放映分も含んだフィルム全ての押収命令が必要であったかどうかという点では疑問も残る。報道・取材の自由の重要性をふまえれば，事案を解明する上で「これしかない」という意味での，証拠としての「不可欠性」の有無を，より慎重に検討するべきであったと言えるだろう。

◉事案の背景

日本におけるテレビ放送は1953年に始まった。1960年代にはテレビ受信機が一般家庭にも普及し，ベトナム戦争や安保闘争の生々しい映像が家庭に届けられるようにもなった。

博多駅事件をめぐる一連の裁判では，警察側の非協力的な対応が目立った。実はフィルムが裁判で利用される事例は，本事件の以前においても，少なくない数があり，必ずしも報道機関は裁判におけるフィルムの利用に常に反対していたというわけではない。博多駅事件をめぐっては，警察による「権力犯罪」を解明する上で必要な証拠の提出を拒んだ点で，報道機関側への批判もあった。

【キーワード】

付審判請求　刑訴法262条は，公務員による職務犯罪等について，検察官が公訴を提起しない場合に，告訴・告発者が，地方裁判所に対して裁判所の審判に付することを請求することを認めている。付審判決定がなされると，当該の事件について公訴の提起があったものとみなされる。

取材源秘匿権　狭義では，報道機関が取材対象や取材内容を秘匿する権利だが，取材を通じて得られた様々な情報を公権力との関係で秘匿（提出・証言の拒絶）することも，広義の取材源秘匿権の対象となり得る。

【文献】駒村圭吾『ジャーナリズムの法理：表現の自由の公共的使用』（嵯峨野書院，2001年），山田隆司「戦後史で読む憲法判例②「学生運動」と博多駅事件」法セ709号48頁（2014年），百選Ⅰ・78（山口いつ子）

1970年3月4日に福岡地裁がフィルムを差し押さえる様子。押収されたフィルムは，複写後，12月8日に放送局へ返還された（出典：共同通信〈http://www.47news.jp/news/photonews/2012/03/post_20120304080103.php〉）。

32 表現の自由⑩

外務省秘密電文漏洩事件 ―― 大日方信春

最決昭 53（1978）年 5 月 31 日
刑集 32 巻 3 号 457 頁

【判決のポイント】
報道機関が公務員に対し秘密漏示をそそのかす行為をしたとしても，それが報道のための取材手段・方法として相当なものであると言えるなら正当業務行為になる。しかし，取材対象者の人格を著しく蹂躙する取材行為は，正当な取材活動の範囲を逸脱するものであると判示された。

【事案の概要】
本件の被告人Xは，毎日新聞社政治部の外務省担当記者として沖縄返還交渉に関する取材に従事していた。同取材の過程でXは，外務省外務審議官付の女性事務官Aと「ひそかに情を通じ」，これを利用して審議官に回付される沖縄関係の秘密文書をAに持ち出させている。Xのこの行為は，Aに職務上知ることのできた秘密を漏らすことの「そそのかし」にあたるとして，国家公務員法（以下，「国公法」とする）111 条・109 条 12 号・100 条 1 項を理由に起訴されたものである。

一審（東京地判昭和 49（1974）・1・31 判時 732 号 12 頁）は，Xの行為は上の国公法各条の「そそのかし」罪の構成要件にあたるとしながら，取材活動の一環としての正当行為性を具備していると判示している（X無罪。Aにつき国公法 109 条 12 号・100 条 1 項の罪が成立。Aについて確定）。検察官控訴。原審（東京高判昭和 51（1976）・7・20 高刑集 29 巻 3 号 429 頁）は，上の国公法各条の行為の「そそのかし」の意義を取材の自由との関連で限定的に解釈した上で，それでもXの行為は同条項に該当するとして一審判決を破棄している。X上告。

裁判所の判断 ―― 上告棄却

第一小法廷は，最大決昭和 44（1969）・11・26 刑集 23 巻 11 号 1490 頁（博多駅事件。☞本書 31）を参照して，報道機関による取材の自由も「憲法 21 条の精神に照らし」十分尊重されなければならないとしたあと，つぎのように言う。

①「報道機関の国政に関する取材行為は，国家秘密の探知という点で公務員の守秘義務と対立拮抗するものであり，時としては誘導・唆誘的性質を伴うものであるから，報道機関が取材の目的で公務員に対し秘密を漏示するようにそそのかしたからといって，そのことだけで，直ちに当該行為の違法性が推定されるものと解するのは相当ではな」い。「報道機関が公務員に対し根気強く執拗に説得ないし要請を続けることは，それが真に報道の目的からでたものであり，その手段・方法が法秩序全体の精神に照らし相当なものとして社会観念上是認されるものである限りは，実質的に違法性を欠き正当な業務行為というべきである」。但し「取材の手段・方法が賄賂，脅迫，強要等の一般の刑罰法令に触れる行為を伴う場合は勿論，その手段・方法が一般の刑罰法令に触れないものであっても，取材対象者の個人としての尊厳を著しく蹂躙する等法秩序全体の精神に照らし社会観念上是認することのできない態様のものである場合に」は「正当な取材活動の範囲を逸脱し違法性を帯びる」。

②「被告人は，当初から秘密文書を入手するための手段として利用する意図で右Aと肉体関係を持ち，Aが右関係のため被告人の依頼を拒み難い心理状態に陥ったことに乗じて秘密文書を持ち出させたが，Aを利用する必要がなくなるや，Aとの右関係を消滅させてその後はAを顧みなくなったものであって，取材対象者であるAの個人としての人格の尊厳を著しく蹂躙したものといわざるをえず，このような被告人の取材行為は，その手段・方法において法秩序全体の精神に照らし社会観念上，到底是認することのできない不相当なものであるから，正当な取材活動の範囲を逸脱している」（Aにつき原文は実名）。

解　説

1「秘密」および「そそのかし」の意義　要旨の部分に先立ち，本決定は，①国公法 109 条

12号・100条1項にいう「秘密」の意義について，非公知の事実でかつ実質秘であることを要する（最決昭和52（1977）・12・19刑集31巻7号1053頁），その判定は司法判断に服するものである，②国公法111条にいう同法109条12号・100条1項所定の行為の「そそのかし」とは，秘密漏示行為（国公109条12号・100条1項）を実行させる目的をもって公務員に対しその行為を実行する決意を新たに生じさせるに足りる慫慂行為をするものを意味する（最判昭和29（1954）・4・27刑集8巻4号555頁ほか参照）としている。

2 取材行為と「そそのかし」罪との関係　本決定は，報道機関が取材の目的で公務員に対し秘密を漏示するようにそそのかしたからといって，直ちに当該行為の違法性が推定されるわけではないとしたあと，取材の手段・方法が法秩序全体の精神に照らし不相当であるときには，取材活動の正当業務性が失われるとしている。

では，どのような手段・方法でなされた取材行為は正当な取材活動の範囲を逸脱するというのであろうか。決定要旨に戻ると，そこには二つの類型があげられている。すなわち，① 一般の刑罰法令に触れる行為を伴うもの，② 取材対象者の尊厳を著しく蹂躙するもの，これらである。これらが正当な取材活動の範囲を逸脱するということについては異論がないと思われる。ただ，本件のXの行為が ② の類型に該当するか否かは見解がわかれるところであろう。本件のような成人の社会人男女による関係（当時Xは40歳，Aは41歳である）が，夫婦，上司部下，師弟等のある種のドメスティックな関係にあるならいざ知らず，一方の「人格の尊厳を著しく蹂躙」したとまで言えるのであろうか。

3 国家秘密と取材活動の限界　本決定は正面からこの問題に挑んでいない。具体的事案がこの問題の検討にふさわしいとは判断されなかったのであろう。

◉事案の背景

1951年，日本は48カ国との間でサンフランシスコ平和条約を締結し，その発効と同時に主権を回復した（1952年4月28日）。しかし，同条約によって，沖縄の施政権は無期限でアメリカに委任されることにもなった。ただ，ベトナム戦争での沖縄の米軍基地の役割が大きくなると，ベトナム反戦運動に呼応するように沖縄返還運動も高揚していった。1964年，佐藤栄作が首相に就任すると，沖縄の施政権返還を求める交渉が具体化している。

1972年5月15日，沖縄は日本に復帰した。ただ，それに先立つ日米両政府における返還交渉は難航している。詳細は別文献に委ねざるを得ないが，日本政府は，沖縄の施政権返還にあたって2つの「密約」を交わしたとされている。ひとつが有事の際には沖縄に米軍が核兵器を持ち込めるとするもの，もうひとつが，Xが執拗に取材していた「請求権問題」である。

【キーワード】

形式秘，実質秘　国公法100条1項で保護されるべき秘密については，それを行政庁により明示的に秘密として指定されたものと解する「形式秘」説，および，その内容が実質的にも秘密として保護に値するものであるとする「実質秘」説，さらには，それらを複合させた見解（形式秘実質秘複合説，形式的実質秘説）などがあった。本件では実質秘説が支持されており，学説の大勢もこの立場にある。

請求権問題　沖縄で軍用地として接収され損害を被った土地につき軍用地としての使用が解除された際に支払われる補償のことを「軍用地復元補償」という。合衆国政府は沖縄返還に伴って米国側からは費用負担をしないという言質を議会に与えていたので，日本側が沖縄返還交渉の最優先項目としていた軍用地復元補償についても難色を示していた。そこで，沖縄が返るならとのことで，本来，米側が支払うべきこの費用（400万ドル，当時のレートで約12億3000万円）を日本側が肩代わりするという「密約」があったとされている。

【文献】澤地久枝『密約』（中央公論社，1974年），山崎豊子『運命の人（1）－（4）』（文藝春秋，2010-2011年），堀籠幸男・最判解刑事篇昭和53年度129頁，百選Ⅰ・80（齊藤 愛），藤森克美・法セ651号30頁，山田隆司・法セ708号42頁など。

『運命の人』（山崎，2010-2011年）本件のXとAをモチーフとした小説。戦後史の中での本件の位置づけをとらえるために格好の教材である。

33 表現の自由⑪

サンケイ新聞事件

大日方信春

最判昭 62（1987）年 4 月 24 日
民集 41 巻 3 号 490 頁

【判決のポイント】
新聞記事にとり上げられた者は，同記事による名誉毀損の不法行為の成立を前提とすることなく，憲法 21 条，条理，または，人格権に基づき「反論文掲載請求権」が認められるという主張が否定された。

【事案の概要】
Y（産業経済新聞社＝被告・被控訴人・被上告人）は，その発行する 1973 年 12 月 12 日付朝刊に，訴外 A（自由民主党）を広告主とする意見広告を掲載した。その内容は，全 7 段の大きさで X（日本共産党＝原告・控訴人・上告人）を名指しして，翌年の参議院選挙にむけて党大会において採択した「民主連合政府綱領についての日本共産党の提案」が同党の本来の主張である「日本共産党綱領」と矛盾することを指摘するものであった。また，そこには上の二文書の内容を比較対照した表とともに，目鼻等が歪んだ福笑いのような顔のイラストが掲載されていた。

X は，Y に対し，A の意見広告は X の主張を歪曲して中傷することで国民に X に対する誤解と偏見を与えるものであることを理由に，同意見広告に対する反論文の無料掲載を求めている。ただ，Y は，有料での掲載を求めて X の要求を拒否したため，X は，本訴により反論文の無料掲載を求めたのが本件である。

第一審（東京地判昭和 52（1977）・7・13 判時 857 号 30 頁），控訴審（東京高判昭和 55（1980）・9・30 判時 981 号 43 頁）は，いずれも X の請求を棄却した。

裁判所の判断 ―― 上告棄却

①憲法 21 条に基づく反論文掲載請求権　本件は，最大判昭和 48（1973）・12・12 民集 27 巻 11 号 1536 頁（三菱樹脂事件，☞本書 5），最判昭和 49（1974）・7・19 民集 28 巻 5 号 790 頁（昭和女子大学事件）の「趣旨とするところに徴する」と「私人間において……憲法 21 条の規定から直接に，所論のような反論文掲載の請求権が他方の当事者に生ずるものではないことは明らかというべきである」としている。

②条理または人格権に基づく反論文掲載請求権
このような論拠による反論文掲載請求権を認める「法の明文規定は存在しない」。名誉回復処分（民 723 条）または差止の請求権（参照，最大判昭和 61（1986）・6・11 民集 40 巻 4 号 872 頁〔「北方ジャーナル」事件，☞本書 28〕）も「単に表現行為が名誉侵害を来しているというだけでは足りず，人格権としての名誉の毀損による不法行為の成立を前提としてはじめて認められるものであって，この前提なくして条理又は人格権に基づき所論のような反論文掲載請求権を認めることは到底できないものというべきである」。

③政党に対する名誉毀損の成立要件　上の昭和 61 年大法廷判決における名誉毀損の成立要件を引用したあと，本件は，つぎのように言う。「政党は，それぞれの党綱領に基づき，言論をもって自党の主義主張を国民に訴えかけ，支持者の獲得に努めて，これを国又は地方の政治に反映させようとするものであり，そのためには互いに他党を批判しあうことも当然のことがらであって，政党間の批判・論評は，公共性の極めて強い事項に当たり，表現の自由の濫用にわたると認められる事情のない限り，専ら公益を図る目的に出たものというべきである」。本件広告は「未だ政党間の批判・論評の域を逸脱したものであるとまではいえず，その論評としての性格にかんがみると（広告の内容は）主要な点において真実であることの証明があったものとみて差し支えがないというべきであって，本件広告によって政党としての上告人の名誉が毀損され不法行為が成立するものとすることはできない」。

解　説

X は，① X の言論・出版の自由，② X の人格権または条理，③ Y の言論の不法行為該当性を

「反論文掲載請求権」の論拠としていた。ここでは，直接に憲法論と関係すると思われる ① の論点について解説を試みたい。

ところで，Xは，憲法21条の私人間における直接適用を主張して，自らの反論文掲載請求権の論拠としていた。しかし，同条文の直接適用がかりに認容されたとしても，そこで保障されている言論・出版の自由は「妨害排除」を求めるものにとどまるものなので，Xの反論権を論拠づけるものにはならないであろう。Xが求めたことは，Yの財産権を制限してでも自らの反論文を掲載させる積極的請求権の法認であったのだから。

では，Xが真の意味で求めたものは何か。それは，通常の言論・出版の自由しか享受できない一般国民が，新聞や放送といったプレスの特性を利用して自らの言論を公表することを法認することであろう。それは，妨害排除を本質とする消極的自由という本来的意味における言論・出版の自由ではなく，言論表現手段の供給要求を本質とするような「新しい言論・出版の自由」の観念に基づく「**アクセス権**」の主張であったのである。そこには「自由」の観念そのものの転換が見られる。

ただ，かりにこのような「アクセス権」(「反論権」) が制度化された場合の言論・出版の自由に与える弊害を，本件最判は正確に指摘している。反論掲載による「負担」が批判記事，とりわけ公的事項に関する批判的記事の掲載を萎縮させるというのである。本件は，政権党を批判する反論文の掲載を求める事案であった。ところが，これは逆の立場でも起こりうる。後難をおそれて政権党に対する批判をはばかるようになったら，憲法が表現の自由を保障した意義が根底から覆されることになるであろう。

◉事案の背景

わが国において「**意見広告**」というものが意識されはじめたのは，「べ平連」が1965年11月17日のニューヨーク・タイムズ紙にベトナム反戦広告を掲載したことが契機である，と紹介されている。それ以降，各新聞社は独自の「意見広告掲載基準」のもとで同広告の掲載を開放し，また，一般市民もビラ，デモ等にくわえて新聞意見広告という自らの思想，見解等を簡易に拡播し得る手段を手にしている。それに伴い，受け手も新聞紙上での意見広告を新聞社自体の主義，主張等とは切り離して受け止める理解が成長していったと言えよう。

ただ，一方で，わが国では一旦「一般新聞」を購読すると，宅配制という日本特有の制度のもと，各紙の「固定読者」となる傾向にある。そこでなされた一政党による他政党等への批判は，広告主による個別の見解であることを割り引いて理解されなければならないところ，新聞倫理綱領等で「公正」を標榜する「一般新聞」に掲載された見解としての影響を言論市場にもたらすおそれもある。他紙を読み比べることをしないのが「一般読者像」であろう。報道記事，意見広告，そして，商業広告を含めて，われわれは，疑似「囚われの聴衆」なのかもしれない。

【キーワード】

アクセス権　アクセス権とは，最狭義には「プレスによって名誉毀損された者が，当該プレスに対して名誉回復のための反論文掲載を請求すること」，狭義には「名誉毀損の成立を要件とせず，プレスによって批判をうけた者が，そのプレスをもちいて反論の公表を請求すること」，そして，広義には「公的な論点に関し自己の見解の伝播をプレスに請求すること」と定義される。本件で問われたのは狭義の意味でのアクセス権の成否であった。

意見広告　個人や団体が政治問題や社会問題などの公的に重要な問題に関して自らの意見や主張を述べたり賛否を表明する目的で作成した広告のことを意見広告という。商業的目的ではない広告であるところに特徴がある。

【文献】 平田 浩・最判解民事篇昭和62年度285頁，百選Ⅰ・82（松田 浩），阪本昌成・判評354号39頁，幾代 通「新聞と反論権・アクセス権」アメリカ法［1976-21］93頁，右崎正博「反論権考」法時60巻3号96頁。

堀部政男『アクセス権とは何か—マス・メディアと言論の自由』（岩波書店，1978年）：メディア法学の泰斗によるアクセス権論の簡明な体系書。

34 集会の自由①

泉佐野市民会館事件 ―――― 大日方信春

最判平成7（1995）年3月7日
民集49巻3号687頁

【判決のポイント】
集会の自由は，当該集会の開催により他の基本的人権が侵害され公共の福祉が損なわれる明らかに差し迫った危険の発生が具体的に予見される場合には，制限できるとされた。

【事案の概要】
Xら（原告，控訴人，上告人）は，1984年に市立泉佐野市民会館（以下,「本件会館」）で「関西新空港反対全国総決起集会」（以下,「本件集会」）を開催することを企画し，Y（泉佐野市〔被告，被控訴人，被上告人〕）の市長に対し，泉佐野市民会館条例（以下,「本件条例」）6条に基づく会館の使用許可申請をした。本件会館の利用規則を定めた本件条例は，本件会館の使用を許可してはならない事由として，「公の秩序をみだすおそれがある場合」（7条1号）および「その他会館の管理上支障があると認められる場合」（同3号）を規定していた。

Y市長は，本件集会の実質的主催者はいわゆる中核派の一団体であり，本件申請の直後に連続爆破事件を起こすなどした団体であるので，かりに本件会館の使用を許すと不測の事態の発生が憂慮され，その結果，周辺住民の平穏な生活がおびやかされるおそれがあること，また，対立する他の過激派集団による妨害により付近一帯が大混乱に陥るおそれがあることなどの理由で，本件申請を不許可とする処分をしている。

Xらは，本件条例の違憲，違法，本件不許可処分の違憲，違法を主張して，Yに対し，国家賠償法による損害賠償を求めた。第一審（大阪地判昭和60（1985）・8・14民集〔参〕49巻3号872頁），第二審（大阪高判平成元（1989）・1・25同885頁）は，Xの請求を棄却したので，本件条例の憲法21条違反，本件不許可処分の憲法21条および地方自治法244条違反を主張して上告したのが本件である。

裁判所の判断 ―――― 上告棄却

①集会の自由と言えども「他の基本的人権が侵害され，公共の福祉が損なわれる危険がある場合」には「必要かつ合理的な範囲で制限を受ける」ことがある。この「制限が必要かつ合理的なものとして公認されるかどうかは……基本的人権としての集会の自由の重要性と，集会が開かれることによって侵害されることのある他の基本的人権の内容や侵害の発生の危険性の程度を較量して」判定されるべきである。

②本件条例7条1号の文言は，「本件会館における集会の自由を保障する重要性よりも，本件会館で集会が開かれることによって，人の生命，身体又は財産が侵害され，公共の安全が損なわれる危険を回避し，防止することの必要性が優越する場合」に限定して解されるべきである。ここにいう「公共の安全が損なわれる危険」の発生の程度については「単に危険な事態を生ずる蓋然性があるというだけでは足りず，明らかな差し迫った危険の発生が具体的に予見されることが必要である」。また，こうした危険の認定は「許可権者の主観により予測されるだけではなく，客観的な事実に照らして具体的に明らかに予測される場合でなければならない」。

③本件での不許可処分は，集会の目的や主催団体の性格を理由とするのではなく，客観的事実からして「本件集会が本件会館で開かれたならば，本件会館又はその付近の路上等においてグループ間で暴力の行使を伴う衝突が起こるなどの事態が生じ，その結果，グループの構成員だけでなく，本件会館の職員，通行人，付近住民等の生命，身体又は財産が侵害されるという事態を生ずることが，具体的に明らかに予見されることを理由とするもの」である。

解　　説

1本件では，憲法21条1項が「集会の自由」を保障していることに照らして，「公の施設」（地自244条）における集会の開催を制限することが許されるか否か，許されるとすればどのような要件の下で許されるのかという争点が提起されている。

2地自法244条1項に基づき「公の施設」を設置した地方公共団体は，その施設の所有権に基づいて，管理，運営権を行使できる。この権限を「公物管理権」という。この権限により，当該施設の利用申請が競合していないか，施設の利用目的や広さ・収容人数等に適合しているか等について判断し，当該利用申請の可否を判定する許可制を布くこともできる。

また「公の施設」に係る条例には「公安又は善良な風俗を害するおそれ」「公の秩序をみだすおそれ」等を理由として，施設利用を規制するものも見られる。善良な風俗，公の秩序を維持するという警察目的での施設利用規制権限を「公物警察権」という。「公の施設」利用に関するこの種の規制は，集会の自由に対する違憲，違法な事前規制に該当しないかを問わなければならない。

さらに，地方公共団体が上の権限を行使するにあたっては「正当な理由」のない利用拒否は禁止され（地自244条2項），利用について住民を不当に差別してはならない（同条3項）。

3本件の特徴は，集会の自由を制限する不許可処分の適法性審査にあたって，集会の開催とそれによる弊害との利益較量論，ついで，当該弊害発生の危険性の程度については「明らかな差し迫った危険」の基準という二段階の判断基準を採用している点にある（詳細は，判旨②参照）。こうした審査手法には，集会の自由を重視する姿勢を見ることもできよう。

◉事案の背景

関西新空港の建設に反対して，本件の集会の名義人である「全関西実行委員会」を構成する6つの団体は，1982年・83年にかけて，全国的規模の反対集会を平穏に開催してきていた。ところが，1984年になり関西新空港の建設が具体化されてくると，上の委員会と密接な関係をもつ「中核派」が，関西新空港の建設を実力で阻止する方針を打ち出している。

中核派とは，従来からいわゆる革マル派と内ゲバ殺人事件を起こすなど，左翼運動の主導権をめぐって他のグループと対立抗争を続けてきた集団である。関西新空港建設反対にさいしても，1984年の新東京国際空港公団本部ビルに対する火炎放射器噴き付けや関西新空港対策室が所在する大阪科学技術センター及び企業局空港対策部が所在する大阪府庁に対する連続爆破・放火事件などといった違法な実力行使にいたっていた。本件集会も，これらの事件の延長線上にある旨を主張していた。

Xは，中核派と活動を共にする活動家であり，1981年8月に岸和田市市民会館で関西新空港の説明会が開催された際，壇上を占拠するなどして威力業務妨害罪により罰金刑に処せされたことがあった。また，中核派は，1983年に他の団体の主催する集会に乱入する事件を起こしているという状況からみて，本件集会にも対立団体が介入するなどして，本件会館のみならずその付近一帯が大混乱に陥るおそれが指摘されていた。

【キーワード】

明らかな差し迫った危険テスト　政府が表現行為を理由として規制し得るのは，当該表現による実体的害悪をもたらす明白（clear）にして差し迫った（present）危険の存在が立証されたときだけであるという判例理論が合衆国にある。「明白かつ現在の危険テスト（clear and present danger test）」とよばれるこの法理論は，表現行為と害悪発生との因果関係に高度の蓋然性を求めるものである。本件の最判が採用した「明らかに差し迫った危険テスト」は，この合衆国の判例法理に類比されている。但し，彼の国の判例理論は，表現に対する事後規制の憲法適合性を裁判所が訴訟で審査する際の法理論であるのに対して，本件のものは，事前規制を正当化するために用いられている点には注意が必要である。

【文献】近藤崇晴・最判解民事篇平成7年度（上）282頁，百選Ⅰ・86（川岸令和），紙谷雅子・判評442号21頁。

日刊工業新聞関西新空港特別取材班編『海からの出発 関西新空港』（にっかん書房，1993年）。関西新空港の建設は，周辺地域の整備も含めた新空港の建設というわが国初の試みであった。その構想から完成までの難事業を関係者への豊富な取材を基にまとめた1冊。

35 集会の自由②

徳島市公安条例事件

桧垣伸次

最大判昭 50（1975）年 9 月 10 日
刑集 29 巻 8 号 489 頁

【判決のポイント】
徳島市公安条例は曖昧不明確とはいえず憲法 31 条に反しない。

【事案の概要】
徳島市の「集団行進及び集団示威運動に関する条例（**公安条例**）」は，集団行進等につき，公安委員会への届出を義務付ける（1 条）とともに，遵守事項として「交通秩序を維持すること」を求め（3 条 3 号），これに違反した煽動者等に対する刑罰を定めていた（5 条）。

被告人Ｙは，1968 年 12 月 10 日，徳島県反戦青年委員会主催の集団示威行進に参加したが，先頭集団が蛇行進を行った際，(1) 自らも蛇行進をしたり，(2) 笛を吹くなどして集団行進者に蛇行進をするよう刺激を与え，もって集団行進者が交通秩序の維持に反する行為をするように煽動した。このため，Ｙは，(1) の行為につき道交法 77 条 3 項，119 条 1 項 13 号に，(2) の行為につき徳島市公安条例の 3 条 3 号，5 条に該当するとして起訴された。

第一審（徳島地判昭和 47（1972）・4・20 判タ 278 号 287 頁）は，(1) の行為は有罪としたが，公安条例 3 条 3 号は不明確で憲法 31 条に違反するとして，(2) の行為は無罪とした。控訴審（高松高判昭和 48（1973）・2・19 刑集 29 巻 8 号 570 頁）は第一審を支持し，控訴を棄却した。そこで，検察官が上告した。

裁判所の判断 ―― 破棄自判

①本件規定は，「その文言だけからすれば，単に抽象的に交通秩序を維持すべきことを命じているだけで，……その義務内容が具体的に明らかにされていない」。他の公安条例と比較しても，「立法措置として著しく妥当を欠くものがあるといわなければならない」。

「しかしながら，およそ，刑罰法規の定める犯罪構成要件があいまい不明確のゆえに憲法 31 条に違反し無効であるとされるのは，その規定が通常の判断能力を有する一般人に対して，禁止される行為とそうでない行為とを識別するための基準を示すところがなく，そのため，その適用を受ける国民に対して刑罰の対象となる行為をあらかじめ告知する機能を果たさず，また，その運用がこれを適用する国又は地方公共団体の機関の主観的判断にゆだねられて恣意に流れる等，重大な弊害を生ずるからである」。「しかし，一般に法規は，……その性質上多かれ少なかれ抽象性を有」するから，必ずしも常に絶対的な明確性を要求することはできない。「それゆえ，ある刑罰法規があいまい不明確のゆえに憲法 31 条に違反するものと認めるべきかどうかは，通常の判断能力を有する一般人の理解において，具体的場合に当該行為がその適用を受けるものかどうかの判断を可能ならしめるような基準が読みとれるかどうかによってこれを決定すべきである」。

②「道路における集団行進等は，……交通秩序を必然的に何程か侵害する可能性を有することを免れない」。集団行進等が表現の一態様として憲法上保障されるべき要素を有することにかんがみると，「本条例 3 条 3 号の規定が禁止する交通秩序の侵害は，当該集団行進等に不可避的に随伴するものを指すものでないことは，極めて明らかである」。そうすると条例が禁止しているのは，「道路における集団行進等が一般的に秩序正しく平穏に行われる場合にこれに随伴する交通秩序阻害の程度を超えた，殊更な交通秩序の阻害をもたらすような行為」であると解される。「通常の判断能力を有する一般人が，具体的場合において，自己がしようとする行為が右条項による禁止に触れるものであるかどうかを判断するにあたっては，……通常その判断にさほどの困難を感じることはないはずであり，例えば……だ行進，うず巻行進……等の行為が，秩序正しく平穏な集団行進等に随伴する交通秩序阻害の程度を超えて，殊更な交通秩序の阻害をもたらすような行為にあたるもの

と容易に想到することができる」。

「このように見てくると，本条例3条3号の規定は，確かにその文言が抽象的であるとのそしりを免れないとはいえ，集団行進等における道路交通の秩序遵守についての基準を読みとることが可能であり，犯罪構成要件の内容をなすものとして明確性を欠き憲法31条に違反するものとはいえない」。

解　説

本判決は，公安条例の定める犯罪構成要件の明確性の問題につき，最高裁が初めて判断を示したものである。最高裁は，刑罰法規の明確性が憲法31条の要請であることを明言し，また，31条違反の有無の判断基準を示した。

禁止の対象となる行為が不明確な刑罰法規は，①行為規範として機能しない，②事後処罰にも等しい，③運用が公権力の主観的判断に委ねられるため，濫用を招きやすい，などの理由により，本来自由な行為まで萎縮させてしまうおそれがある。そのため，曖昧不明確な法令は，原則として文面上無効となる。表現の自由の性質上，表現の自由の規制立法には，特に明確性が強く要求される。

本判決は，不明確な法令は31条違反になるとしたうえで，明確か否かの判断基準として，「通常の判断能力を有する一般人の理解において，具体的場合に当該行為がその適用を受けるものかどうかの判断を可能ならしめるような基準が読みとれるかどうか」という基準を示した（判旨①）。そして，本条例を限定解釈したうえで，この基準に基づいて31条には違反しないとした（判旨②）。最高裁が，「文言が抽象的であるとのそしりを免れない」としつつもやや曖昧な基準で本件条例を合憲としたことには批判が強い。その点で，行為者に求められるのは，「通常の判断能力を有するものが規定の文言から素ぼくに感得するところの常識的な理解であって，多数意見にあるような考慮を重ねて得られる解釈ではあるまい」との高辻裁判官の意見が説得的である。「一般人の理解」とは何を示すのかを，客観的に判断することができるのかが問題となる。

◉事案の背景

戦後，労働争議などにおいて，集団示威行進が，国民の政治的主張を行うための重要な手段として多用されるようになり，公安条例の憲法適合性が裁判で争われるようになった。当初は憲法21条適合性が主に争われていた。しかし，新潟県公安条例事件（最大判昭和29（1954）・11・24刑集8巻11号1866頁）および東京都公安条例事件（最大判昭和35（1960）・7・20刑集14巻9号1243頁）が21条違反の主張を退けたため，公安条例をめぐる争点は刑罰法規の明確性へと移行した。本件において，最高裁が公安条例について明確性の要請をある程度認め，判断基準を示したにもかかわらず，「立法措置として著しく妥当を欠く」法令を31条違反としなかった点に対しては批判が強い。本件条例が合憲となった以上，公安条例が31条違反となることは考えられないだろう。

なお，本件で示された基準は，表現の自由の規制立法だけでなく，刑罰法規一般に妥当すると指摘される。

【キーワード】

🔑**公安条例**　公安条例は，道路や公園など公共の用に供される場所で集会や集団示威行動を行う場合，公安委員会の許可を得ることあるいは届出を行うことを求めている。このような公安条例は，もともと戦後に労働運動などが活発になったことに対し，占領目的の阻害を懸念した占領軍の指導によって制定された。

【文献】 石村 修ほか編『時代を刻んだ憲法判例』（尚学社，2012年），野坂泰司『憲法基本判例を読み直す』（有斐閣，2011年），判例講義Ⅰ（小泉良幸），百選Ⅰ〔第2版〕・62（榎原 猛），同〔第4版〕・88（畑 博行），同〔第5版〕・90（村山健太郎）。

労組による渦巻デモ（出典：尼崎市立地域研究史料館〈http://www.archives.city.amagasaki.hyogo.jp/chronicles/visual/05gendai/photo/gendai14-01.html〉）

36 職業の選択・居住移転の自由①

薬事法事件

原口佳誠

最大判昭和 50（1975）年 4 月 30 日
民集 29 巻 4 号 572 頁

【判決のポイント】
薬局の適正配置規制は，不良医薬品の供給の防止等の目的のために必要かつ合理的な規制とはいえず，憲法 22 条 1 項に違反する。

【事案の概要】

薬事法6条は，薬局設置の許可基準として，その設置が配置の適正を欠くと認められる場合に不許可とできるものとし（2 項），その設置基準を都道府県条例に委ねた（4 項）。これにより，広島県の条例は，概ね 100m という距離制限を採用した。X は，同県知事に薬局開設の許可申請を行ったが，距離制限の基準に適合しないとして不許可とされた。そこで X は，この薬局の適正配置規制が憲法 22 条 1 項に違反するとして，不許可処分の取消しを求める訴訟を提起した。

第一審（広島地判昭和 42（1967）・4・17 行集 18 巻 4 号 501 頁）は，薬事法改正前の申請時点の許可基準に基づき不許可処分を取り消し，憲法判断は行わなかった。第二審（広島高判昭和 43（1968）・7・30 行集 19 巻 7 号 1346 頁）は，行政処分時点の許可基準に基づくべきであるとし，薬局の偏在と乱立が医薬品の調剤供給に「好ましからざる影響」を与えうることから，その適正配置規制は憲法 22 条 1 項に違反しないとした。

裁判所の判断 ―――― 破棄自判

①憲法 22 条 1 項は職業選択の自由を規定するが，職業は，「本質的に社会的な，しかも主として経済的な活動であつて，その性質上，社会的相互関連性が大きい」ため，「職業の自由は，……精神的自由に比較して，公権力による規制の要請がつよ」い。職業の自由の規制の目的は，「国民経済の円満な発展や社会公共の便宜の促進，経済的弱者の保護等の社会政策及び経済政策上の積極的なものから，社会生活における安全の保障や秩序の維持等の消極的なものに至るまで千差万別」であり，その規制も「それぞれの事情に応じて各種各様の形をとる」。それゆえ，その規制措置が是認されるかどうかは，「具体的な規制措置について，規制の目的，必要性，内容，これによつて制限される職業の自由の性質，内容及び制限の程度を検討し，これらを比較考量したうえで慎重に決定されなければならない」。

②「一般に許可制は，……職業の選択の自由そのものに制約を課するもので，職業の自由に対する強力な制限であるから，その合憲性を肯定しうるためには，原則として，重要な公共の利益のために必要かつ合理的な措置であることを要し，また，それが社会政策ないしは経済政策上の積極的な目的のための措置ではなく，自由な職業活動が社会公共に対してもたらす弊害を防止するための消極的，警察的措置である場合には，許可制に比べて職業の自由に対するよりゆるやかな制限である職業活動の内容及び態様に対する規制によっては右の目的を十分に達成することができないと認められることを要するもの，というべきである」。

③薬事法の適正配置規制の目的は，「主として国民の生命及び健康に対する危険の防止という消極的，警察的目的」であり，「薬局等の過当競争及びその経営の不安定化の防止も，あくまでも不良医薬品の供給の防止のための手段」にすぎない。

④では，薬局の適正配置規制が「これらの目的のために必要かつ合理的」といえるのか。

この点，薬事法は，「医薬品の製造，貯蔵，販売の全過程を通じてその品質の保障及び保全上の種々の厳重な規制を設けているし，薬剤師法もまた，調剤について厳しい遵守規定を定めている」ことからも，「競争の激化―経営の不安定―法規違反という因果関係に立つ不良医薬品の供給の危険が，薬局等の段階において，相当程度の規模で発生する可能性があるとすることは，単なる観念上の想定にすぎず，確実な根拠に基づく合理的な判断とは認めがた」く，「必要性と合理性を肯定するに足り」ない。

⑤したがって，「薬局の開設等の許可基準の一つとして地域的制限を定めた薬事法6条2項，4項……は，不良医薬品の供給の防止等の目的のために必要かつ合理的な規制を定めたものということができないから，憲法22条1項に違反し，無効である」。

解　　説

本判決は，最高裁判所による2件目の法令違憲判決であり，二重の基準論と規制目的二分論に依拠し，立法事実論を本格的に展開した点に特徴がある。

最高裁は，まず，憲法22条1項が保障する職業選択の自由が個人の人格的価値と不可分の性質をもつことを認めながらも，その内容は社会的・経済的活動であり，本質的に「社会的相互関連性」をもつことから，精神的自由と比較してより強い規制に服すると述べ，二重の基準論の趣旨を明確化する。

そして，職業選択の自由の規制において，「国民の生命及び健康に対する危険の防止」という消極目的の規制については，重要な公共の利益のために必要かつ合理的な措置であり，かつ，他のより制限的でない規制手段では立法目的を達成しえないことが必要であるとして，厳格な合理性の基準を用いた。一方，従前の小売市場距離制限事件（最大判昭和47（1972）・11・22刑集26巻9号586頁）は，「国民経済の健全な発達と国民生活の安全を期し，もって社会経済全体の均衡のとれた調和的発展を図る」積極目的の規制について「立法府の政策的技術的な裁量」に委ね，その規制措置が「著しく不合理であることが明白である場合に限って違憲」とする，明白性の原則を採用した。これら両判例により，規制目的二分論が確立した。もっとも，近年では，積極目的と消極目的の区別の相対性が指摘されており，規制目的二分論を否定する学説も有力である。

また，本件は，薬局の距離制限という立法の必要性と合理性を，目的と手段の両面から個別的・具体的にきめ細かく検証した上で違憲の結論を導いており，憲法訴訟で立法事実論を展開したリーディング・ケースとして重要な位置を占める。同様に立法事実が重視された違憲判決としては1987年の森林法違憲判決（☞本書38）があり，21世紀以降の一連の法令違憲判決においても，立法事実の変遷が違憲判断を導く重要な根拠のひとつとされている。

◉事案の背景

戦後，日本の医薬品生産は飛躍的な発展を遂げ，その生産高は，1955年時点で895億円，1962年には約3倍の2600億円を超えるに至った。反面，この発展は一部医薬品の過剰生産，販売競争の激化を招き，医薬品の大量廉売を行うスーパーマーケットと既存の薬局との間に軋轢を生み出した。このような社会変化を受けて薬事法が改正され，薬局の開設が許可制へと移行し，適正配置規制が設けられることになった。

【キーワード】

薬事法　医薬品等に関する事項を規制し，その適正をはかることを目的として制定された法律。（旧薬事法1条）

立法事実　法律の制定を基礎づけ，その合理性を支える一般的事実，すなわち社会的，経済的，政治的もしくは科学的事実。合憲性判断において，その事実の有無が審査対象となる。

【文献】百選Ⅰ〔第4版〕・100（米沢広一），百選Ⅰ・97（石川健治），芦部信喜「薬局距離制限の違憲判決と憲法訴訟」ジュリ592号（1975年）14頁，同「憲法訴訟と立法事実」判時932号（1979年）12頁，渡辺千原「法を支える事実―科学的根拠付けに向けての一考察」立命館法学333・334号（2010年）3263頁。

岡田与好『独占と営業の自由―ひとつの論争的研究』（木鐸社，1975年）：憲法22条1項の職業選択の自由は，職業を行う自由，つまり営業の自由を当然に含むとするのが判例・通説である。しかし，西洋経済史研究者である岡田教授は，営業の自由は，歴史的には国家による営業の独占からの解放があって初めて成立するため，それは人権でなく公序として追求されたと論じた。その学説は，法学と経済学を横断する「営業の自由」論争の嚆矢となった。

37 職業の選択・居住移転の自由②

帆足計事件

前田 聡

最大判昭和33（1958）年9月10日
民集12巻13号1969頁
最判昭和60（1985）年1月22日
民集39巻1号1頁

【判決のポイント】
旅券法13条1項5号（現7号）は，外国旅行の自由に対する公共の福祉のための合理的な制限であり，憲法に反しない。

【事案の概要】
X（原告，控訴人，上告人）らは，1952年2月，同年4月に当時のソ連・モスクワで開催される予定の国際経済会議に招請されたことから，同会議に参加する目的で，ソ連を渡航先とする一般旅券の発給申請をした。これに対し外務大臣は，「著しく且つ直接に日本国の利益又は公安を害する行為を行う虞があると認めるに足りる相当の理由がある者」に対する旅券の発給を拒否するできる旨定めた同法13条1項5号（以下「本件規定」）に基づき，旅券発給を拒否した。そのため，Xは同会議に出席することができなかった。そこでXらは，国に対して損害賠償を求めて訴えを提起した。

第一審（東京地判昭和28（1953）・7・15民集12巻13号1983頁），第二審（東京高判昭和29（1954）・9・15民集12巻13号1992頁）ともにXらの請求を棄却した。これに対してXが上告した。

裁判所の判断 ―― 上告棄却

①「憲法22条2項の『外国に移住する自由』には外国へ一時旅行する自由を含む」と解すべきだが，外国旅行の自由も「無制限のままに許されるものではなく，公共の福祉のために合理的な制限に服するものと解すべきである」。

②本件規定は「外国旅行の自由に対し，公共の福祉のために合理的な制限を定めたものとみることができ，所論のごとく右規定が漠然たる基準を示す無効のものであるということはできない」

③本件規定は「公共の福祉のために外国旅行の自由を合理的に制限したものと解すべきであることは，既に述べたとおりであつて，日本国の利益又は公安を害する行為を将来行う虞れある場合においても，なおかつその自由を制限する必要のある場合のありうることは明らかであるから，同条をことさら所論のごとく『明白かつ現在の危険がある』場合に限ると解すべき理由はない」。

※なお，本判決には田中耕太郎，下飯坂潤夫両裁判官の補足意見が付されている。

解　説

本判決はまず，海外渡航の自由が憲法22条2項によって保障されることを確認している。この点につき，学説上は本判決と同様，憲法22条2項を根拠とするものの他，同条1項や13条を根拠とする見解がみられる（なお，田中，下飯坂両裁判官の補足意見は，「旅行の自由」は「一般的な自由または幸福追求の権利の一部分をな」すと解している）。

次に本判決は，この海外渡航の自由も公共の福祉のための合理的な制限に服すること，そして本件規定がかかる合理的な制限であることを確認している。学説上は，本件規定について，文面が漠然不明確であるとして文面上違憲とする説や，同規定の適用を内乱罪・外患罪などの犯罪行為を行う危険性が極めて高い場合に限ると限定解釈することで合憲とする説，さらには害悪発生の相当の蓋然性が客観的に存在しない場合には適用違憲と解すべきだとする説などがみられる。いずれにせよ，学説の多数は，本判決のように留保なく本件規定の合憲性を承認している，とはいい難い。本件規定の合憲性を考えるに際しては，ある論者が指摘するように，①政府に，個人の出国の自由を制限する「政治的な裁量」（傍点原文）を憲法上承認しなければならないのか，②かかる裁量が必要だとして，本件規定のような「広汎な授権」が必要なのか，③本件規定は「現存の理解水準における『適正手続要件』……に照らし，合格し得るか」どうかが問われるべきであろう（奥平Ⅲ・217-218頁）。

特にこの③の点を考えるときに，あわせて検討を要するのが，最高裁昭和 60（1985）・1・22 判決民集 39 巻 1 号 1 頁である。この事件では，一般旅券発給申請に対し「旅券法 13 条 1 項 5 号に該当する」という理由でなされた発給拒否処分の取消が争われた。最高裁は，旅券法 14 条が発給拒否処分に理由の付記を要求するのは，外務大臣の「恣意を抑制する」とともに，拒否理由を申請者に伝えることで不服申立てに便宜を与える趣旨であり，拒否処分の通知書に理由として「概括的，抽象的な規定」である旅券法 13 条 1 項 5 号に該当する旨付記するだけでは，発給拒否の基因となった事実関係を申請者が知ることができず，したがって同法 14 条の理由付記の要件を欠くとした。裁判所は裁量統制を志向していると評しうるものの，本件規定の合憲性そのものは依然として維持している（判プラ・213 頁（尾形 健））。

◉事案の背景

本件のＸこと帆足計（ほあし　けい）は事件当時，元参議院議員であった。彼が旅券発給を申請する理由となったモスクワ（判決文中では英語読みの「モスコー」と記載されている）で開催される国際経済会議につき，帆足の出席の賛否をめぐって議論がまきおこったという（竹森・32 頁）。彼が招請を受けた当時は，米ソの冷戦が激化する中，1950 年に朝鮮戦争が勃発，そして 1951 年 9 月にはサンフランシスコ講和条約と日米安保条約が締結され，翌 52 年 4 月 28 日に両条約が発効するなど，日本はいわゆる西側陣営に組み込まれていくという国際的な政治状況の下にあった。こうした国際政治状況の下，帆足はソ連への渡航を試みたわけであるが，本判決は，外務大臣が，「占領治下我国の当面する国際情勢の下」において帆足が国際経済会議に参加することが「著しくかつ直接に日本国の利益又は公安を害する虞がある」として旅券の発給を拒否したことを違法とはいえないとした原審を「肯認する」としている。調査官解説も「特殊な事情」と指摘するような（井口・239 頁），以上の政治状況の下になされた本判決の先例としての意義は限定的だとする評価が強い一方で，国際関係を考慮した海外渡航の政策的制約については，今日なお一層議論する必要性があるだろう（齊藤・235 頁）。

なお，今日，海外渡航の自由をめぐっては，本件と事案の内容が異なるものの，2015 年 2 月に，過激派組織によるテロが続発しているシリアへの渡航を試みるフリーカメラマンに対し，旅券法 19 条 1 項 4 号に基づく旅券返納命令が出されたことが注目される。

【キーワード】

旅券　外国に渡航するにあたり，渡航する者の本国が，その者の国籍や身分を証明するとともに，外国に対してその者の保護を依頼する公文書のこと。日本では旅券法が旅券の発給やその効力など旅券に関する事項を定めている。一般に出入国に際しては，有効な旅券を所持しなければならない。

【文献】 石村 修ほか編著『時代を刻んだ憲法判例』（尚学社，2012 年）30-42 頁（竹森正孝），井口牧郎・最判解民事篇昭和 33 年度 231 頁，百選Ⅰ・111（齊藤正彰）

朝日新聞 夕刊

講和批准審議を開始
米上院本会議

留保条項は無用
コナリー ワイリー 両議員強調す

国会後に持越し
自由党の役員改選

旅券は交付せず
帆足氏らに 外務省で正式決定

左社，最高裁へ提訴
憲法問題，一応受付け

出典：朝日新聞〔1952 年 3 月 15 日夕刊 1 頁〕：帆足計氏らに旅券を交付しない旨の決定がなされたことを報じる記事。同じ面のトップ記事は，アメリカ合衆国の上院において講和条約批准の審議が開始されたことを報じるものである。

38 財産権①

森林法共有林分割事件

森本直子

最大判昭和62（1987）年4月22日
民集41巻3号408頁

【判決のポイント】
森林の共有者のうち持分価額が二分の一を超える場合に限って共有物分割請求権（民法256条1項）を認める森林法186条は，憲法29条2項に違反する。

【事案の概要】
Xは1947年に兄Yとともに父親から森林約400ヘクタールを持分二分一ずつの割合で生前贈与されて共有していた。しかし，Yが勝手に樹木を伐採するなどして兄弟間で森林経営上の対立が生じ，XはYに対して民法256条1項にもとづき森林の分割等を求めて提訴した。森林法186条は持分価額二分の一以下の共有者からの共有森林の分割請求を認めておらず，一審（静岡地判昭和53（1978）・10・31民集41巻3号444頁），原審（東京高判昭和59（1984）・4・25民集41巻3号469頁）共に請求を棄却した。そこでXは同条が憲法29条1項に違反するとして上告した。

裁判所の判断

原判決中，X敗訴の部分につき破棄差戻し

①憲法29条は，「私有財産制度を保障しているのみでなく，社会的経済的活動の基礎をなす国民の個々の財産権……を基本的人権として保障するとともに，社会全体の利益を考慮して財産権に対し制約を加える必要性が増大するに至ったため，立法府は公共の福祉に適合する限り財産権について規制を加えることができる，としている」。

②「財産権はそれ自体に内在する制約があるほか……立法府が社会全体の利益を図るために加える規制により制約を受ける」。規制の目的は「社会政策及び経済政策上の積極的なものから，社会生活における安全の保障や秩序の維持等の消極的なものに至るまで多岐にわたる」。財産権に対する規制が憲法29条2項に適合するかどうかは「規制の目的，必要性，内容，その規制によって制限される財産権の種類，性質及び制限の程度等を比較考量して決すべきものであるが」，裁判所は立法府によるそうした判断を尊重すべきであるから「立法の規制目的が……社会的理由ないし目的に出たとはいえないものとして公共の福祉に合致しないことが明らかであるか，又は」これが「合致するものであっても規制手段が右目的を達成するため」に「必要性若しくは合理性に欠けていることが明らかであって，そのため立法府の判断が合理的裁量の範囲を超えるものとなる場合に限り，当該規制立法が憲法29条2項に違背」し無効と解するのが相当である。

③「共有物分割請求権は，各共有者に近代市民社会における原則的所有形態である単独所有への移行を可能ならしめ……公益的目的を果たすものとして発展した権利であり，共有の本質的属性として，持分権の処分の自由とともに，民法において認められるに至った」。「したがって，当該共有物がその性質上分割することのできないものでない限り，分割請求権を共有者に否定することは，憲法上，財産権の制限に該当」するが，「共有森林はその性質上分割することのできないものに該当しない」。

④森林法186条の立法目的は，「森林の細分化を防止することによって森林経営の安定を図り，ひいては森林の保続培養と森林の生産力の増進を図り，もって国民経済の発展に資することにあると解すべき」で，これは「公共の福祉に反しないことは明らかであるとはいえない」。しかし，「森林が共有であることと森林の共同経営とは直接関連するものとはいえない」ため，森林共有者間の権利義務の規制は，森林法186条の「立法目的と……合理的関連性があるとはいえない」。特に，持分価額が相等しい二名の共有者間での共有物の管理等をめぐる意見の対立が生じた場合，「森林の荒廃という事態を招来することになる」。こうした事態を解決するための共有物分割請求権を森林法186条が適用排除することは，森林荒廃の「永続化を招くだけであって，当該森林の経営の安定化に資することにはならず」，森林法186条

の立法目的と分割請求権の否定との間に「合理的根拠のないことは……明らかである」。

また「持分価額二分の一以下の共有者からの分割請求」だけに「森林の細分化を防止することによって森林経営の安定を図らなければならない社会的必要性が強く存すると認めるべき根拠は……ないにもかかわらず，森林法186条が分割を許さないとする森林の範囲及び機関のいずれについても限定を設けていない」ことは「必要な限度を超え」た「不必要な規則」である。また，「共有森林につき**現物分割**をしても直ちにその細分化を来すものとはいえ」ず，競売による**代金分割**により一括競売がされるときは，共有森林の細分化という結果は生じない」。それゆえ森林法186条による制限は，「同条の立法目的を達成するについて必要な限度を超えた不必要な規制」である。

⑤以上から，森林法186条の制限は「立法目的との関係において，合理性と必要性のいずれも肯定することのできないことが明らかであって，この点に関する立法府の判断は，その合理的裁量の範囲を超えるもの」であり，憲法29条2項に違反し無効である。

※なお，3つの補足意見，1つの反対意見がある。

解　説

共有物は他の共有者の同意なしに処分（森林の売却）や変更（森林を駐車場に）することができない（民法251条）。しかし，共有者には共有物分割請求権があるため，いつでも共有物を分割（林道から東は弟の森林とする等）して，単独所有にすることができる（民法256条1項）。ところが，森林法186条は一定の場合に森林の共有物分割を禁止していたため，共有物分割請求により単独所有する権利を不当に侵害するとして憲法29条2項に反するのではないかが問題となった。

本件上告人Xはもともと分割請求権が制限された持分を取得したため，29条1項のいう法律が憲法上の権利を制約する構図は存在しない。むしろ，29条2項に照らして森林法が公共の福祉に適合する法律かどうかが問われ，最高裁は個人の単独所有権を基礎とする財産法体系を公共の福祉に適合するものとみて，森林法の分割請求権の否定を評価したものと考えられる。

本件は，5つ目の法令違憲判決であり，財産権規制に対する初の違憲判決であったが，注目されたのはむしろ，本件で用いられる審査基準であった。同じ経済的自由権である職業の自由に対する制約は，政策的規制ないし積極目的の場合に許容されやすく，警察規制ないし消極目的規制の場合には厳格な審査に服するという考え方（規制目的二分論）が先例で採用されていたため，同じ基準が財産権規制にもあてはまるかどうかが関心を集めたのである。しかし，本判決は森林法の規制を政策目的のように位置付けつつも規制を厳格に審査し，この考え方を採用することはなかった。以来，規制目的二分論は職業の自由に限定されて財産権には当てはまらないのか，あるいは二分論それ自体が断念されたのか，について議論されるが，判例はまだ解答を示していない。

◉事案の背景

1907年に制定された森林法は，1951年に全面改正された法律である。本判決から1か月後，問題となった規定は削除された。同法は森林における生産性の向上やそれによる国民経済の発展を主眼としており，林業が国の重要な産業であった時代の産物とみることができよう。

その後の財産権規制に関する判例は，本件ではなく2002年の証券取引法判決を引用している。これは森林法による制限が憲法の想定する財産権の核心とされる単独所有から乖離した特殊性を持っていたためであろうと考えられる。

【キーワード】

現物分割　共有物をそれぞれの共有者で物理的に分けて単有とすること。

代金分割　共有物をその共有者で分割することが現実的でない場合（例えば2人で共有する1台の車）に，それを売却した代金を分割する方法。

【文献】百選Ⅰ・101（巻 美矢紀），安念潤司「憲法が財産権を保護することの意味」長谷部恭男編『リーディングス現代の憲法』（日本評論社，1995年）。

森林の多面的機能
（政府広報オンライン）

39 財産権②

農地改革事件

桧垣伸次

最大判昭 28（1953）年 12 月 23 日
民集 7 巻 13 号 1523 頁

【判決のポイント】
自創法６条３項が定める農地の買収価格は憲法 29 条３項にいう「正当な補償」にあたる。

【事案の概要】
自作農創設特別措置法（以下，「自創法」とする）６条３項は，田の最高買収価格を地租法による賃借価格の 40 倍と定めていた。この計算の基礎となった米価は政府が法令により任意に定めた公定価格だった。X は 1947 年に自己の所有する農地を最高価格で買収されたが，その価格は憲法 29 条３項にいう「正当な補償」にあたらないとして買収価格の増額変更を求めて出訴した。X は，(1)「正当な補償」とは，経済界において取引上認められる本質的経済価格をいうのであり，法令により任意に定められた価格を基礎として産出された価格ではない，(2) 自創法所定の買収価格が価格算出後における経済事情の激変を考慮に入れていないため，田一反の価格が鮭三尾分にも及ばないという事態が生じており，これは実質上は無償で取り上げられるのと変わらない，などと主張した。

第一審（山形地判昭和 24（1949）・5・6 民集７巻 13 号 1548 頁），控訴審（仙台高判昭和 24（1949）・10・14 民集７巻 13 号 1556 頁）ともに X の請求を棄却したため，X が上告した。

裁判所の判断 ―― 上告棄却

①憲法 29 条 3 項の「正当な補償とは，その当時の経済状態において成立することを考えられる価格に基き，合理的に算出された相当な額をいうのであって，必しも常にかかる価格と完全に一致することを要するものでない」。「財産権の内容は，公共の福祉に適合するように法律で定められるのを本質とするから」，公共の福祉の増進・維持に必要な場合には，「その自由な取引による価格の成立を認められないこともあるからである」。

②自創法 6 条 3 項が「対価の採算方法を地主採算価格によらず自作収益価格によったことは，農地を耕作地として維持し，耕作者の地位の安定と農業生産力の維持増進を図ろうとする，……国策に基く法の目的からいって当然である」。農地の買収対価を算出するにあたり，公定価格の米価によったことは「米価を特定することは国民食糧の確保と国民経済の安定を図るためやむを得ない法律上の措置であり，その金額も当時において相当であった」から正当である。「自創法の目的を達するため……大多数の耕作者に自作農としての地位を確立しようとするのであるから，各農地のそれぞれについて，常に変化する経済事情の下に自由な取引によってのみ成立し得べき価格を標準とすることは許されない」。「従って自創法が，農地買収計画において買収すべき農地の対価を，6 条 3 項の額の範囲内においてこれを定めることとしたのは正当であ」る。

③前記買収対価の外に，「地主としての収益に基き合理的に算出された報償金をも交付されるのであるから，買収農地の所有者に対する補償が不当であるという理由を認めることはできない」。

④「自創法 6 条 3 項の買収対価は，……その後の経済事情の変動にかかわらずそのまま据え置かれ」たが，「農地は自創法成立までに，すでに自由処分を制限され」るなどしていたのであり，地主の農地所有権の内容は「ほとんど市場価格を生ずる余地なきに至った」。「かかる農地所有権の性質の変化は，自作農創設を目的とする一貫した国策に伴う法律上の措置であって」，「憲法 29 条 2 項にいう公共の福祉に適合するように法律によって定められた農地所有権の内容である」。もともと「公定又は統制価格は，公共の福祉のために定められるのであるから，……自由な市場取引において成立することを考えられる価格と一致することを要するものではない。従って対価基準が買収当時における自由な取引によって生ずる他の物価

と……正確に適合しないからといって適正な補償でないということはできない」。

⑤「以上に述べた理由により自創法6条3項の買収対価は憲法29条3項の正当な補償にあたると解する」。

解　説

本判決の意義として，一般に①憲法29条3項にいう「正当な補償」の意味につき，最高裁として初めて解釈を示したこと，②自創法所定の買収価格を「正当な補償」にあたるとしたこと，③その後の農地改革関連訴訟の判決に対するリーディング・ケースとしての役割を果たしていることがあげられる（原・105頁）。

憲法29条3項にいう「正当な補償」の意味について，①当該財産の客観的な市場価値を全額補償すべきとする「完全補償説」と，②当該財産について合理的に算出された相当な額でよい（市場価格を下回ってもよい）とする「相当保障説」とが争われてきた。本件で，最高裁は，相当保障説の立場に立ったとされ，これを支持する学説も多いが，本件の事案の特殊性を指摘し，最高裁は例外的に相当保障説に立ったのではとの指摘がある。また，相当補償説は，必ずしも完全補償があることを否定するものではない。近年では，③完全補償を原則としつつ，農地改革のような社会改革など，例外的な場合には相当補償でもよいとする立場が有力となっている。

本判決後，最高裁は，1973年に，憲法論ではなく土地収用法の解釈においてであるが，完全補償説の立場に立った（最判昭和48（1973）・10・18民集27巻9号1210頁）。しかし，2002年には，最高裁は，本判決を引用し，相当保障説の立場に立ったとされる（最判平成14（2002）・6・11民集56巻5号958頁）。これらの判例の整合性についてはさまざまな議論がある。2002年判決は，実質的には完全補償説であるとの指摘もある（松本・152頁）。

◉事案の背景

地主制が法的に認められたのは1873年の地租改正においてだった。その結果，農地の約半分が小作地という「地主的土地所有」が形成された。地主的土地所有は，食糧確保問題に悪影響を与えるなどとの認識の下，歴代内閣は地主的土地所有の改革を企図していた。しかし，強い政治力を持つ地主の反対のため，地主的土地所有は維持されたままだった。

第二次世界大戦後，ポツダム宣言10項が，「民主主義的傾向ノ復活強化」を求めており，農地改革もその一環であると考えられた。GHQは具体的なプランを持っていなかったため，農地改革は，当初は日本側の主導によって始められた（第一次農地改革）。しかしGHQは日本案が不十分であると判断し，農地改革は，その後はGHQの主導により行われた（第二次農地改革）。第二次農地改革では，農地の強制買収という強力な手段を用いたことにより，急速な改革が進められた。

地主側はこの改革に反発し，制定されたばかりの憲法29条の根拠に，農地改革が違憲であると主張し，多くの訴訟を提起した。その中の一つが本件であり，先に述べたように，本件はその後の判決に対するリーディング・ケースとして重要な意義を持つ。

【キーワード】

地主と小作農　小作農は地主から借りた土地で農業を営み，地主には小作料を支払っていた。1890年代以降，自らは農業から離れ，小作料の収入に依存する地主（寄生地主）が増えていった。小作料の負担は重く，多くの小作農は貧困にあえいでいた。

農地改革　GHQは，小作農の窮乏が経済侵略，軍国主義の温床になったとの認識のもと，日本社会の民主化のためには，封建的な寄生地主制を解体する必要があると考えた。そのため，紆余曲折を経たものの，国が農地を強制的に買収し，小作農に優先的に売り渡すことになった。これにより，改正前は農地の約半分だった小作地は1950年には10%にまで減ったといわれる。

【文献】 百選Ⅰ〔第3版〕・49（原 龍之助），同〔第4版〕・108（岩間昭道），同〔第5版〕・111（向井久了），百選Ⅰ・106（三宅雄彦），判例講義Ⅰ・104（松本哲治），行政法百選・256（内野正幸），争点・70（中谷 実），判プラ・166（山本龍彦），山田隆司「戦後史で読む憲法判例 ⑧「GHQの占領」と農地改革事件」法セ715号（2014年）90頁，石村 修ほか編『時代を刻んだ憲法判例』（尚学社，2012年）

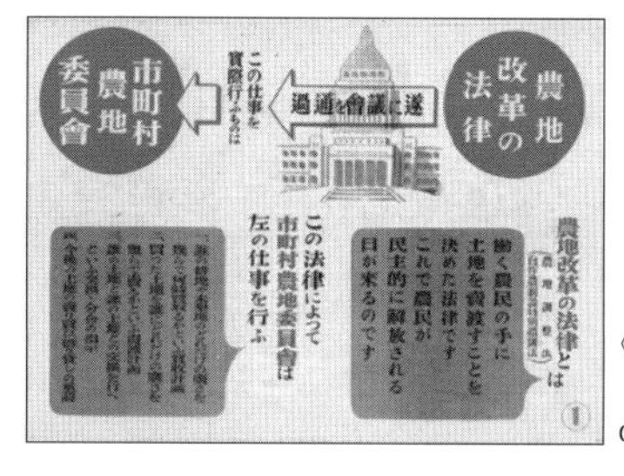

農地改革（出典：国立公文書館デジタルアーカイブ〈http://www.digital.archives.go.jp/gallery/view/detail/detailArchives/0000002654〉）

40 財産権③

予防接種事故と補償

森本直子

東京地判昭和 59（1984）年 5 月 18 日
訟月 30 巻 11 号 2011 頁

【判決のポイント】
予防接種法または国の行政指導により地方自治体が勧奨した予防接種の副反応によって生命・身体に生じた損失は，憲法 29 条 3 項にもとづいて損失補償請求することができる。

【事案の概要】
1952 年から 1974 年にかけて予防接種法にもとづいて義務づけられ，または国の行政指導のもとで地方公共団体に勧奨されたインフルエンザ等の予防接種を受け，ワクチンの副反応によって死亡（26 名）・後遺障害（36 名）を被った被害児とその両親らが国に対し，債務不履行にもとづく損害賠償，国家賠償または損失補償を請求した。

裁判所の判断 ―― 一部認容

①「予防接種は，一般的には安全といえるが，極く稀れにではあるが不可避的に死亡その他重篤な副反応が生ずることがあることが統計的に明らかにされている。しかし，それにもかかわらず公共の福祉を優先させ，たとえ個人の意思に反してでも一定の場合には，これを受けることを強制し……義務付けているのである」。「いわゆる勧奨接種についても，……強制接種となんら変ることのない状況の下で接種を受けている」。「右の状況下において，各被害児らは……まったく予測できない，しかしながら予防接種には不可避的に発生する副反応により，死亡その他重篤な身体障害を招来し，その結果，全く通常では考えられない特別の犠牲を強いられたのである」。「一般社会を伝染病から集団的に防衛するためになされた予防接種により，その生命，身体について特別の犠牲を強いられた各被害児及びその両親に対し，右犠牲による損失を，これら個人の者のみの負担に帰せしめてしまうことは，生命・自由・幸福追求権を規定する憲法13条，法の下の平等と差別の禁止を規定する同14条1項，更には，国民の生存権を保障する旨を規定する同25条のそれらの法の精神に反するということができ，そのような事態を等閑視することは到底許されるものではなく，かかる損失は，本件各被害児らの特別犠牲によって，一方では利益を受けている国民全体，即ちそれを代表する被告国が負担すべきものと解するのが相当である。そのことは，価値の根元を個人に見出し，個人の尊厳を価値の原点とし，国民すべての自由・生命・幸福追求を大切にしようとする憲法の基本原理に合致するというべきである」。

②更に，憲法29条3項は「私有財産は，正当な補償の下に，これを公共のために用いることができる。」と規定しており，公共のためにする財産権の制限が，社会生活上一般に受忍すべきものとされる限度を超え，特定の個人に対し，特別の財産上の犠牲を強いるものである場合には，これについて損失補償を認めた規定がなくても，直接憲法29条3項を根拠として補償請求をすることができないわけではないと解される（最大判昭和43（1968）・11・27刑集22巻12号1402頁，最判昭和50（1975）・3・13裁判集民114号343頁，最判昭和50（1975）4・11裁判集民114号519頁参照）。

「そして，右憲法13条後段，25条1項の規定の趣旨に照らせば，財産上特別の犠牲が課せられた場合と生命，身体に対し特別の犠牲が課せられた場合とで，後者の方を不利に扱うことが許されるとする合理的理由は全くない」。「従って，生命，身体に対して特別の犠牲が課せられた場合においても，右憲法29条3項を類推適用し，かかる犠牲を強いられた者は，直接憲法29条3項に基づき，被告国に対し正当な補償を請求することができると解するのが相当である」。

③予防接種被害について1977年（昭和52年）2月25日から実施された新たな救済制度が法制化されているが，……現在のわが国におけるこの種被害に対する救済としては客観的妥当性を有すると認めることはできない。……憲法29条3項の類推適用により，本件各事故により損失を蒙っ

た各被害児及びその両親が，被告国に対し，損失の正当な補償を請求できると解するとすると，救済制度が法制化されていても，かかる救済制度による補償額が正当な補償額に達しない限り，その差額についてなお補償請求をなしうるのは当然のことであると解される」。

解　説

本件は昭和40年代からその救済が社会問題となっていた予防接種の副反応による被害に関して，国に補償を求めた初の集団訴訟である。予防接種には伝染の恐れのある疾病の発生・蔓延を防ぐ効果が期待される反面，接種者がどれほど注意を尽くしても死亡を含む重篤な副作用が生じる恐れがあるため，「悪魔のくじ」とも表現される。そこで，前者を維持しつつ後者を救済する方法が必要となる。

接種行為について違法性と過失があれば国家賠償が認められるが，これには過失が認定できなければ救済できない難点がある。他方，立法による救済制度も，定期接種につき予防接種法にもとづく予防接種健康被害救済制度が，任意接種につき独立行政法人医薬品医療機器総合機構法にもとづく医薬品副作用被害救済制度がそれぞれ設けられている。しかし，その補償金額は十分でないため，憲法が補償を要請するかが問題となる。

本判決は，憲法29条3項の類推適用によって憲法から直接に補償請求権が発生し，「正当な補償額」の請求ができるとして憲法的な救済を認めた点で重要である。財産権の侵害に補償が認められるのであれば，生命・身体への侵害にも補償がなされるのは当然という見方である。しかし，29条3項の類推適用については，補償があれば生命・身体を収用できることになってしまうのではないかとの批判もある。

◉事案の背景

予防接種法が制定された1948年当初は，感染症の患者・死者が多数だったため社会防衛の必要性から予防接種は罰則付きで義務付けられた。しかし，接種による健康被害が問題になった1976年には，原則として罰則なしの義務接種に変更された。その後，予防接種禍訴訟の司法判断を経て1994年には義務規定から努力義務規定へと緩和された。2000年代に入ると高齢者のインフルエンザ集団感染や新型インフルエンザ問題が生じ，2013年の法改正は予防接種を定期接種と臨時接種に分け，前者の対象疾病を社会防衛目的のA類と個人防衛目的のB類に区分した上で，従来からの副反応報告制度を法定化した。

本件の控訴審（東京高判平成4（1992）・12・18高民集45巻3号212頁）は，財産権に対する適法な侵害に関する保障を定めた憲法29条3項を，公共のために用いることが許されない生命・健康という法益の侵害である予防接種副作用事故に対する損失補償請求権の根拠にすることはできないとして，厚生大臣の過失を広く認める手法によって被害者の救済を図った。別件の最高裁判決（最判平成3（1991）・4・19民集45巻4号367頁）が予防接種に際して厳格な予診義務を課したため，予診の不十分さにもとづく過失認定がしやすくなったともいわれる。

【キーワード】
補償と賠償　損害が違法な行為によって生じた場合にそれを金銭で填補することを「賠償」といい，適法な行為によって生じた場合にこれを補填することを「補償」という。不法行為や債務不履行等による損害は「賠償」であるのに対し，適法な道路工事に伴う土地の収用への代償等は損失「補償」，適法な司法手続を経て無罪となった刑事被告人への損害の補填は刑事「補償」という。

【文献】厚生労働省健康局結核感染症課『予防接種制度について』（平成25年4月）〈http://www.mhlw.go.jp/stf/shingi/2r98520000033079-att/2r985200000330hr_1.pdf〉，百選Ⅰ・109（中山茂樹）。

	臨時接種及び A類疾病の定期接種	B類疾病の定期接種
医療費	健康保険等による給付の額を除いた自己負担分	A類疾病の額に準ずる
医療手当	通院3日未満（月額）34,000円 通院3日以上（月額）36,000円 入院8日未満（月額）34,000円 入院8日以上（月額）36,000円 同一月入通院（月額）36,000円	A類疾病の額に準ずる
障害児養育年金	1級（年額）1,539,600円 2級（年額）1,231,200円	
障害年金	1級（年額）4,924,800円 2級（年額）3,939,600円 3級（年額）2,954,400円	1級（年額）2,736,000円 2級（年額）2,188,800円
死亡した場合の補償	死亡一時金 43,100,000円	・生計維持者でない場合 遺族一時金 7,178,400円 ・生計維持者である場合 遺族年金（年額）2,392,800円 （10年を限度）
葬祭料	206,000円	A類疾病の額に準ずる
介護加算	1級（年額）836,500円 2級（年額）557,700円	

予防接種健康被害救済制度による給付額
（出典：厚生労働省〈http://www.mhlw.go.jp/bunya/kenkou/kekkaku-kansenshou20/kenkouhigai_kyusai/〉）

41 人身の自由と適正手続①

第三者所有物没収事件

重村博美

最大判昭和37（1962）年11月28日
刑集16巻11号1593頁

【判決のポイント】
所有者に告知，弁解，防禦の機会を与えることなく，その所有物を没収することは，憲法29条・31条に違反する。

【事案の概要】
被告人Ｘらは，共謀のうえＡ船に貨物を積み込み，韓国に密輸出しようとしたが，途中時化にあい，未遂に終わった。そこで，Ｘらを**関税法**118条１項違反として訴追。一審では有罪，同時に，貨物船と貨物を没収した。二審の判断も一審と同様の判断。しかしこの貨物は，Ｘらが第三者から輸送を託された物であった。Ｘらは，第三者の所有物である貨物の没収が，憲法２９条・３１条に違反するとして，上告した。

裁判所の判断 ―― 破棄自判

①「関税法118条1項の規定による没収は，同項所定の犯罪に関係ある船舶，貨物等で同項但書に該当しないものにつき，被告人の所有に属すると否とを問わず，その所有権を剥奪して国庫に帰属せしめる処分であつて，被告人以外の第三者が所有者である場合においても，被告人に対する附加刑としての没収の言渡により，当該第三者の所有権剥奪の効果を生ずる趣旨であると解するのが相当である」。

「前記第三者の所有物の没収は，被告人に対する附加刑として言い渡され，その刑事処分の効果が第三者に及ぶものであるから，所有物を没収せられる第三者についても，告知，弁解，防禦の機会が与えられることが必要であって，これをなくして第三者の所有物を没収することは，適正な法律手続によらないで，財産権を侵害する制裁を科することに外ならないからである。そして，このことは，右第三者に，事後においていかなる権利救済の方法が認められるかということとは，別個の問題である。然るに，関税法118条1項は，同項所定の犯罪に関係ある船舶，貨物等が被告人以外の第三者の所有に属する場合においてもこれを没収する旨規定しながら，その所有者たる第三者に対し，告知，弁解，防禦の機会を与えるべきことを定めておらず，また刑訴法その他の法令においても，何らかかる手続に関する規定を設けていないのである。従って，前記関税法118条1項によつて第三者の所有物を没収することは，憲法31条，29条に違反するものと断ぜざるをえない」。

「かかる没収の言渡を受けた被告人は，たとえ第三者の所有物に関する場合であつても，被告人に対する附加刑である以上，没収の裁判の違憲を理由として上告をなしうることは，当然である。のみならず，被告人としても没収に係る物の占有権を剥奪され，またはこれが使用，収益をなしえない状態におかれ，更には所有権を剥奪された第三者から賠償請求権等を行使される危険に曝される等，利害関係を有することが明らかであるから，上告によりこれが救済を求めることができるものと解すべきである。これと矛盾する昭和28（1953）年（あ）第3655号，各同35年10月19日当裁判所大法廷言渡の判例は，これを変更するを相当と認める」。

※なお，3人の各補足意見，3人の各少数意見，下飯坂潤夫裁判官の反対意見（石坂修一裁判官同調）がある。

解　説

没収とは，物の所有を原所有者から強制的に剥奪し，国庫に帰属させる処分である。刑法9条は，没収を主刑とともに言渡す付加刑であると規定する。しかし，その没収の対象となった物の所有権が，被告人以外の第三者にある場合，没収の可否には議論があった。本件は，この問題を，最高裁が実体面・手続面双方から判断しており，現在も先例的価値を有する事例である。

では，実体的・手続的問題とはどのようなものか。まず，実体的問題としては，財産権の不可侵を規定する憲法29条との関係として，被告人以外の第三者所有物没収の必要性の有無が問題となる。これは第三者の没収が，事実上，第三者に対する加罰と同等の効果を及ぼすためである。また，手続的問題としては，憲法31条の法の適正手続の問題がある。つまり，没収に際して，所有者に告知・弁解・防禦の機会を与える必要性があるとの見方である。

さて本件は，関税法118条1項に基づく没収において，その没収物の所有権が第三者に帰属していたという事件である。第三者所有没収に関する規定は，刑法19条2項にあるが，これは当該犯罪行為に加担した者（悪意の存在を前提）に対する制裁である。そもそも没収制度自体は，犯罪の組成となった物を国庫に帰属させることによる，再犯の防止が目的である。しかし，本件以前の新旧関税法では，所有者が善意か悪意かを問わず，第三者所有物の没収が一様に可能であった。そこで善意の第三者の財産権の没収の可否が問題となる。

この点，最高裁は，被告人以外の第三者の所有物を没収に，所有者の善意悪意を問わず，告知・弁解・防禦の機会を与えるべきとした。ここでは，第三者所有物の没収に際して，没収の根拠となる手続規定が不存在であるために違憲だと判断する。

なお，本件は，最高裁による違憲判決の事例であるが，この違憲判決が🔑**法令違憲**か🔑**適用違憲**であるかについても議論がある。今回の事例では，最高裁が判決後に，その正本を国会に正式送付しなかったため（最高裁事務処理規則14条参照），適用違憲であったとの見方が一般である。とはいえ，告知・弁解・防禦の機会なく実施される没収が一般的にすべて違憲となる判断をしていることからすると，ここはむしろ端的に法令違憲とすべきだとする見方もできよう。

◉事案の背景

本件以前の関税法事案では，第三者所有物の没収の可否について，最高裁の判断が分かれていた。旧関税法83条1項に基づく最大判昭和32（1957）・11・27刑集11巻12号3132頁では，犯行時からの悪意を没収の要件とする。また，最判昭和33（1958）・4・15刑集12巻5号895頁では，善意無過失であれば，没収されないとする。ここでは，第三者没収について善意の第三者を除外する明文の規定が存在しない他の法律についても，同様に適用するものである。しかし，所有者が複数人ある場合で，その所有者に善意と悪意それぞれが混在した場合の取扱いが問題であった。最高裁は，この点につき，実体問題についてのみ合憲限定解釈をなし，財産権の保障に配慮したが，手続面での問題は解決されていなかった。

その後最高裁は，本件以前の最大判昭和35（1960）・10・19刑集14巻12号1576頁において，「訴訟において，他人の権利に容喙し，これに救済を求める如きは，本来許されない筋合いのもの」とし，没収物が第三者の所有物である場合，被告人の当事者適格を認めなかった。これにより手続面の問題が解決したかに見えた。しかし，この判断には7人の反対意見が付されており，この反対意見が本判決の違憲判決の素地となったといえよう。

なお，国会は，本違憲判決を受け「刑事事件における第三者所有物の没収手続に関する応急措置法」（昭和38（1963）年法律138号）を新たに制定し，手続規定の不存在状態から脱した。本法は，現在においても関税法のみならず，その他の刑事事件の没収手続に適用可能である。

【キーワード】

🔑**関税法**　昭和29（1954）年法律61号。旧関税法（1899（明治32）年法律61号）を全面改正し，制定。外国との貿易に関し課される税金（関税）の確定，納付，徴収などに関する実体ならびに手続法規である。ちなみに，本件第三者所有物に関する没収について，旧関税法は「第74条，第75条又ハ第76条ノ犯罪ニ係ル貨物又ハ其ノ犯罪行為ノ用ニ供シタル船舶ニシテ犯人ノ所有又ハ占有ニ係ルモノハ之ヲ没収ス」と規定していた。

🔑**法令違憲・適用違憲**　裁判所における違憲判断の方法。法令違憲とは，違憲審査において問題となっている法令自体が違憲と判断した場合を指す。これに対して，適用違憲とは，法令自体は合憲であっても，その法令が当該事件の当事者に適用される限りにおいて違憲と判断する場合を指す。

【文献】町野朔・林幹人編『現代社会における没収・追徴』（信山社，1996年）。

『現代社会における没収・追徴』（町野・林，1996）：関税法のみならず麻薬特例法などに関する没収・追徴に関する包括的な検討がなされている。

42 人身の自由と適正手続②

成田新法事件

前田　聡

最大判平成4（1992）年7月1日
民集46巻5号437頁

【判決のポイント】
いわゆる「成田新法」に基づく運輸大臣（現・国土交通大臣）による工作物等使用禁止命令は，憲法31条に反しない。

【事案の概要】
1978年に開港した新東京国際空港（現・成田国際空港）の建設に反対する実力闘争（いわゆる「成田闘争」）が強力に展開されたことを受け，同年，「新東京国際空港の安全確保に関する緊急措置法」（いわゆる成田新法。以下「本法」と略記）が制定された。本法3条1項は，運輸大臣が，「規制区域内に所在する建築物その他の工作物」が「多数の暴力主義的破壊活動者の集合の用」（1号），「暴力主義的破壊活動等に使用され，又は使用されるおそれがあると認められる爆発物，火炎びん等の物の製造又は保管の場所の用」（2号）または「新東京国際空港又はその周辺における航空機の航行に対する暴力主義的破壊活動者による妨害の用」（3号）に「供され，又は供されるおそれがあると認めるときは，当該工作物の所有者，管理者又は占有者に対して，期限を付して，当該工作物をその用に供することを禁止することを命ずることができる」と規定する。

Y_1（運輸大臣，被告・被控訴人・被上告人）はX（原告・控訴人・上告人）の所有する規制区域内の建築物につき，1979年から1983年（計5回）にかけて，本法3条1項1号又は2号の用に供することを禁止する旨命じた（「本件命令」）。XはY_1による本件命令の取消を求めるとともに，Y_2（国）に対して損害賠償を求めて訴えを提起した。

第一審（千葉地判昭和59（1984）・2・3訟月30巻7号1208頁）は，1979年ないし1982年の命令につき「訴の利益を有しない」として原告の請求を却下し，1983年の命令については取消および損害賠償の請求を棄却した。これに対しXが控訴。第二審（東京高判昭和60（1985）10・23民集46巻5号483頁）は，1983年の命令についても請求を却下するとともに，第二審でXにより追加された1985年の命令について取消および損害賠償の請求を棄却した。これに対してXが上告。

裁判所の判断

一部破棄自判（訴え却下），一部上告棄却

①憲法31条の「法定手続の保障は，直接には刑事手続に関するものであるが，行政手続については，それが刑事手続ではないとの理由のみで，そのすべてが当然に同条による保障の枠外にあると判断することは相当ではない」。

②「しかしながら，同条による保障が及ぶと解すべき場合であっても，一般に，行政手続は，刑事手続とその性質においておのずから差異があり，また，行政目的に応じて多種多様であるから，行政処分の相手方に事前の告知，弁解，防御の機会を与えるかどうかは，行政処分により制限を受ける権利利益の内容，性質，制限の程度，行政処分により達成しようとする公益の内容，程度，緊急性等を総合較量して決定されるべきものであって，常に必ずそのような機会を与えることを必要とするものではないと解するのが相当である」。

③「本法3条1項に基づく工作物使用禁止命令により制限される権利利益の内容，性質は，前記のとおり当該工作物の三態様における使用であり，右命令により達成しようとする公益の内容，程度，緊急性等は，前記のとおり，新空港の設置，管理等の安全という国家的，社会経済的，公益的，人道的見地からその確保が極めて強く要請されているものであって，高度かつ緊急の必要性を有するものであることなどを総合較量すれば，右命令をするに当たり，その相手方に対し事前に告知，弁解，防御の機会を与える旨の規定がなくても，本法3条1項が憲法31条の法意に反するものということはできない」。

※なお，本判決には園部逸夫，可部恒雄各裁判

官の意見が付されている。

解　説

本判決では，適正手続の要請が行政手続にも及ぶか否か問題とされた（このほか，重要な争点として本件命令が憲法21条1項の保障する集会の自由を侵害するか否か，という問題があるが，紙幅の関係上割愛する）。

憲法31条は文言上，刑事手続の法定を定めている。のみならず，今日，刑事手続の適正，さらには刑事実体法の法定（つまり「罪刑法定主義」），適正をも要求する条文だと解されている。ここに手続の適正とは，「**告知と聴聞**」を受ける権利の保障を含むと考えられている（芦部・243-244頁）。

学説上，適正手続の要請が行政手続にも及ぶか否かも議論されてきた。今日，多くの学説はこれを肯定するが，その根拠については，憲法31条とするもの，憲法13条とするもの，さらに日本国憲法が採用する法治国原理を根拠とするものなど多岐に別れる（南野・88頁。なお，本判決の園部裁判官意見は「行政手続に関する法の一般原則」に言及し，同じく可部裁判官意見は，憲法31条は「ひとり刑事手続に限らず，行政手続にも及ぶ」と指摘する）。

本判決は，憲法31条による「法定手続の保障」は，「刑事手続ではないとの理由のみ」で行政手続「すべてが当然に同条による保障の枠外にあると判断することは相当ではない」としており，少なくとも行政手続に憲法31条の要請が全く及ばないとはしていないと解される。しかし他方，行政手続と刑事手続の質的差異の存在，行政手続の多様性を指摘して，判旨②に掲記された諸要素の「総合較量」によって「行政処分の相手方に事前の告知，弁解，防御の機会」を保障するか否かを決すべしとしている。調査官解説は，本判決が「どのような行政手続に保障が及び，どのような行政手続には及ばないかについての一般論・原則論を避け」たうえで，「法的にいえば，『準用する』余地を認めた」ものだと指摘する（千葉・254-255頁）。また，「総合較量」により「告知，弁解，防御の機会」の保障の可否を決するという本判決の考え方には，「あまりに抽象的・概括的であって実効的な基準となりえない」との批判がある（宮地・251頁）。

◉事案の背景

本件で問題となった「新東京国際空港の安全確保に関する緊急措置法」制定の背景には，新東京国際空港（現・成田国際空港）の建設に際して，上記Xやそれを支援するいわゆる過激派によって行われた建設反対を訴える実力闘争（いわゆる「成田闘争」）が存在する。本判決が引用する第2審判決中の認定にもあるように，開港直前にはX支援者らが管制塔に侵入し，航空管制機器類を破壊する等の事件が発生した。そのため，開港が当初予定されていた1978年3月より約2か月延期されるなどの混乱も生じた。

【キーワード】

告知と聴聞　国家が国民に対し刑罰等の不利益を科すにあたり，その理由を告げることを「告知」，その不利益処分につき弁明等の機会を提供することを「聴聞」という。今日，憲法31条の要求する「適正」な手続の内容のいわば中核をなすものと考えられている。行政手続との関係では，本判決の翌年に成立した行政手続法が不利益処分について告知・聴聞の機会を保障している。

【文献】 千葉勝美・最判解民事篇平成4年度220頁，百選Ⅱ・115（宮地 基），南野 森「行政手続とデュー・プロセス」争点88-89頁。

宇沢弘文『「成田」とは何か―戦後日本の悲劇』（岩波書店，1992年）：いわゆる「隅谷調査団」の一員でもあった著名な経済学者である著者が，「成田闘争」の軌跡をまとめた一書。

43 人身の自由と適正手続③

川崎民商事件

松井直之

最大判昭和47（1972）年11月22日
刑集26巻9号554頁

【判決のポイント】
令状主義（憲法35条）は刑事責任追及を目的としない手続にも及ぶが，質問検査はその性質から令状を要件としなくても同条の法意に反しない。自己負罪拒否特権（同38条）は実質上刑事責任追及のための資料の取得収集に直接結びつく作用を一般的に有する手続にも及ぶが，質問検査は自己に不利益な供述を強要するものではないから同条に反しない。

【事案の概要】
1963年5月頃，国税庁は，民主商工会（民商）の介在が適正な税務執行，調査等を妨げ，会員の納税申告額が一般納税者の申告より低額になっている疑いがあるとして，国税務局に民商会員に対する所得調査（旧所得税法63条）を行うよう指示した。川崎税務署は9月より川崎民主商工会（川崎民商）会員の所得税確定申告の調査に着手した。ところが川崎民商会員の食肉販売業者Yは，10月，自宅店舗で川崎税務署による所得税確定申告の調査（旧所得税法63条）のための帳簿書類の検査を拒んだ。このことが同法70条に違反するとして起訴された。第一審（横浜地判昭和41（1966）・3・25刑集26巻9号571頁）は，刑事手続に関する憲法35条，38条は純粋に行政的な手続である旧所得税法63条による検査には適用されないとし，控訴審（東京高判昭和43（1968）・8・23刑集26巻9号574頁）も，憲法35条，38条は直ちに行政手続に適用されるものではないとし，行政手続に適用ないし準用されるとしても，旧所得税法63条による検査は刑事手続と行政手続との本質的相違に鑑み，それらに背くものではないとして，Yを有罪とした。これに対しYは，裁判所の令状なしに強制的な検査を認める同法63条は憲法35条に違反し，質問に対する答弁拒否を罰する同法63条は憲法38条に違反すると主張して上告した。

裁判所の判断 ――上告棄却

①「当該手続が刑事責任追及を目的とするものでないとの理由のみで，その手続における一切の強制が当然に右規定（憲法35条1項）による保障の枠外にあると判断することは相当ではない」。しかし，本検査は「刑事責任の追及を目的とする手続ではな」く，「実質上刑事責任追及に直接結びつく作用を一般的に有」さず，「強制が実質上直接的物理的な強制と同視すべき程度に達して」おらず，「公益上の目的の実現に欠かせ」ず，その「目的，必要性と強制が実効性確保の手段として不均衡，不合理なものではない」ので，あらかじめ裁判官が令状を発することを一般的要件としないからといって「憲法35条の法意に反するものとすることはでき」ない。

②憲法38条1項の保障は，「純然たる刑事手続」だけでなく，「実質上，刑事責任追及のための資料の取得収集に直接結びつく作用を一般的に有する手続には，ひとしく及ぶものと解するのを相当とする」。しかし，本検査は「刑事責任の追及を目的とする手続ではな」く，「刑事責任の追及のための資料の取得収集に直接結びつく作用を一般的に有するものではな」く，「公益上の必要性と合理性の存する」以上，「憲法38条1項にいう『自己に不利益な供述』を強要するものとすることはでき」ない。

解　説

現代国家は，行政が生活の隅々まで介入し，その圧倒的な権限を背景にして，人々の自由や権利の保障に大きな影響を与えるようになっている（行政国家）。人々の自由や権利の保障にとって，行政による国民生活への介入が適正な手続により行われることの重要性が増してきているのである。ところが，日本国憲法には行政手続の適正に関する規定がない。したがって，どの憲法上の条文に行政手続の適正に関する根拠を求めるのかが議論されてきた。本判決は，令状主義と自己負罪拒否特権が行政手続にも及ぶことを明確にした。しかし，本検査には裁判官の発する令状は必要ないとされた。行政手続上の検査は，重要な公共目的に関わる事業を行う者に組み込まれた制度であり，事業を行う場所で帳簿書類などを検査するので個人の私的な空間の保護との関連性が薄いことから，令状主義をそのまま適用すべき理由は少ないからである（長谷部・262頁参照）。もっとも，検査により犯罪の証拠が発見され犯罪捜査につながることは充分考えられる。検査が直接的に処罰につながる可能性の強い場合には，裁判官の発する令状が必要であると解すべきであろう。

また，本検査は「実質上，刑事責任追及のための資料の取得収集に直接結びつく作用を一般的に有する手続」ではないから，憲法38条に反しないとされた。もっとも，この基準は曖昧にすぎ，実際上ほとんどの場合が「自己に不利益な供述」の強要にならない可能性が強い。「答弁から得た資料は行政目的の実現のためにのみ使用が許され，刑事責任追及には使用できない」（高橋・272頁）というように厳密に解する必要があろう。

◉事案の背景

民主商工会（民商）とは，第二次世界大戦後，納税者の権利を守る運動の中から誕生した非営利団体である。全国に約600の事務所があり，様々な業種の中小零細企業の経営者を会員とし，記帳，**税務調査**，融資，開業，税金・国民健康保険料・社会保険料の納付に関する相談，経営交流や学習会などを行っている。かつて，民商の活動によって適正な税務執行，調査が妨げられ，民商会員の納税申告額が一般納税者の申告より低額になっていることが疑われた。1961年の全国商工団体連合会の総会決議に基づき，民商の会員数が急激に増加していくなかで，この疑いを放置することができないと考えた国税庁は，1963年5月，全国の国税局に民商会員に対する税務調査（旧所得税法63条）を行うよう指示した。こうして川崎税務署は，9月から川崎民商会員の所得税確定申告の調査に着手することになったのである。もっとも税務職員による質問調査は，調査の妨害に対して罰則を科すことで，その実効性が確保される。そこで，税務職員による質問調査にも適正な手続を保障する必要があるのではないかが問われることになったのである。

【キーワード】

行政調査　行政機関が，行政活動を行うために必要な情報を収集する目的で，関係者に対して書類等の提出を求めたり，事務所や家屋に立ち入り，身体や書類等を強制的に調査したり，時には検査のために対象物を収去することである。

税務調査　申告内容を帳簿などで確認し，申告内容に誤りが認められた場合や申告する義務がありながら申告していなかったことが判明した場合に是正を求めるものである。

【文献】木山泰嗣『税務調査を法的に視る』（大蔵財務協会，2014年），北野弘久編『質問検査権の法理』（成文堂，1974年），岩堀安三「日本の圧力団体 民主商工会」自由12巻7号（1970年）186頁。

『税務調査を法的に視る』（木山，2014）
平成23年国税通則法改正を踏まえ，行政手続法，国税通則法と税務調査の関係を明確にし，税務調査の手続を具体的に説明する。

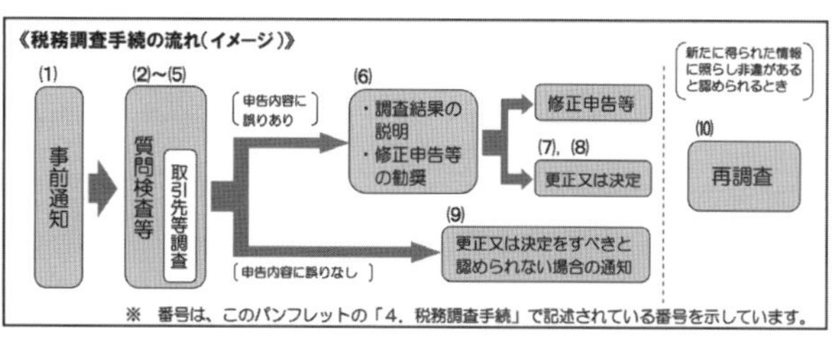

「国税通則法等の改正（税務調査手続等）」について（出典：国税庁HP〈https://www.nta.go.jp/sonota/sonota/osirase/data/h24/nozeikankyo/pdf/01.pdf〉）。2011年（平成23）年12月の国税通則法改正により，税務調査手続の透明性・予見可能性を高める等の観点から，事前通知や調査結果の説明責任が原則義務化され，税務調査手続の従来の運用上の取扱いが明確化された。

44 人身の自由と適正手続④

死刑の合憲性

原口佳誠

最大判昭和 23（1948）年 3 月 12 日
刑集 2 巻 3 号 191 頁

【判決のポイント】
刑法が定める死刑は，憲法 36 条が禁止する「残虐な刑罰」にあたらず合憲である。

【事案の概要】
母と妹を殺害し，死体を遺棄した被告人 X は，原審で死刑とされた（広島高判昭和 22（1947）・8・25 刑集 2 巻 3 号 199 頁）。被告人は，死刑こそは最も残虐な刑罰であり，刑法 199 条・200 条は，憲法 36 条が絶対的に禁止する残虐な刑罰にあたり違憲であり，当然廃除されたものであるから，原判決は，法令の解釈を誤った違法な判決であるとして上告した。

裁判所の判断 ―― 上告棄却

「生命は尊貴である。一人の生命は，全地球よりも重い。死刑は，まさにあらゆる刑罰のうちで最も冷厳な刑罰であり，またまことにやむを得ざるに出ずる窮極の刑罰である。それは……，尊厳な人間存在の根元である生命そのものを永遠に奪い去るものだからである」。それゆえ，「死刑制度は常に，国家刑事政策の面と人道上の面との双方から深き批判と考慮が払われている」。「死刑の制度及びその運用は，……常に時代と環境とに応じて変遷があり，流転があり，進化がとげられてきた」。

では，憲法は「死刑そのものの存否についていかなる態度をとつているのであるか」。「まず，憲法第 13 条においては，すべて国民は個人として尊重せられ，生命に対する国民の権利については，立法その他の国政の上で最大の尊重を必要とする旨を規定している。しかし，同時に同条においては，公共の福祉に反しない限りという厳格な枠をはめているから，もし公共の福祉という基本的原則に反する場合には，生命に対する国民の権利といえども立法上制限乃至剥奪されることを当然予想しているものといわねばならぬ。そしてさらに，憲法第 31 条によれば，国民個人の生命の尊貴といえども，法律の定める適理の手続によつて，これを奪う刑罰を科せられることが，明かに定められている。すなわち憲法は，現代多数の文化国家におけると同様に，刑罰として死刑の存置を想定し，これを是認したものと解すべきである。言葉をかえれば，死刑の威嚇力によつて一般予防をなし，死刑の執行によつて特殊な社会悪の根元を絶ち，これをもつて社会を防衛せんとしたものであり，また個体に対する人道観の上に全体に対する人道観を優位せしめ，結局社会公共の福祉のために死刑制度の存続の必要性を承認したものと解せられるのである」。

「死刑は，冒頭にも述べたようにまさに窮極の刑罰であり，また冷厳な刑罰ではあるが，刑罰としての死刑そのものが，一般に直ちに同条にいわゆる残虐な刑罰に該当するとは考えられない。ただ死刑といえども，他の刑罰の場合におけると同様に，その執行の方法等がその時代と環境とにおいて人道上の見地から一般に残虐性を有するものと認められる場合には，勿論これを残虐な刑罰といわねばならぬから，将来若し死刑について火あぶり，はりつけ，さらし首，釜ゆでの刑のごとき残虐な執行方法を定める法律が制定されたとするならば，その法律こそは，まさに憲法第 36 条に違反するものというべきである」。

島保・藤田八郎・岩松三郎・河村又介裁判官の補充意見「国民感情は，時代とともに変遷することを免かれないのであるから，ある時代に残虐な刑罰でないとされたものが，後の時代に反対に判断されることも在りうることである。したがつて，国家の文化が高度に発達して正義と秩序を基調とする平和的社会が実現し，公共の福祉のために死刑の威嚇による犯罪の防止を必要と感じない時代に達したならば，死刑もまた残虐な刑罰として国民感情により否定されるにちがいない。かかる場合には，憲法第 31 条の解釈もおのずから制限されて，死刑は残虐な刑罰として憲法に違反するものとして，排除されることもあろう。しかし，今日はまだこのような時期に達したものとはいうことができない」。

※井上登裁判官の補充意見「憲法は……死刑の存置を命じて居るものではないことは勿論だから，若し死刑を必要としない，若しくは国民全体の感情が死刑を忍び得ないと云う様な時が来れば国会は進んで死刑の条文を廃止するであろう」。

解　説

本判決は，死刑制度を合憲とするリーディング・ケースであり，その後の最高裁判決においても踏襲され続けている。

最高裁は，死刑を合憲とする根拠について，まず，憲法13条の公共の福祉に反した場合には生命の制限が認められ，かつ，憲法31条の適正手続によれば生命の剥奪が認められることから，生命を奪う刑罰の存在を推知できることを挙げる。その上で，死刑の威嚇力による一般予防効果，社会悪の根源を絶つことによる社会の防衛，さらに全体に対する人道観の重視と社会公共の福祉を挙げ，死刑の正当性を根拠づけようとする。補充意見は，これらに国民感情の考慮を加えており，現在の国民感情は死刑を容認しており，将来においては国民感情の変化により死刑廃止がありうることを示唆している。

学説の多くは憲法31条の反対解釈から死刑を合憲とするが，同条は死刑の存置を積極的に要求するものでもないことから，違憲とする学説も展開されている。近年，死刑の威嚇力による犯罪予防効果を否定する実証的・科学的研究が数多く提示されており，社会悪の根絶は無期刑で代替しうることにも鑑みれば，本判決の合憲性を補強する論拠の説得性はほぼ失われつつある。確かに，世論ないし国民感情の大半は今なお死刑を支持するが，死刑は憲法上の人権の問題であり，世論や感情のみで決せられるものではない。現代では，死刑廃止の潮流がグローバル化し，死刑自体の非人道性や刑事司法におけるえん罪の危険性が指摘されている。死刑の合憲性の再考が強く求められている。

◉事案の背景

本判決が下された1948年当時，死刑制度は日本のみならず世界各国でひろく認められていた。しかし現代では，死刑制度を堅持する日本の特殊性が際だっている。2017年，国連加盟国193カ国のうち，死刑の完全廃止国は過半数の106カ国，死刑執行停止が実務上確立した実質的な死刑廃止国は142カ国にのぼるが，G8国（主要先進国）で死刑を執行しているのは日本とアメリカのみであった。

【キーワード】

残虐な刑罰　「不必要な精神的，肉体的苦痛を内容とする人道上残酷と認められる刑罰」（最大判昭和23（1948）・6・23刑集2巻7号777頁）とされ，現行の絞首刑が憲法36条の「残虐な刑罰」にあたらず合憲とされた判例（最大判昭和30（1955）年4月6日刑集9巻4号663頁）があり，「現在各国において採用している死刑執行方法は，絞殺，斬殺，銃殺，電気殺，瓦斯殺等であるが，これらの比較考量において一長一短の批判があるけれども，現在わが国の採用している絞首方法が他の方法に比して特に人道上残虐であるとする理由は認められない」とされる。その後，裁判員制度のもとで争われた判決（大阪地判平成23(2011)・10・31判タ1397号104頁）においても，絞首刑が合憲であることが再確認されている。

【文献】百選Ⅱ〔第4版〕・123（押久保倫夫），百選Ⅱ・120（中村 英），根森 健「最高裁と死刑の憲法解釈」奥平康弘編『高柳古稀・現代憲法の諸相』（専修大学出版局，1992年）111頁，団藤重光『死刑廃止論〔第6版〕』（有斐閣，2000年），井田良＝太田達也編『いま死刑制度を考える』（慶應義塾大学出版会，2014年），Amnesty International, Death Sentences and Executions 2017 (2018).

『死刑廃止論〔第6版〕』（団藤，2000）：団藤教授は，戦後の新刑事訴訟法の立案に関わり，刑法・刑事訴訟法学界を先導した後，最高裁判所裁判官に就任した。同教授はかつて死刑を容認していたが，自ら死刑判決を執筆した事件が転機となり，えん罪の可能性と人道主義の観点から，死刑廃止論を積極的に展開した。

45 人身の自由と適正手続⑤

高田事件

大日方信春

最大判昭和 47（1972）年 12 月 20 日
刑集 26 巻 10 号 631 頁

【判決のポイント】
15 年余りにわたって第一審の審理が中断したような事案は，その遅延の原因が被告人側の責によるものではなくかつ遅延を正当化するやむを得ない理由も認められないなら，迅速な裁判の保障条項に反する事態にあたり，その場合には，判決で**免訴**の言い渡しをするのが相当であるとされた。

【事案の概要】
いわゆる高田事件とは，1952 年に，名古屋地裁刑事第三部に係属した一連の公安事件を総称するものである。同部は，上告審時点における被告人 28 名のうち，25 名については 1953 年 6 月 18 日の公判期日まで，残り 3 名については翌 1954 年 3 月 4 日の公判期日まで審理をしたが，それを最後に，1969 年 6 月 10 日ないし同年 9 月 25 日に公判手続が再開されるまでの 15 年余りの間，審理をまったく行わなかった。その理由は，検察官の立証段階において，被告人側から名古屋地裁刑事第一部に係属した大須事件（当初 31 名いた被告人のうち 20 名が大須事件についても起訴されていた）の審理の終了を待って本件の審理を進めてもらいたい旨の要望があり，裁判所がこれを受け入れたことにある（大須事件の結審は 1969（昭和 44）年 5 月 28 日）。

第一審（名古屋地判昭和 44（1969）・9・18 判時 570 号 18 頁）は，迅速な裁判を保障した憲法 37 条 1 項は「単なるプログラム規定に留まらず」，刑事被告人の「具体的権利を保障した強行規定」であるとした後，「公訴時効が完成した場合に準じ，刑事訴訟法第 337 条第 4 号により被告人らをいずれも免訴するのが相当である」と判示している。これに対して，控訴審（名古屋高判昭和 45（1970）・7・16 判時 602 号 45 頁）は，第一審同様，迅速な裁判をうける権利の侵害を認めつつも，救済方法については立法によって解決されるべき問題であり法解釈によって救済する余地はないとして，破棄差戻ししている。被告人が上告。

裁判所の判断 ―― 破棄自判

①「憲法 37 条 1 項の保障する迅速な裁判をうける権利は，憲法の保障する基本的な人権の一つであり …… 個々の刑事事件について，現実に右の保障に明らかに反し，審理の著しい遅延の結果，迅速な裁判をうける被告人の権利が害されたと認められる異常な事態が生じた場合には，これに対処すべき具体的規定がなくても……その審理を打ち切るという非常救済手段がとられるべきことをも認めている趣旨の規定である」。

②「具体的刑事事件における審理の遅延が右の保障条項に反する事態に至っているか否かは，遅延の期間のみによって一律に判断されるべきではなく，遅延の原因と理由などを勘案して，その遅延がやむをえないものと認められないかどうか，これにより右の保障条項がまもろうとしている諸利益がどの程度実際に害せられているかなど諸般の情況を総合的に判断して決せられなければならない」。

③本件の具体的事情を記録によってみても「被告人らが迅速な裁判をうける権利を自ら放棄したとは認められないこと，および迅速な裁判の保障条項によってまもられるべき被告人の諸利益が実質的に侵害されたと認められる」ので「本件は，昭和 44（1969）年第一審裁判所が公判手続を更新した段階においてすでに，憲法 37 条 1 項の迅速な裁判の保障条項に明らかに違反した異常な事態に立ち至っていたものと断ぜざるを得ない」。

④「刑事事件が裁判所に係属している間に迅速な裁判の保障条項に反する事態が生じた場合において，その審理を打ち切る方法については現行法上よるべき具体的な明文の規定はないのであるが，前記のような審理経過をたどった本件においては……判決で免訴の言渡をするのが相当である」。

解　説

本件で判示されたことは，要するに，つぎの二点である。

第一に，最高裁は，憲法37条1項の迅速な裁判の保障条項について，それは自力実効性をもつ規定（self-executing provision）であるとしている。同条項がプログラム規定であるかそうではないかについては第一審と第二審で見解を異にしていたところ，最高裁は同条項に反する「異常な事態」が生じた場合には，それに対処する「具体的な規定がなくても」審理をうち切って救済すべきであると言う。ここには，訴訟遅延という事態に対する救済の方法に関する対立（刑訴337条4号の準用による免訴〔第一審〕か同338条4号による公訴棄却か）についても，一定の見解が示されている。37条1項は自力実効性をもつ規定なので，それを直接適用して，判決で免訴を言い渡せばよいというのである（後に「憲法的免訴」と人口に膾炙されるところとなった）。

第二に，最高裁は，迅速な裁判の保障条項に反する「異常な事態」にあたるか否かの判断基準を示している。それによると，遅延の期間，遅延の原因と理由，遅延の不可避性，迅速な裁判の保障条項の保護法益の侵害性，これら「諸般の情況を総合的に判断」することで，① 迅速な裁判をうける権利を被告人が自ら放棄したとは認められないこと，② 迅速な裁判の保障条項によって保護されている被告人の諸利益が実質的に侵害されたといえること，この二つの要件が満たされた場合には，37条1項に反する「異常な事態」が発生したことになる。

また，合衆国の判例理論とされる「**要求法理**（Demand Rule)」（後述）の不採用，さらには，憲法判断の前提となる憲法事実について，最高裁が訴訟上生起した事実を記録により自ら認定している点も，本件に特徴的な点として指摘することができる。

◉事案の背景

刑事被告人が迅速な裁判を受ける権利を有する旨を規定している憲法37条1項は，合衆国憲法修正6条を母法としていると言われている。彼の国においては，同条項が自力実効性を有する規定であることは，連邦および州の各レベルで，判例上確立していた。

わが国では，本件に至るまで，37条1項はプログラム規定と解することが最高裁の立場であるとの理解が示されていた。それは，裁判の遅延を理由に原審を破棄するなら差し戻すしかなく，そうすると裁判の進行は更に一層阻害される事態に陥るので「裁判が迅速を欠き憲法37条第1項に違反したとしても，それは判決に影響を及ぼさないことが明らかであるから，上告の理由とすることができない」とした大法廷判決（最大判昭和23（1948)・12・22刑集2巻14号1853頁）が出されて以降（但し，傍論），同判決が踏襲されてきていたからである。また，同条項を実効あらしめるための法律の制定もなされていなかった。37条1項に基づく被告人の権利は，往時の理解では，画餅に等しいと評することができよう。

こうした状況のなか，15年余りの間，審理が中断されていた事案について，憲法37条1項について自力実効性をもつ規定として理解し，それを具体化する法律がないとしても同条項を直接適用するという手法で事案を解決に導いた本件判決が下されている。

【キーワード】

要求法理　被告人側の訴訟促進の要求を迅速な裁判の保障の要件とするもの。合衆国の判例法理。

免訴　公訴を提起された刑事事件について，裁判所が訴訟を打ち切ること。判決で免訴を言渡す場合については刑事訴訟法337条に法定されている。形式的な訴訟要件を欠くことを理由にしてなされる公訴棄却（刑訴338条・同339条）との違いに注意。後者は一事不再理の効力が生じないとされている。

【文献】荒木伸怡『迅速な裁判を受ける権利』（成文堂，1993年），羽渕清司『迅速な裁判／裁判の公開』（信山社，2007年），時国康夫・最判解刑事篇昭和47年度225頁，百選Ⅱ・121（大日方信春）。

『迅速な裁判を受ける権利』（荒木，1993）：アメリカ，ドイツといった比較法研究もふまえた迅速な裁判を受ける権利に関する本格的な研究書。

46 国務請求権①

上告理由の制限と裁判を受ける権利

大江一平

最判平成13（2001）年2月13日
判時1745号94頁，判タ1058号96頁

【判決のポイント】
裁量上告を規定する民事訴訟法318条1項は憲法32条に違反しない。

【事案の概要】
地方自治法260条の2第1項による認可を受けた町内会が，長期間（一年以上）にわたる会費不払い等の会員としての著しい義務違反の場合に役員会の承認によって一定期間会員資格を停止する旨の条項を付加する規約変更（以下，「本件会員資格停止条項」）を決議し，市長Yもこれを認可した。町内会会員のXは，本件の会員資格停止条項が公序良俗違反であるとして，Yが行った付加部分の認可の取り消しを求めて提訴した。

第一審（名古屋地判平成12（2000）・2・23平11（行ウ）41号），控訴審（名古屋高判平成12（2000）7・12平12（行コ）15号）は原告の訴えを棄却した。そこで，Xは，裁量上告を規定する民事訴訟法318条1項が憲法32条の**裁判を受ける権利**に違反するとして上告した。

裁判所の判断 ——— 上告棄却（全員一致）

①「いかなる事由を理由に上告をすることを許容するかは審級制度の問題であって，憲法が81条の規定するところを除いてはこれをすべて立法の適宜に定めるところにゆだねていると解すべきことは，当裁判所の判例とするところである……。その趣旨に徴すると，所論の民訴法の規定が憲法32条に違反するものでないことは明らかである。論旨は採用することができない」。

解　説

旧民訴法394条は，判決に影響を及ぼすことが明らかな法令の違反があることを理由とした最高裁への上告が可能であるとしていた。しかし，現行の民訴法は，最高裁への上告について，憲法違反（312条1項）と重大な手続違反による絶対的上告理由（同2項）の場合の権利上告，そして，「原判決に最高裁判所の判例（これがない場合にあっては，大審院又は上告裁判所若しくは控訴裁判所である高等裁判所の判例）と相反する判断がある事件その他の法令の解釈に関する重要な事項を含むものと認められる事件」とする裁量上告（上告受理制度）（318条1項）に限定する。

旧民訴法下では事実認定や証拠採否の不満を法令違反として争う事例が多く，最高裁の大きな負担となっていた。そこで，1996年の民訴法改正の際に，最高裁の負担を軽減し，違憲審査や重要な法令解釈に専念できるように上告制限が行われることになった（法務省民事局参事官室編・341-342頁）。

最高裁は，違憲審査の終審を最高裁とする81条を例外として，審級制度が立法裁量に委ねられるとしている（最大判昭和23（1948）・3・10刑集2巻3号175頁，最大決昭和24（1949）・7・22集民2号467頁，最大判昭和29（1954）・10・13民集8巻10号1846頁）。

従来の学説は判例と同様の立場を採ってきた（山元・21頁，片山・231頁）。確かに，最高裁の負担軽減や違憲審査の充実のために一定の上告制限を行うことには合理的な理由があり，権利上告が認められている以上，本件の裁量上告が憲法32条に違反するとは言い難いであろう（市川・206頁，西村・285頁）。

ただし，審級制度に関する立法裁量は決して無限定ではなく，審級制度や訴訟制度の手続が「手続的デュープロセスの要求である告知と意味ある聴聞の要求」を満たす必要があり，「一定の事件について最高裁判所への上告を一切認めないことまでも許容するものではない」とする見解（松井・159-160頁）や，32条による上訴権の保障という観点から，「裁判所の負担軽減が，常に上訴制限の根拠となるわけではなく，制限の必要性が現実にあるかどうかの吟味は常に必要」であり，裁量上告の恣意的な却下・棄却が32条違反となりうると指摘する見解（片山・237，261頁）が

有力に主張されている。

また，上告の制限が直ちに最高裁の負担軽減や国民の権利保護につながるわけではない点にも注意する必要がある（市川・206-207頁，笹田・23-27頁）。

◉事案の背景

従来，自治会や町内会等の「地縁による団体」は民法上の「権利能力なき社団」とされてきたが，不動産登記の際に代表者の名義にしなければならない等の不都合があった。そこで，1991年の地方自治法改正により，町内会が市町村長の認可により法人格を取得できる制度（認可地縁団体制度）が創設された（地自法260条の2第1項）。また，認可の際には構成員の資格等を規約で定めておく必要がある（同条3項）。

Xは上告の際に，①本件会員資格停止条項によって市の広報を受領できなくなる点で憲法25条1項に，本来任意であるべき寄付金の支払いを拒否できない点で憲法14条1項に違反する，また，②民法90条にも違反するとした上で，さらに，③民訴法の上告制限規定が憲法32条に違反すると主張した（判タ1058号96頁）。本件で最高裁は③の点についてのみ判断を示した。

【キーワード】

裁判を受ける権利　憲法32条は，個々人の基本的人権を保障するために，民事事件，刑事事件，行政事件について，独立した公平な司法機関による裁判を受ける権利を保障する。32条の「裁判」には，公開・対審（憲法82条）が求められる訴訟事件だけでなく，公開・対審をとらない家庭裁判所の家事審判等の非訟事件も含まれる。

上訴　第1審の結果に不服がある場合，上級裁判所の判断をあおぐこと。控訴，上告，抗告の総称。

【文献】松井茂記『裁判を受ける権利』（日本評論社，1993年），市川正人『ケースメソッド憲法〔第2版〕』（日本評論社，2009年），笹田栄司「上告制限の憲法的意味」金沢法学39巻1号（1996年）157頁，笹田栄司『司法の変容と憲法』（有斐閣，2008年），渋谷秀樹「最高裁判所への上告制限」法教189号（1996年）41頁，法務省民事局参事官室編『一問一答新民事訴訟法』（商事法事務研究会，1996年），平成13年度重判解20頁（山元一），判例セレクト2001年11頁（片山智彦），片山智彦『裁判を受ける権利と司法制度』（大阪大学出版会，2007年），高橋宏志『重点講義民事訴訟法（下）〔第2版補訂版〕』（有斐閣，2014年）664-724頁，百選Ⅱ・132（西村枝美）。

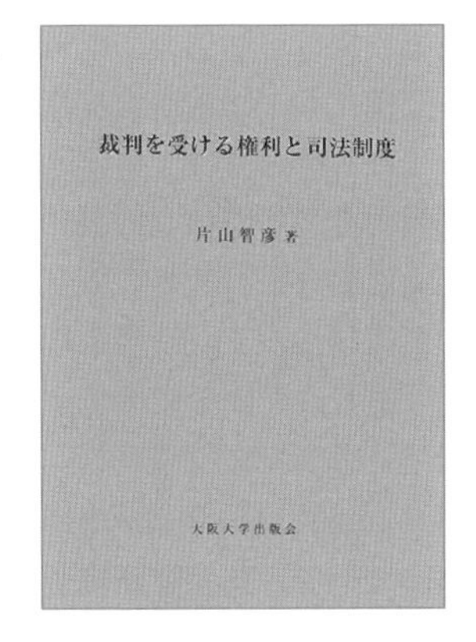

『裁判を受ける権利と司法制度』（片山，2007）：憲法32条の裁判を受ける権利について，人権保障，法治主義，権力分立からなる司法制度との関連で総合的に考察した著書。特に，本書の第4章と5章では，上訴制度とその制限の合憲性について詳細な検討を行っている。

裁判所からの特別送達の一例。封筒に「特別送達」の文字が入っている（☞本書47）。

47 国務請求権②

郵便法違憲判決

大江一平

最大判平成 14（2002）年 9 月 11 日
民集 56 巻 7 号 1439 頁

【判決のポイント】
故意・重過失による書留郵便物の損害と軽過失による特別送達郵便物の損害について国の損害賠償責任を免除・制限している郵便法の規定は，憲法 17 条に違反する。

【事案の概要】

原告Xは，Aに対する債権の弁済を求めて，AがB銀行のC支店に有する預金債権とD社に有する給与債権について神戸地裁に差押命令の申立てを行い，1998 年 4 月 10 日に同地裁はこれを認めた。差押命令は**特別送達**（民訴法 99 条）の方法で 4 月 14 日にD社に，翌 15 日にC支店に送達されたが，Aは 14 日の時点で既にC支店から預金を全額引き出しており，Xは差押えをすることができなかった。そこでXは，郵便局がC支店宛の特別送達を誤って同支店の私書箱に投函したために送達が 1 日遅延し，D社から差押命令を聞き及んだAがC支店の預金を引き出してしまったために損害を被ったとして，国に対して国家賠償法 1 条 1 項に基づく損害賠償請求を行った。

第一審（神戸地判平成 11（1999）3・11 民集 56 巻 7 号 1472 頁）および二審（大阪高判平成 11（1999）9・3 前掲民集 1478 頁）は，国が郵便物の損害について責任を負うのは亡失・き損等の場合に限定され，故意・過失による遅配には責任を負わないとする郵便法（平成 14 年法 121 号による改正前のもの。以下,「法」）68 条，損害賠償の請求を差出人・受取人に限定する同 73 条を理由に請求を棄却した。そこでXは法 68 条，73 条が憲法 17 条に違反するとして上告した。

裁判所の判断 — 破棄差戻し（差戻審で和解）

①「憲法 17 条は……その保障する国又は公共団体に対し損害賠償を求める権利については，法律による具体化を予定している。これは……立法府に無制限の裁量権を付与するといった法律に対する白紙委任を認めているものではない。そして，公務員の不法行為による国又は公共団体の損害賠償責任を免除し，又は制限する法律の規定が同条に適合するものとして是認されるものであるかどうかは，当該行為の態様，これによって侵害される法的利益の種類及び侵害の程度，免責又は責任制限の範囲及び程度等に応じ，当該規定の目的の正当性並びにその目的達成の手段として免責又は責任制限を認めることの合理性及び必要性を総合的に考慮して判断すべきである」。

②「書留郵便物について，郵便業務従事者の故意又は重大な過失による不法行為に基づき損害が生ずるようなことは，通常の職務規範に従って業務執行がされている限り，ごく例外的な場合にとどまるはずであって，このような事態は，書留の制度に対する信頼を著しく損なうものといわなければならない。そうすると，このような例外的な場合にまで国の損害賠償責任を免除し，又は制限しなければ法 1 条に定める目的を達成することができないとは到底考えられず，郵便業務従事者の故意又は重大な過失による不法行為についてまで免責又は責任制限を認める規定に合理性があるとは認め難い」。

③「なお，運送事業等の遂行に関連して，一定の政策目的を達成するために，事業者の損害賠償責任を軽減している法令は，商法，国際海上物品運送法，鉄道営業法，船舶の所有者等の責任の制限に関する法律，油濁損害賠償保障法など相当数存在する。これらの法令は，いずれも，事業者側に故意又は重大な過失ないしこれに準ずる主観的要件が存在する場合には，責任制限の規定が適用されないとしているが，このような法令の定めによって事業の遂行に支障が生じているという事実が指摘されているわけではない」。

④「以上によれば，法 68 条，73 条の規定のうち，書留郵便物について，郵便業務従事者の故意又は重大な過失によって損害が生じた場合に，不法行為に基づく国の損害賠償責任を免除し，又は制限している部分は，憲法 17 条が立法府に付与した裁量の範囲を逸脱したものであるといわざるを得

ず，同条に違反し，無効である」。

⑤民訴法99条の特別送達は，「国民の権利を実現する手続の進行に不可欠なものであるから，特別送達郵便物については，適正な手順に従い確実に受送達者に送達されることが特に強く要請される」。「特別送達の対象となる書類については，裁判所書記官（同法100条），執行官（同法99条1項），廷吏（裁判所法63条3項）等が送達を実施することもあるが，その際に過誤が生じ，関係者に損害が生じた場合，それが送達を実施した公務員の軽過失によって生じたものであっても，被害者は，国に対し，国家賠償法1条1項に基づく損害賠償を請求し得る」。

⑥「これら特別送達郵便物の特殊性に照らすと，法68条，73条に規定する免責又は責任制限を設けることの根拠である法1条に定める目的自体は前記のとおり正当であるが，特別送達郵便物については，郵便業務従事者の軽過失による不法行為から生じた損害の賠償責任を肯定したからといって，直ちに，その目的の達成が害されるということはできず，上記各条に規定する免責又は責任制限に合理性，必要性があるということは困難であり，そのような免責又は責任制限の規定を設けたことは，憲法17条が立法府に付与した裁量の範囲を逸脱したものである」。

⑦「法68条，73条の規定のうち，特別送達郵便物について，郵便業務従事者の軽過失による不法行為に基づき損害が生じた場合に，国家賠償法に基づく国の損害賠償責任を免除し，又は制限している部分は，憲法17条に違反し，無効である」。

※なお，1つの補足意見，4つの意見がある。

解　説

国家無答責の原則が有力であった明治憲法と異なり，日本国憲法17条は国家賠償請求権を保障し，同条を具体化するために国家賠償法が規定されている。17条の法的性質について，現在の通説は抽象的権利であるとする（野中ほかⅠ・553-554頁）。本件で最高裁は，17条の法的性質には言及しなかったものの，立法府への白紙委任を認めるものではないと述べた点が注目される。

本件判決では，①書留郵便物について，運送事業者の故意・重過失の場合の免責を認めない商法等との比較で，損害賠償を免責・制限する合理性に乏しいこと，②特別送達郵便物についても，その性質上確実な送達が要請される上に，裁判所書記官等の送達に過誤があった場合には国賠法による損害賠償が認められていることとの比較で，損害賠償を免責・制限する合理性・必要性がないとされたことが違憲判断の決め手となった。

この①②の点について，最高裁は憲法17条と暗黙裡に国際法を「ベースライン」（長谷部・307頁）とした上で，そこから郵便法の規定がどこまで立法裁量として許容されうるかを判断するために，「立法目的の正当性と手段の合理性・必要性の審査」を行った（判プラ・213（宍戸常寿）283頁）。

また，本件判決は郵便法の一部分を違憲無効と判断した。これは法令の可分な意味の一部を無効とする「意味上の一部違憲」の手法を採用したものである（市川・57頁，野坂・10-11頁，判プラ・319（宍戸常寿）415頁）。

◉事案の背景

本件の争点は特別送達郵便物の遅延による損害賠償である。しかし，郵便実務上重要なのは，本件判決が書留郵便物の遅配についても，郵便業務従事者の故意または過失によって損害が生じた場合に国の損害賠償責任を認め，従来見解の分かれていた判例を統一した点であるとされる（プロセス・319-320頁（石川健治））。また，民間の運送業者との比較で，国を特別扱いする必要性がないと最高裁がみなしたことが違憲判断の一因であるとされる（市川・55頁）。

なお，2005年以降の郵政民営化によって，郵便事業は日本郵便株式会社が行うことになったが，現在の郵便法（50条3項および4項）にも本件判決を反映した規定が設けられている。

【キーワード】
特別送達（民訴法99条）　裁判所が訴訟に関する書類を関係者に交付する送達の際に使用される特別な形式の郵便（郵便法44条および49条，民訴法103～106条，109条）。なお，送達は名宛人に交付するのが原則（民訴法101条）である。

【文献】市川正人「郵便法免責規定違憲判決」法教269号（2003年）53頁，尾島明・最判解民事篇平成14年度（下）598頁，判百Ⅱ・133（宍戸常寿），芹沢斉・市川正人・阪口正二郎編『新基本法コメンタール憲法』（日本評論社，2011年）138-140頁（渡辺康行），野坂泰司『憲法基本判例を読み直す』（有斐閣，2011年）1-16頁。

資料は本書46を参照

48 生存権①

朝日訴訟

遠藤美奈

最大判昭和 42（1967）年 5 月 24 日
民集 21 巻 5 号 1043 頁

【判決のポイント】
生活保護受給権は相続の対象にならない。憲法 25 条 1 項は個々の国民に具体的権利を賦与したものではない。

【事案の概要】
原告 X は重い肺**結核**のために国立岡山療養所に入所し，生活保護法による医療扶助及び日用品費として生活扶助を基準上最高額の月額 600 円受給していたところ，実兄から毎月 1500 円の仕送りを受けられることになった。そこで津山市福祉事務所長は生活扶助を廃止し，仕送り 1500 円から日用品費 600 円を除いた 900 円を，医療費の一部として X に負担させる旨の保護の変更処分を 1956 年 7 月に行った。X は本件処分につき岡山県知事および被告厚生大臣に不服申立てを行ったがいずれも却下されたため，手許に残る日用品費を 600 円とする保護基準が，憲法及び生活保護法の定める生活水準維持に足りない違法なものと主張し，却下裁決の取消しを求めて出訴した。一審（東京地判昭和 35(1960)・10・19 行集 11 巻 10 号 2921 頁）は本件保護基準が要保護患者の「健康で文化的な生活水準」を維持できる程度のものとはいいがたいとして請求を認容したが，二審（東京高判昭和 38（1963）・11・4 行集 14 巻 11 号 1963 頁）は本件保護基準を違法とは断定できないとして一審判決を取り消した。X は上告後に死亡し，最高裁では X の養子による訴訟の継承の可否が争われた。

裁判所の判断 ―― 訴訟終了

①保護受給権は「被保護者自身の最低限度の生活を維持するために当該個人に与えられた一身専属の権利であつて，他にこれを譲渡し得ないし……相続の対象ともなり得ない」から，「本件訴訟は，上告人の死亡と同時に終了し，同人の相続人……においてこれを承継し得る余地はない」。

②「(なお，念のために，本件生活扶助基準の適否に関する当裁判所の意見を付加する」。

憲法 25 条 1 項は「すべての国民が健康で文化的な最低限度の生活を営み得るように国政を運営すべきことを国の責務として宣言したにとどまり，直接個々の国民に対して具体的権利を賦与したものではない」。「具体的権利としては，憲法の規定の趣旨を実現するために制定された生活保護法によつて，はじめて与えられているというべきである」。

「厚生大臣の定める保護基準は，……結局には憲法の定める健康で文化的な最低限度の生活を維持するにたりるものでなければならない。しかし，健康で文化的な最低限度の生活なるものは，抽象的な相対的概念であり，その具体的内容は，文化の発達，国民経済の進展に伴つて向上するのはもとより，多数の不確定的要素を綜合考量してはじめて決定できるものである。したがつて，何が健康で文化的な最低限度の生活であるかの認定判断は，いちおう，厚生大臣の合目的的な裁量に委されており，その判断は，当不当の問題として政府の政治責任が問われることはあつても，直ちに違法の問題を生ずることはない。ただ，現実の生活条件を無視して著しく低い基準を設定する等憲法および生活保護法の趣旨・目的に反し，法律によつて与えられた裁量権の限界をこえた場合または裁量権を濫用した場合には，違法な行為として司法審査の対象となる」。

「原判決の確定した事実関係の下においては，本件生活扶助基準が入院入所患者の最低限度の日用品費を支弁するにたりるとした厚生大臣の認定判断は，与えられた裁量権の限界をこえまたは裁量権を濫用した違法があるものとはとうてい断定することができない。)」

※奥野健一裁判官の補足意見，及び田中二郎裁判官，松田二郎・岩田誠（草鹿浅之介同調）裁判官による 2 つの反対意見がある。

解　説

本件は国家による社会保障給付水準の合憲性が

争われた初めての訴訟であり，憲法25条の法的性格及び生活保護基準の合憲性の判断基準について最高裁が判断を示したものとして知られる。憲法25条1項のいわゆる生存権の法的性格については，本件訴訟に先行する食糧管理法違反事件（最大判昭和23（1948）・9・29刑集2巻10号1235頁）により，国民の具体的権利ではなく，プログラム的意義をもつにとどまるとする当時の有力な見解（プログラム規定説）に沿った判断が下されていた。しかし原告の請求を認容した本件一審判決を契機に，憲法25条の権利性が学説によって追究されるようになる。本判決も憲法25条1項の具体的権利性を否定し，「何が健康で文化的な最低限度の生活であるかの認定判断」は厚生大臣（当時）の合目的的な裁量に委ねられるとしながら，「現実の生活条件を無視して著しく低い基準を設定する等憲法および生活保護法の趣旨・目的に反し」，裁量に逸脱・濫用があった場合の司法審査の可能性を認める。これにより最高裁が純粋なプログラム規定説に立つものではないことが明らかにされたが，結果として本件生活扶助基準の違法性・違憲性は否定された。その後も保護基準を違法・違憲とする最高裁判決は現れておらず，生活保護の領域における司法の消極的姿勢は維持されている。

もっとも，本件の判決理由はあくまで訴訟の承継に関するものであり，憲法についての説示は括弧でくくられた傍論に過ぎない。このことは，判決理由で保護基準設定に関する憲法判断が初めて示された，生活保護老齢加算廃止違憲訴訟最高裁判決（最判平成24（2012）・2・28民集66巻3号1240頁）において，本判決ではなく堀木訴訟最高裁判決（最大判昭和57（1982）・7・7民集36巻7号1235頁，☞**本書49**）が参照されたことにも表れていよう。

◉事案の背景

日本国憲法の制定と相前後して，旧生活保護法が1946年に制定され（新法制定は1950年），資力のない結核患者らはその保護の下で療養するようになった（それまでXは恩賜の救貧団体の施療券で入院料を免除されていた）。しかし敗戦直後の窮乏は栄養と休養の必要な結核患者にとって深刻であり，肌着2年に1着，パンツ1年に1枚，1ヶ月にチリ紙1束，葉書2枚，10円切手1枚，封筒1枚という出訴時の生活扶助における基準消費数量は，一審判決で入院患者の最低限度の需要を満たさず，あるいは余りに少きに失するとされた。しかもそこには食欲不振で給食が十分摂取できないことをカバーする補食費も含まれていなかった。日用品費と補食費の不足を訴えるXの主張は，社会保障制度が未整備で貧困救済の受け皿が生活保護に限られた当時，保護を受給していない貧困層からも共感を得ていた。

このような共感や支持が運動として組織化され，全国展開されて，体力も資力もないXが前例を見ない訴訟を提起し継続するのを支えた。そもそもX自身，敗戦直後に他の患者らと療養所の自治会を発足させ，療養環境の向上と物資獲得のために積極的に活動していた。この動きが患者運動として全国に波及し，さらに他の貧困者組織とつながって，政党や労働運動へも拡がったのである。新憲法制定に伴う治安法制の廃止が，本訴訟の支援の拡がりを裏で支えたことも付言しておきたい。

【キーワード】

結核　結核菌による感染症。多くが肺結核であるが他の臓器でも発症する。1950年まで日本における死因の第1位であり，同年の結核死亡率は人口10万人に対し146.4人であった(厚生労働省・人口動態統計年表)。

生活保護　憲法25条の理念に基づき，生活に困窮する国民に対して，最低生活を保障するとともに自立の助長を図る制度である。租税を原資とする無拠出制の給付であり，扶助には生活扶助，住宅扶助，教育扶助，医療扶助，介護扶助，出産扶助，生業扶助，葬祭扶助の8種類がある。

【文献】朝日訴訟運動史編纂委員会編『朝日訴訟運動史』（草土文化，1982年），朝日 茂（朝日訴訟記念事業実行委員会編）『人間裁判：朝日茂の手記』（大月書店，2004年），百選Ⅱ・136（葛西まゆこ），小中信幸「『朝日訴訟』を顧みて」法セ674号40頁。

『人間裁判：朝日茂の手記』（朝日，2004）：原告の手記。生い立ちから始まり支援者への感謝で結ばれる。

49 生存権②

堀木訴訟

山本真敬

最大判昭和57（1982）年7月7日
民集36巻7号1235頁

【判決のポイント】
憲法25条の規定の趣旨をうけて具体的にいかなる立法措置を講ずるかは立法府の広い裁量に委ねられており，それが著しく合理性を欠き明らかに裁量の逸脱・濫用である場合にはじめて憲法違反となる。

【事案の概要】
視力障害者として国民年金法に基づき障害福祉年金を受給していたXは，内縁の夫との子を夫との離別後も独力で養育してきた。Xは児童扶養手当法の**児童扶養手当**の受給資格の認定を兵庫県知事Yに請求したが，Yは請求却下処分を行い，その後の異議申立てについても却下する決定を行った（理由：Xが障害福祉年金を受給しており当時の児童扶養手当法4条3項3号の**併給調整条項**〔本件併給調整条項という〕に該当するので受給資格を欠く）。Xは却下処分の取消を求め出訴。

一審（神戸地判昭和47（1972）・9・20判時678号19頁）は，障害福祉年金を受給し児童を監護する母たる女性を，障害福祉年金受給の父たる男性と，性別に基づいて合理的理由なく差別するものである等の理由で本件併給調整条項を違憲と判断し処分を取消したのに対し，原審（大阪高判昭和50（1975）・11・10判時795号3頁）は請求棄却し（解説参照），Xが上告。

裁判所の判断 ―― 上告棄却

①憲法25条の規定が一定の目的のために国権の積極的な発動を期待する性質のものである点や，「健康で文化的な最低限度の生活」という文言が「きわめて抽象的・相対的な概念であつて，その具体的内容は，その時々における文化の発達の程度，経済的・社会的条件，一般的な国民生活の状況等との相関関係において判断決定されるべきものである」点，そして，憲法25条を具体化する際には「国の財政事情を無視することができず，また，多方面にわたる複雑多様な，しかも高度の専門技術的な考察とそれに基づいた政策的判断を必要とする」点を考慮すると，憲法25条の規定の趣旨にこたえて具体的にどのような立法措置を講ずるかは，「立法府の広い裁量にゆだねられており，それが著しく合理性を欠き明らかに裁量の逸脱・濫用と見ざるをえないような場合を除き，裁判所が審査判断するのに適しない」。

②国民年金法上の障害福祉年金も児童扶養手当法上の児童扶養手当も，憲法25条の趣旨を実現する目的のために設定された社会保障法上の制度であり，それぞれ所定の事由に該当する者に対して年金又は手当という形で一定額の金員を支給するものである。ところで，児童扶養手当は児童手当の制度の理念を将来実現するべくその萌芽として創設されたものだが，関係法令の趣旨・目的・支給要件等を考慮すると，児童扶養手当は国民年金法61条所定の母子福祉年金を補完する制度であり，児童の養育者に対する養育に伴う支出についての保障である「児童手当法所定の児童手当とはその性格を異にし，受給者に対する所得保障である点において，前記母子福祉年金ひいては国民年金法所定の国民年金（公的年金）一般，したがつてその一種である障害福祉年金と基本的に同一の性格」である。一般に，社会保障法制上，同一人に同一の性格を有する2以上の公的年金が支給されることとなるべき複数事故において，「そのそれぞれの事故それ自体としては支給原因である稼得能力の喪失又は低下をもたらすものであつても，事故が2以上重なつたからといつて稼得能力の喪失又は低下の程度が必ずしも事故の数に比例して増加するといえないことは明らか」である。「社会保障給付の全般的公平を図るため公的年金相互間における併給調整を行うかどうかは，……立法府の裁量の範囲に属する」。また，「給付額の決定も，立法政策上の裁量事項であり，それが低額であるからといつて当然に憲法25条違反に結びつくものということはできない」。

③「なんら合理的理由のない不当な差別的取扱」や,「個人の尊厳を毀損する」内容が法令に規定されている場合には違憲の問題が生じ得る。だが,本件併給調整条項により生ずる差別はなんら合理的理由のないわけではなく,本件併給調整条項が児童の個人としての尊厳を害するともいえない。

解　説

本判決は,行政処分が(憲法25条を具体化した)生活保護法に違反するか否かが争われた朝日訴訟(☞**本書48**)とは異なり,法律(児童扶養手当法)が憲法25条に違反するか否かが争われた点において,正真正銘,立法裁量とその司法審査が問題となった判決である。最高裁は,25条が裁判規範となることを前提に立法裁量の限界を述べているが,学説もまた,生存権の法的性格論から,25条が裁判規範であることを前提に立法裁量・行政裁量をいかに統制するかという議論に移行してきている。

本判決は,憲法25条の具体化法律に関しては,著しく合理性を欠き明らかに裁量の逸脱・濫用であるか否かという非常に緩やかな基準(判旨①)で審査を行ったが(判旨②),これに対し学説からはヨリ厳格な基準で審査すべきであるという批判が強い(芦部・219頁以下)。なお,本件控訴審判決の採用した1項2項区分論(1項は救貧施策=生活保護だが2項は防貧施策=生活保護以外の社会保障であり,障害福祉年金・児童扶養手当は後者なので立法裁量が広く合憲)は,学説の唱える1項2項区分論とは異なる(プロセス・368頁〔小山 剛〕)。

◉事案の背景

日本が高度経済成長に沸く中で,しかし障害者だけは相も変らぬ貧困と悲惨の中に取り残されていたことが,この事件の背景にある(藤原・59頁以下)。「全盲の視覚障害者であって,児童を養育している母子世帯の母が,現在の社会経済事情下において,如何に貧困にして,苦難に満ち,同情せざるを得ないものであるかは,自ら明らかであつて,何ら論を俟たない」と1審判決も述べるように,Xの生活は困窮を極めており,請求当時のXの年間総所得は20万円,障害福祉年金は月2900円,そして児童扶養手当は月2100円であった(後掲『堀木訴訟運動史』第I部参照)。1審判決後,裁判は続いていたにもかかわらず法改正がなされ併給調整条項が改正される訴訟外的効果があった(昭和48(1973)年法律第93号1条)が,本判決後再び併給調整条項は復活した(昭和60(1985)年法律34号附則126条)。2014年の法改正(平成26(2014)年法律第28号3条)により,公的年金額が児童扶養手当額より低い場合には差額分の児童扶養手当を受給できるようになった(児童手当法施行令6条の4)。

【キーワード】

児童扶養手当　父母の離婚などで,父または母と生計を同じくしていない児童が育成される家庭(ひとり親の家庭など)などの生活の安定と自立の促進のために,当該児童の養育者に対して支給される手当。2010年までは支給対象が母子家庭のみだったが,父子家庭も対象に加えられた。

併給調整条項　当時の児童扶養手当法(昭和48年法律第93号による改正前のもの)4条3項は,「手当は,母に対する手当にあつては当該母が,養育者に対する手当にあつては当該養育者が,次の各号にいずれかに該当するときは,支給しない」とし,3号で「公的年金給付を受けることができるとき。ただし,その全額につきその支給が停止されているときを除く」と定めていた。この規定に基づきYは,国民年金法に基づく障害福祉年金を受給しているXは児童扶養手当を受給できないとした。

【文献】芦部信喜『人権と憲法訴訟』(有斐閣,1994年)219頁以下,百選II・137(尾形 健),藤原精吾「堀木訴訟の経過」法時54巻7号(1987年)59頁以下,松田 肇「全盲の母堀木文子とともに」法時54巻7号(1982年)63頁以下。

堀木訴訟運動史編集委員会編[編]『堀木訴訟運動史』(法律文化社,1987年)。

50 教育を受ける権利①

旭川学テ事件

織原保尚

最大判昭和 51（1976）年 5 月 21 日
刑集 30 巻 5 号 615 頁

【判決のポイント】
国家の**教育権**説と国民の教育権説は，いずれも極端かつ一方的であり，そのいずれも全面的に採用することはできない。国は，必要かつ相当と認められる範囲において，教育内容についても決定する権能を有する。

【事案の概要】
当時の文部省が行った，1961 年度「全国中学校一せい学力調査」（以下「学テ」）の実施に対する反対運動の一環として，旭川市立永山中学校において，学テを阻止するための説得を行ったが，応じなかった市教委事務局職員の出室を阻み，また教室を見回る校長に暴行，脅迫を行ったとし，労組役員ら 4 人が，建造物侵入，公務執行妨害，共同暴行罪で起訴された事件である。

一審（旭川地判昭和 41（1966）・5・25 判時 453 号 6 頁②事件）は，学テを違法とし，またその違法がはなはだ重大であるとして，公務執行妨害の成立を否定したが，建造物侵入，共同暴行罪の成立を認めた。二審（札幌高判昭和 43（1968）・6・26 判時 524 号 24 頁）は一審の判断を支持している。

裁判所の判断

一部上告棄却，一部破棄自判

学力調査の適法性について，本件学テが（旧）教育基本法 10 条を含む教育法制などに違反するかどうかを検討する。

①いわゆる国家の教育権説と国民の教育権説について，「2 つの見解はいずれも極端かつ一方的であり，そのいずれをも全面的に採用することはできないと考える」。

②憲法 26 条の「規定の背後には，国民各自が，一個の人間として，また，一市民として，成長，発達し，自己の人格を完成，実現するために必要な学習をする固有の権利を有すること，特に，みずから学習することのできない子どもは，その学習要求を充足するための教育を自己に施すことを大人一般に対して要求する権利を有するとの観念が存在していると考えられる」。しかし「教育の内容及び方法を，誰がいかにして決定すべく，また，決定することができるかという問題に対する一定の結論は，当然には導き出されない」。

③「親の教育の自由は，主として家庭教育等学校外における教育や学校選択の自由にあらわれるものと考えられるし，また，私学教育における自由や」，教授の具体的内容及び方法につきある程度自由な裁量が認められるという「教師の教授の自由も，それぞれ限られた一定の範囲においてこれを肯定するのが相当である」。しかし，それ以外の領域においては，「国は，国政の一部として広く適切な教育政策を樹立，実施すべく，また，しうる者として，憲法上は，あるいは子ども自身の利益の擁護のため，あるいは子どもの成長に対する社会公共の利益と関心にこたえるため，必要かつ相当と認められる範囲において，教育内容についてもこれを決定する権能を有する」。

④教育に政治的影響が深く入り込む危険を考えると「教育内容に対する右のごとき国家的介入についてはできるだけ抑制的であることが要請されるし，殊に個人の基本的自由を認め，その人格の独立を国政上尊重すべきものとしている憲法の下においては，子どもが自由かつ独立の人格として成長することを妨げるような国家的介入，例えば，誤った知識や一方的な観念を子どもに植えつけるような内容の教育を施すことを強制するようなことは，憲法 26 条，13 条の規定上からも許されない」。

※以上から，学テを合法とし公務執行妨害罪の成立を認め，建造物侵入，共同暴行罪については原審を認容した。

解　説

いわゆる教育権のあり方について，最高裁が判断を示した判決である。当時は，国民の教育権説と国家の教育権説の 2 説が対立する状況にあった。国民の教育権説は，教育権の主体は親，教師を中心とする国民全体であり，公権力の役割は公教育ための条件整備に限られ，教育の内容，方法には原則として介入できないとする。この説では，教師は国民全体に対して責任を負う形で，教育内容を決定・実施すると考えられる。それに対して，国家の教育権説は，教育権の主体は国家であり，国家はその教育内容について，関与，決定することができるとする。そして国民の教育意志が具体化された法律によって，公教育の内容や方法について包括的に定めることができるとする。

本判決は，これら2説を「いずれも極端かつ一方的であ」るとし，教師に憲法23条による学問の自由を根拠に，教師の教育の自由を一定の範囲において肯定し，親の教育の自由も場面を例示して肯定する。一方で，国家についても，「必要かつ相当と認められる範囲において」，教育を決定する権能を有するとしている。そして，憲法26条，13条を根拠に，子どもが自由かつ独立の人格として成長することを妨げるような国家的介入は許されないと，国家の介入に歯止めもかけている。この点について，2006年の教育基本法改正の際に，旧10条の「教育は，不当な支配に服することなく，国民全体に対し直接に責任を負って行われるべきものである」という部分が削除された。この条文の削除によって，国家による教育への介入がより強まるのではないかという批判がなされている。

また，憲法26条における教育を受ける権利の内容として，子どもの学習権を保障したものであるという見解が通説的であるが，本判決においては，憲法26条の背後に，成長・発達するために必要な学習をする権利があること，また，子どもには教育を自分に施すことを大人一般に対して要求する権利があることが説明されている。

◉事案の背景

この事件で問題となった全国学テは，1956年から1966年まで当時の文部省によって実施されたものである。基本的には，抽出調査によって行われていたものだが，1961年度から1964年度までは全国の国公私立の中学校2，3年生全体を対象とした全数調査となっていた。そのため，全国学テに対する反対運動は，1961年度に激しく，学テに関する刑事事件はこの年に集中している。

全国学テに対して激しい反対運動が起こった背景には，当時の高度経済成長政策，所得倍増計画の推進といった状況下で，中学校の段階で優れた人材を発見したいという経済界の要求もあり，教育に対して国家が介入するという危機感があった。そのため，全国で教職員組合を中心に激しい反対運動が展開され，テストを実施しなかった学校も多く，岩手県において8割を超える不実施校が出るという例もあった。この反対運動に対して，家宅捜査160箇所，任意出頭2000人，逮捕61人，起訴15人，免職20人，停職63人といった刑事処分と行政処分が行われた。

当時文部省はテストの結果を秘密としていたが，各県の対象者は情報を入手して，県における平均点を上げようとする競争がなされるようになった。テスト前には補習授業や予備テストが連日のように行われ，テスト当日は，教師が正解を教えたり，さらには成績の悪い子どもを当日欠席させて平均点を上げたりするといったような，不正行為も行われたという。このような状況で，1966年には学テは事実上中止されることになる。

なお，2007年から文部科学省による，小学校6年生，中学校3年生を対象とした「全国学力・学習状況調査」がなされており，2007年から2009年にかけて，そして2013年以降においては全数調査がなされている。

【キーワード】
教育権　多義的な用語であるが，本稿では具体的教育内容を決定・実施する権能という意味で使用する。この意味では，教育権は，憲法上の権利，権能ではないため，用語として不適切であるという指摘もある。

【文献】百選Ⅱ・140（米沢広一），大島佳代子「教育を受ける権利」争点79，教育百選〔第3版〕4，同17（兼子仁）。

1961年学力テストの様子（出典：毎日新聞社・昭和毎日〈http://showa.mainichi.jp/news/1961/10/post-b49b.html〉）

51 教育を受ける権利②

伝習館高校事件

渡辺暁彦

最判平成２（1990）年１月18日
民集44巻１号１頁

【判決のポイント】
学習指導要領から著しく逸脱する授業を行ったことや，**教科書**を使用しなかったこと等を理由に下された懲戒免職処分は，懲戒権者の裁量権の範囲である。

【事案の概要】
福岡県立伝習館高校で社会科を担当する教師３人は，日常の授業において，教科書を使用せず，学習指導要領の目標及び内容を逸脱した指導を行い，さらに授業に出席しない生徒に対し注意を与えないなど指導監督を怠たり，あるいは生徒の成績評価に関わって所定の考査を実施しないで一律の評価を行うなどしていた。これに対して，校長は注意を行ってきたが，教師らはほとんど耳を貸さなかった。

福岡県教育委員会（県教委）は，上記の行為が「職務上の義務に違反し，職務を怠ったもの」として懲戒免職処分を下した。これに対して，教師らが処分の取消しを求めて出訴した。一審及び控訴審ともに，３人のうち１人を除いて，県教委が行った処分には裁量権の範囲の逸脱があるとして教師らの訴えを認容した。そこで県教委は最高裁に上告した。

※なお一審で敗訴した１人については，一審判決後，本件と分離され訴訟は継続されたが，本件と同日付けで上告が棄却された（最判平成２(1990)・1・18判時1337号３頁〔以下，「第Ⅱ判決」と略〕）。

裁判所の判断 ―― 破棄自判

①「高等学校においても，教師が依然生徒に対し相当な影響力，支配力を有しており，生徒の側には，いまだ教師の教育内容を批判する十分な能力は備わっておらず，教師を選択する余地も大きくないのである。これらの点からして，国が，教育の一定水準を維持しつつ，高等学校教育の目的達成に資するために，高等学校教育の内容及び方法について遵守すべき基準を定立する必要があり，特に法規によってそのような基準が定立されている事柄については，教育の具体的内容及び方法につき高等学校の教師に認められるべき裁量にもおのずから制約が存する」。

②「〔原告（被上告人）教師らの〕各行為は高等学校における教育活動の中で枢要な部分を占める日常の教科の授業，考査ないし生徒の成績評価に関して行われたものであるところ，教育の具体的内容及び方法につき高等学校の教師に認められるべき裁量を前提としてもなお，明らかにその範囲を逸脱して，日常の教育のあり方を律する学校教育法の規定や学習指導要領の定め等に明白に違反するものである」。

③「〔教科書の内容が自分の考えと違うことを理由とした〕教科書使用義務違反の点は，いずれも年間を通じて継続的に行われたものであって……法規違反の程度は決して軽いものではない」。

解　説

1 **概要**　伝習館高校は福岡県内で古い歴史をもつ名門校で，実績のある受験校であった。本件は20年近くにわたり，３人の教師が「教育の自由」について争ったもので，旭川学テ事件判決（☞**本書50**，以下「学テ事件判決」）と並んで教育実務に多大な影響を与えた教育裁判として知られる。舞台となった学校名から，一般に「伝習館高校事件」と呼ばれる。特に，教師らが行った教育活動のあり方や，授業内容それ自体が問題となった点，それらに対して県教委が懲戒免職処分を下し，最高裁も当該処分を是認したという点で，本件は大きな注目を集めた（岩淵・97頁）。

2 **学習指導要領の法的性格**　主たる争点は，学習指導要領（以下，「指導要領」と略する）が教師に対して法的拘束力をもつと考えるべきか否かである。指導要領については，法的性格を認めない否定説，教師に対する指導助言もしくは参考文書にすぎないとする大綱的基準説，国民の権利義務に関わる法規としての性格をもつ行政立法だとする法規説等の対立がみられた。

この点，第Ⅱ判決では学テ事件判決を引用しながら，「法規としての性質を有するもの」とした原審（第Ⅱ判決の原審・福岡高判昭和58（1983）・12・24行集34巻12号2242頁）の判断を踏襲した。本件判決はそれを前提に，授業内容等に関する教師の裁量を制限的に捉えた。ここで留意すべきは，学テ事件判決が必ずしも正面から指導要領の法的拘束力を認めていなかった点である。本件判決によって，不確定とされた学テ事件判決の射程を，格別の理由を述べることなく法的拘束力を認める方向で「論争に一応の決着」がはかられたが（市川・後掲14頁），その論理には疑問が呈されている（戸松秀典ほか編『論点体系　判例憲法2』（第一法規、2013年）134頁（早川和宏））。

3教師の教育の自由？　教育内容及び方法に対する教師の裁量という点について，本件判決は「教師の側の教育裁量の一方的制約」に眼目がおかれ，「教師の教育の自由に対する配慮が不十分である」と評される（市川・後掲14頁）。

むしろ，本件判決の原審（福岡高判昭和58（1983）・12・24民集44巻1号185頁）が，指導要領の法規性を認めながらも，それら項目等の単なる文理解釈ではなく，その趣旨に明白に違反するかしないかという明白性の判定を行ったことが注目されよう。原審は，明白性の判定にあたり「専門職である教師の自主性を充分に尊重すること」「不必要な画一化は避けること」等を考慮すべきであるとして，「教師の教育の自由」に対して一定の配慮を示していた。憲法に明記されていない「教師の教育の自由」をどのように扱うか。学説も見解が分かれており（例えば，米沢・184頁以下），今後さらなる検討が求められる。

本件判決については，「教師の教育の自由」を制約するとの批判がある一方，本件が学生運動や「教育の国家統制」に対する教職員組合運動が繰り広げられた時代の「いわば特異な事件」であり，「本判決によって今後の学校における教育のやり方が窮屈になるなどと受けとめたりするのは当たっていない」とする指摘もある（判時1337号4頁）。

◉事案の背景

本件の背景には，校長（及び校長を任命した教育委員会）と福岡県高等学校教職員組合（県教組）との対立があった。福岡県の県立高校では，職員会議を最高決定機関とする公務運営が行われており，新任の校長については，県教組の推薦または承認を得た者を任命することになっていたが，1968年に県教委が県教組の推薦のない者を校長に任命したことで，学校現場では大きな混乱が生じることとなった。同年に伝習館高校に着任した校長も，個々の教師らに対する指導監督は困難であった。

本件判決でも，「校内秩序が極端に乱れた状態」のなかで，教師らの「特異な教育活動」が混乱を助長し，保護者や地域社会に衝撃を与えたことを，当該処分の正当性を裏付ける判断材料とした。

指導要領はもともと1947年，当時の文部省が「試案」として公表したもので，それは「〔教師〕の手びき」という性格をもつものとされた。1958年に文部省告示に改められ法的性格が主張され始めると，「国による教育内容の介入」ではないかとする批判があがり，ひろく論争を引き起こした。

本件判決以降，指導要領の法的拘束力が強調され，それを通して国による学習内容の決定が当然視されてきた。近時の「日の丸・君が代訴訟」の背景にも，指導要領改訂の影響が見いだせる。

【キーワード】

教科書　学校教育法21条は，「小学校においては，文部科学大臣の検定を経た教科用図書又は文部科学省が著作の名義を有する教科用図書を使用しなければならない」と定める（中学・高等学校等にも準用）。

学習指導要領　学校教育法施行規則52条によれば，「小学校の教育課程については，この節に定めるもののほか，教育課程の基準として文部科学大臣が別に公示する小学校学習指導要領によるものとする」（他校種については本条を準用）とされており，例えば，各校種の教科・科目の目標や取り扱う内容等について定められている。それらはおよそ10年ごとに改訂されている。

【文献】岩淵正紀・最判解民事篇平成2年度1頁，同・ジュリ954号97頁，百選Ⅱ・141（赤川 理），市川須美子・法教134号13頁，米沢広一『憲法と教育15講〔第3版〕』（2011，北樹出版）。

学習指導要領（出典：内閣官房〈http://www.cas.go.jp/jp/ryodo/torikumi/mext.html〉）

52 教育を受ける権利③

家永教科書訴訟

桧垣伸次

最判平成5（1993）年3月16日
民集47巻5号3483頁

【判決のポイント】
教科書検定は憲法21条，23条，26条等に違反しない。

【事案の概要】
Xは，1952年以降，高等学校用検定教科書「新日本史」の執筆・改訂を行ってきたが，1960年の高等学校学習指導要領の全面改訂にともなう検定において，1963年に文部大臣は不合格処分とした。その後Xは，原稿に若干の修正を加えて，再び検定申請の手続をとったところ，文部大臣は，1964年に約300か所の修正指示を付けた条件付合格とした。Xはこれらの処分が違憲，違法であるとして国家賠償法に基づく損害賠償請求を提起した。

第一審（東京地判昭和49（1974）・7・16判時751号47頁）はXの請求を一部容認したが，控訴審（東京高判昭和61（1986）・3・19判時1188号1頁）Xの請求を棄却したので，Xが上告した。

裁判所の判断 ―― 上告棄却

①「憲法26条は，子どもに対する教育内容を誰がどのように決定するかについて，直接規定していない。憲法上，親は家庭教育等において子女に対する教育の自由を有し，教師は，……一定の範囲における教育の自由が認められ，……それ以外の領域においては，国は，子ども自身の利益の擁護のため，……必要かつ相当と認められる範囲において，子どもに対する教育内容を決定する権能を有する。もっとも，教育内容への国家的介入はできるだけ抑制的であることが要請され，殊に，子どもが自由かつ独立の人格として成長することを妨げるような介入……は許されない」。「本件検定による審査は，単なる誤記，誤植等の形式的なものにとどまらず，記述の実質的な内容，すなわち教育内容に及ぶものである。しかし，普通教育の場においては，児童，生徒の側にはいまだ授業の内容を批判する十分な能力は備わっていないこと，学校，教師を選択する余地も乏しく教育の機会均等を図る必要があることなどから，教育内容が正確かつ中立・公正で，地域，学校のいかんにかかわらず全国的に一定の水準であることが要請されるのであって，……本件検定が，右の各要請を実現するために行われるものであることは，その内容から明らかであ」る。

②不合格とされた図書を「そのまま一般図書として発行し，教師，児童，生徒を含む国民一般にこれを発表すること……は，何ら妨げられるところはない」。「本件検定は，……発表禁止目的や発表前の審査などの特質がないから，検閲に当たらず，憲法21条2項前段の規定に違反するものではない」。「表現の自由といえども無制限に保障されるものではなく，公共の福祉による合理的で必要やむを得ない限度の制限を受けることがあ」る。「普通教育の場においては，教育の中立・公正，一定水準の確保等の要請があり，これを実現するためには，これらの観点に照らして不適切と認められる図書の教科書としての発行，使用等を禁止する必要があること……，その制限も，右の観点からして不適切と認められる内容を含む図書のみを，教科書という特殊な形態において発行を禁ずるものにすぎないことなどを考慮すると，本件検定による表現の自由の制限は，合理的で必要やむを得ない限度のものというべきであって，憲法21条1項の規定に違反するものではない」。

解　説

本判決の背景には，教育権の所在をめぐる議論がある。国民教育権説に立つ場合，教科書検定は，教育の自由の一環としての国民の教科書執筆の自由を侵害するため違憲であると主張される。本件の第一審は国家教育権説に立ち，第2次訴訟第一審（東京地判昭和45（1970）・7・17行集21巻7号別冊1頁）は，国民の教育権説に立つ。これに対し，本件において最高裁は，両説とも極端であるとした旭川学テ訴訟（最大判昭和51（1976）・

5・21刑集30巻5号615頁，☞本書50）を先例として，国は，必要かつ相当と認められる範囲において，教育内容を決定する権能を有するとした。そのうえで，教育内容の中立・公正，教育の機会均等の要請など「普通教育の場」の特性を指摘して，教科書検定は必要かつ相当と認められる範囲を超えるものではないとする。

また，本件では，教科書検定が「検閲」に該当するかが問題となった。最高裁は，税関検査事件の検閲の定義を引用したうえで，不合格処分となった場合でも一般図書として発行することはできることやすでに刊行されている図書についても検定申請をすることができるなどから，教科書検定は検閲に該当しないとした。これに対しては，不合格図書を一般図書として出版する可能性は通常ありえないことなどから，検閲に該当するとの批判（成嶋・197頁）や，仮に検閲ではないにしても事前抑制であり，「他に，より表現権抑圧的でない手法がある以上」違憲の疑いは濃いとの指摘もある（君塚・83-84頁）。

◉事案の背景

家永訴訟は第3次にまで及び，すべての訴訟が終結するまでに32年の歳月を要した。この裁判は，55年体制や東西冷戦を背景とした，「左派色の強かった歴史学界・日教組対文部省・自民党文教族」のイデオロギー闘争という側面があると指摘される（君塚・83頁）。第1次訴訟（本件）および第3次訴訟は国家賠償法に基づく損害賠償請求訴訟であり，第2次訴訟は不合格処分の取消しを求める行政訴訟である。一連の訴訟では，①教科書検定制度が違憲である（制度違憲），②教科書検定制度自体が違憲でないとしても，本件における検定が違憲である（適用違憲），③本件における検定が，文部大臣（当時）の裁量の範囲を逸脱，濫用したものである，という三点が主張された。第1次訴訟ではいずれも認められなかったが，第3次訴訟では，③が一部認められた。また，②については最高裁レベルではすべて否定されたが，第2次訴訟第一審が唯一適用違憲を認めている。また，第2次訴訟第一審は子どもの学習権を初めて認めた点および，憲法23条を根拠に，下級教育機関の教師の自由を認めた点でも注目された。ただし，第2次訴訟最高裁（最判昭和57（1982）・4・8民集36巻4号594頁）では，争点を訴えの利益に限定した。

さまざまな批判はあるものの，教科書検定に関しては，憲法上の議論は「ほぼ出尽くした感がある」（内野・126頁）と評される。その後，横浜教科書裁判においても教科書検定の合憲性が争われたが，最高裁は本判決を踏襲して上記①～③のいずれも認めなかった（最判平成17（2005）・12・1集民218号557頁）。

> 【キーワード】
> **教科書検定**　小・中・高等学校において使用する教科書につき，文部科学大臣が教科書として適切か否かを審査し，合格したものを使用することを義務づけている。単なる誤記，誤植等の形式的なものだけでなく，内容についても審査するため，表現の自由や教育の自由を侵害するのではないかが問題となった。

【文献】百選Ⅰ・92（大島佳代子），93（高見勝利），百選Ⅰ〔第5版〕・97（成嶋 隆），百選Ⅰ〔第4版〕・94（上村貞美），判例講義Ⅰ・56（君塚正臣），内野正幸『表現・教育・宗教と人権』（弘文堂，2010年）。

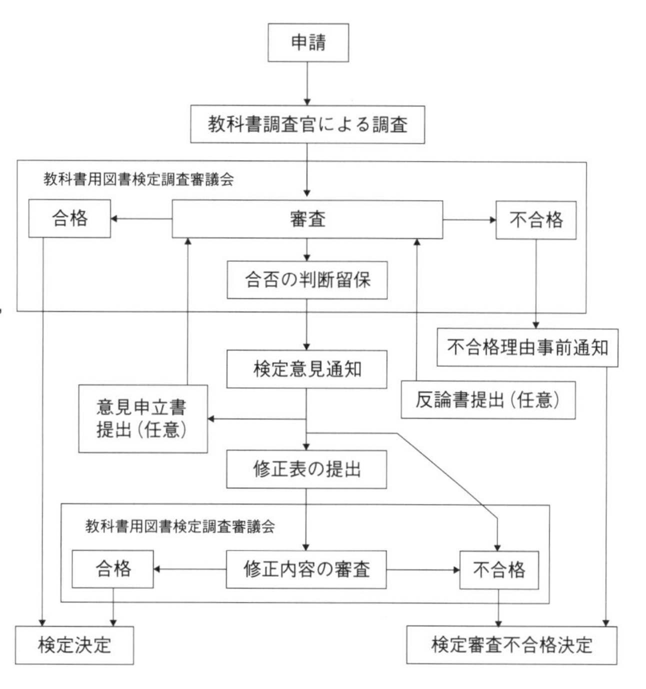

教科書検定の手続（文科省HP（http://www.mext.go.jp/a_menu/shotou/kyoukasho/gaiyou/04060901/1235090.htm）を参照して作成）

53 労働基本権

全農林警職法事件

遠藤美奈

最大判昭和48（1973）年4月25日
刑集27巻4号547頁

【判決のポイント】
国家公務員の**争議行為**及びそのあおり行為等の禁止は憲法28条に違反しない。

【事案の概要】
非現業の国家公務員である農林省（当時）職員の組織する全農林労働組合の役員であったXらは，警察官職務執行法（以下「警職法」）改正案への反対運動の一環として，1958（昭和33）年11月5日に正午出勤の実力行動に入るよう，各地の組合本部等に宛てて指令を発すると共に，同日午前に同組合が同省前で開催する職場大会に参加するよう，同日朝から庁舎入口で約2500名の職員に働きかけた。これらの行為が国家公務員法（1965年改正前）98条5項の禁止する争議行為等のあおり行為等に該当するとして，Xらは同法110条1項17号により起訴された。一審は被告人5名全員を無罪としたが（東京地判昭和38（1963）・4・19判時338号8頁），控訴審は全員を有罪とした（東京高判昭和43（1968）・9・30判時547号12頁）ため，Xらが上告した。

裁判所の判断 ―――――――― 上告棄却

①公務員は自己の労務の提供で生活の資を得ている点で一般の勤労者と異ならないから，「労働基本権の保障は公務員に対しても及ぶ」。しかし労働基本権は「勤労者の経済的地位の向上のための手段」であって「それ自体が目的とされる絶対的なものではないから，……勤労者を含めた国民全体の共同利益の見地からする制約を免れない」。

「使用者は国民全体であり，……労務提供義務は国民全体に対して負う」という公務員［注：非現業の国家公務員，以下同］の「地位の特殊性と職務の公共性……を根拠として公務員の労働基本権に対し必要やむをえない限度の制限を加えることは，十分合理的な理由がある」。「公務員が争議行為に及ぶことは，その地位の特殊性および職務の公共性と相容れ」ず，そのもたらす公務の「停廃は勤労者を含めた国民全体の共同利益に重大な影響を及ぼすか，またはその虞れがあるからである」。

②公務員「の勤務条件はすべて政治的，財政的，社会的その他諸般の合理的な配慮により」立法府で決定されるべきもので，「争議行為の圧力による強制を容認する余地は全く存しない」。したがって「公務員が政府に対し争議行為を行なうことは，……民主的に行なわれるべき公務員の勤務条件決定の手続過程を歪曲」し，「憲法の基本原則である議会制民主主義……に背馳し，国会の議決権を侵す虞れすらなしとしない」。

さらに私企業ならば使用者は作業所閉鎖（ロックアウト）で争議行為に対抗でき，労働者の要求は経営悪化や労働者自身の失業を招きうるためにおのずと制約されるから，私企業の労働者と公務員の争議行為を「一律同様に考えること」はできない。市場の抑制力が働かない公務員の争議行為は，「場合によつては一方的に強力な圧力となり，……勤務条件決定の手続をゆがめる」。

法は，公務員に対する争議行為等「の制約に見合う代償措置として……勤務条件についての周到詳密な規定」と「人事院を設けている」。

以上のように「公務員の従事する職務には公共性がある一方，……適切な代償措置が講じられている」から，公務員の争議行為およびそのあおり行為等の禁止は憲法28条に反しない。

③「違法な争議行為をあおる等の行為をする者は，違法な争議行為に対する原動力を与える者として，単なる争議参加者にくらべて社会的責任が重」く，「争議行為の開始ないしはその遂行の原因を作るものであるから」，その者に対し罰則を設けることは十分に合理性があり，国公法110条1項17号は憲法18条・28条に反しない。

※石田和外ら7裁判官による補足意見，岸盛一・天野武一裁判官による追加補足意見，岩田誠裁判官による意見，田中二郎ら5裁判官による意見及び色川幸太郎裁判官による反対意見がある。

解　説

勤労者の労働基本権は憲法28条により明文で保障されているが，現行法上，🔑**現業**公務員の争議権は否定され，本件被告人らのような非現業の一般職公務員は争議権に加え労働協約締結権も否定される。さらに警察・消防・海上保安庁・刑事施設の職員及び自衛隊員はそもそも団結権が否定されており，公務員の争議権の制約は憲法28条の中心的論点とされてきた。

この点初期の最高裁判決は，「公共の福祉」や公務員の「全体の奉仕者」性から簡単に争議行為の一律・全面禁止を合憲としたものの（政令201号事件・最大判昭和28（1953）・4・8刑集7巻4号775頁），その後は労働基本権が公務員にも保障されるとしたうえで，その制限は必要最小限にとどめなければならないとした（①全逓東京中郵事件・最大判昭和41（1966）・10・26刑集20巻8号901頁及び②都教組事件・最大判昭和44（1969）・4・2刑集23巻5号305頁）。とくに②判決は，地方公務員法上のあおり処罰規定につき，違法性の強い争議行為に対する違法性の強いあおり行為だけが処罰を許される趣旨だとする「二重のしぼり」論を示し，無罪判決を導いたことで知られる。しかし本判決は「二重のしぼり」論を採らず，争議行為禁止を再び積極的に合憲とした。私企業労働者との違いに依拠する理由づけ（裁判所の判断②参照）の説得性，及び公務の性質・内容や争議行為の態様・程度を検討しないまま，抽象的な公益侵害のおそれのみで一律禁止を正当化したことには疑問が呈されている（田中ら5裁判官の意見参照）。

◉事案の背景

1958年10月，戦後政治のいわゆる「逆コース」の中で，岸内閣は警職法改正案を突如国会に提出した。同法案は警察に，集会の制止や「混乱」時の「避難」命令，身柄の強制的な保護及び現場に大きな裁量のある立入を認めるものであり，警察権限の拡大と大衆運動の取締り強化が意図されていた。戦前の治安法制を想起させ，「デートもできない警職法」と揶揄されもした同法案は，組合活動への抑圧を懸念する労働団体を始め，市民の激しい反対に晒された。全農林の本件活動はその一環である。当時の労働運動は，国営事業だった郵便・通信を所管する逓信省や国鉄（現JR）など，公共部門の大規模組合が牽引しており，労働者の地位向上のみならず，本件やその後の安保反対運動のような政治的問題についても激しい活動を展開していた。警職法改正案はまず野党の審議拒否で国会を空転させ，その後地方公聴会まで開かれながら審議未了で廃案となった。そこに至るには，警職法改悪反対国民会議を軸とした，幅広い層の市民による全国集会やデモなど，国会外の統一的抗議行動の影響が大きかったと言える。

【キーワード】

🔑**争議行為**　労働者の要求の実現のために労働組合等が集団で行う行為であり，労務の集団的な不提供であるストライキ（同盟罷業）やこれに伴う職場占拠，不完全な労務提供を行うサボタージュ（怠業），ストライキ等を効果的に進めるため職場入口等で見張りをし，人や物の出入りを統制して対外的にアピールするピケッティングなどがある。使用者側の争議行為として判決にも登場したロックアウトは，集団的な労務の受領拒否である。

🔑**現業・非現業**　現業とは，国または地方公共団体による企業経営など，原則として権力的・支配的作用を伴わない事業を指す。現業職と非現業職の区別は必ずしも明確ではないが，一般行政職の公務員は非現業公務員であり，技能労務職に就く職業は現業公務員とされる。

【文献】中村 哲・小田切秀雄編『よみがえる暗黒：警察国家への危機』（第一評論社，1958年），渡辺 賢『公務員労働基本権の再構築』（北海道大学出版会，2006年），百選Ⅱ・146（大河内美紀）。

労組、一せいに抗議闘争
警職法改正反対
抜打ち国会延長で硬化
国労など実力行使
参加四百万 ゼネストの様相
海員、作業拒否
国鉄幹線、特急乱
私鉄時限スト
全員無罪
最高裁

事件当日の夕刊。労組が400万人を超える規模の統一行動をとっていたことがわかる（出典：朝日新聞〔1958年11月5日東京夕刊1面〕）。

54 選挙権と選挙制度①

在外邦人選挙権訴訟

山本真敬

最大判平成 17（2005）年 9 月 14 日
民集 59 巻 7 号 2087 頁

【判決のポイント】
国民の選挙権又はその行使の制限は，その制限なしに選挙の公正を確保しつつ選挙権の行使を認めることが事実上不能ないし著しく困難であると認められるような，やむを得ない事由がない限り憲法上許されない。

【事案の概要】
公職選挙法（公選法）は，1998 年まで在外国民に国政選挙の投票を認めていなかった。1998 年に公選法が改正され（以下，本件改正という），在外**選挙人名簿**に登録された在外国民が投票できる制度（在外投票制度）が設けられた。しかし，本件改正後の公選法附則 8 項は，在外投票を，「当分の間」，衆議院比例代表選出議員選挙と参議院比例代表選出議員選挙（以下，各比例代表選挙という）に限定し，衆議院小選挙区選出議員選挙と参議院選挙区選出議員選挙（以下，各選挙区選挙という）の投票を認めないこととした。在外国民 X らは，(1) 本件改正前・改正後の公選法の違憲確認および (2) X らが各選挙区選挙で選挙権を行使する権利を有することの確認，並びに，国会が在外選挙制度を創設しなかった立法不作為により，X らが 1996 年の衆議院議員選挙（以下，本件選挙という）で投票できなかった損害の賠償を請求した。

一審（東京地判平成 11（1999）・10・28 判時 1705 号 50 頁）および原審（東京高判平成 12（2000）・11・8 判タ 1088 号 133 頁）は，確認の訴えを却下し国家賠償請求を棄却したため，X らが上告。

裁判所の判断 ——破棄自判

①憲法は，「国民に対して投票をする機会を平等に保障して」おり，「自ら選挙の公正を害する行為をした者等の選挙権について一定の制限をすることは別として，国民の選挙権又はその行使を制限することは原則として許され」ない。制限を行うには，その「制限をすることなしには選挙の公正を確保しつつ選挙権の行使を認めることが事実上不能ないし著しく困難であると認められる」ような「やむを得ないと認められる事由」が必要である。これは国の不作為により国民が選挙権を行使できない場合も同様である。

②本件改正前の公選法では，在外国民は選挙人名簿に登録されず全く投票ができなかった。これは，様々な障害ゆえに在外公館での投票に必要な措置が取れなかったからである。しかし昭和 59（1984）年の時点で，選挙執行に責任を負う内閣が障害の解決が可能であることを前提に在外選挙制度の創設を含む法律案を国会に提出したことを考慮すると，同法律案の廃案の後，「国会が，10 年以上の長きにわたって在外選挙制度を何ら創設しないまま放置し，本件選挙において在外国民が投票をすることを認めなかったことについては，やむを得ない事由があったとは到底いうことができ」ず，本件改正前の公選法が在外投票を全く認めていなかったことは憲法 15 条等に違反する。

本件改正後も公選法附則 8 項は各選挙区選挙の投票を「当分の間」認めていない。これは，候補者情報の適正な伝達や自書式投票等への懸念があったので，初めての在外選挙制度の創設に際して問題の比較的少ない各比例代表選挙のみ在外国民の投票をまず認める趣旨であり，全く理由がないわけではない。しかし今や，候補者情報の適正な伝達が著しく困難とはいえなくなっており，非拘束名簿式導入後の参議院比例代表選出議員選挙では既に自書式投票が導入済なので，「遅くとも，本判決言渡し後に初めて行われる衆議院議員の総選挙又は参議院議員の通常選挙の時点」では，各選挙区選挙で在外国民に投票を認めないことに「やむを得ない事由があるということはでき」ず，公選法附則 8 項のうち在外選挙制度の対象となる選挙を各比例代表選挙に当分の間限定する部分は憲法 15 条等に違反する。

③ X らの訴えのうち (2) に係る訴えは，直近の各選挙区選挙において選挙権を行使する権利を

有することの確認をあらかじめ求める訴えであり，公法上の法律関係に関する確認の訴え（行訴4条後段）と解釈できる。「選挙権は，これを行使することができなければ意味がないものといわざるを得ず，侵害を受けた後に争うことによっては権利行使の実質を回復することができない」ので，この訴えには確認の利益があり適法である。

※本判決には，1人の補足意見，在外選挙制度を創設しないことは合憲とする2人の共同反対意見，立法不作為の国家賠償請求を認めるべきでないとする1人の反対意見がある（本判決の立法不作為の国家賠償請求に係る判示は在宅投票廃止事件（☞**本書75**）解説参照）。

解　説

本判決は，投票機会が憲法上保障されることや，選挙権（とその行使）に対する制約は「やむを得ない事由」があるか否かという厳格な基準で審査することを明らかにしており（判旨①），（確認訴訟を適法とした判旨③も含め）選挙権の意義を高く評価した点が重要である。しかし，同じく選挙権の重要性を述べつつ立法裁量を結果的に広く認めた「1票の較差」訴訟等（☞**本書55～57**）と異なり，本判決が厳格な審査を行ったその根拠や，判旨②の「やむを得ない事由」の具体的な判断方法の妥当性につき議論がある（曽我部・毛利）。判旨③は，2004年の行訴法改正で「公法上の法律関係に関する確認の訴え」が明示されていたところ，最高裁がこれを積極的に活用したものと理解されるが，確認訴訟の対象が選挙権に限られるのかが議論されている（土井）。

本判決の後，成年被後見人の選挙権を制限する旧公選法11条1項1号を（東京地判平成25(2013)・3・14判時2178号3頁），受刑者の選挙権を制限する公選法11条1項2号（大阪高判平成25（2013）・9・27判時2234号29頁）を，それぞれ「やむを得ない事由」が無いとして違憲とした裁判例がある。

◉事案の背景

1993年，リクルート事件（1988年）や佐川急便事件（1992年）といった「政治とカネ」の問題により，政治不信が極度に高まっていた。時の宮沢喜一内閣は政治改革関連法案を提出するも廃案に。これに反発した一部の自民党議員が離党し新党を結成。直後の衆議院議員総選挙（1993年7月18日）で自民党は単独過半数割れし，非自民連立政権が誕生し自民党が下野した（55年体制の崩壊）。政治改革・政権交代が争点となったこの総選挙は，国内のみならず国外からも注目され，日本国内の住所がなく投票できなかった在外国民から，「海外にいる日本人が投票できないのはおかしい」という声が高まったのである。

【キーワード】
選挙人名簿　本件改正前の公選法42条は，選挙で投票できるのは選挙人名簿に登録されている者と定めていたが，選挙人名簿への登録は，日本の市町村に住所を持つ20歳以上の国民で，住民基本台帳への当該市町村での登録が3ヶ月以上の者につき行われた（公選法21条1項・住民基本台帳法15条1項）。しかし，在外国民は日本の市町村に住民基本台帳に記録されないので（住民基本台帳法5·7条等），選挙人名簿に登録されず，投票できなかった。本件改正は在外国民のための在外選挙人名簿を創設した（公選法42条）。

【文献】判プラ・242（曽我部真裕），佐藤 令「在外選挙制度」調査と情報514号（2006年）1頁，判例講義Ⅱ・216（土井真一），百選Ⅱ・152（野坂泰司），判例講義Ⅱ・153（毛利 透），毛利 透「選挙権制約の合憲性と立法行為の国家賠償法上の違憲性判断」論究ジュリスト1号（2012年）81頁。

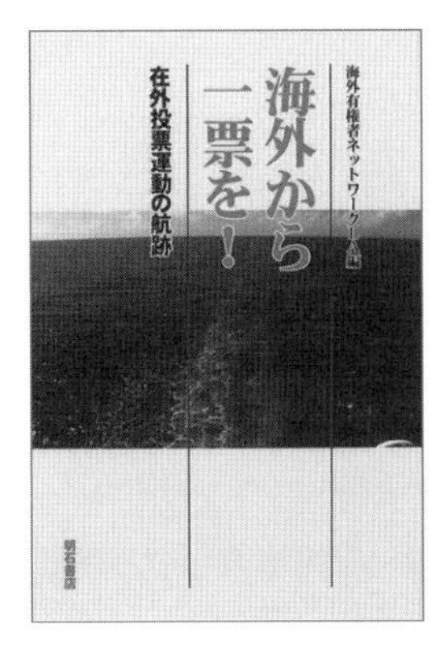

海外有権者ネットワークLA［編］『海外から一票を！―在外投票運動の航跡』（明石書店，2006年）。

55 選挙権と選挙制度②

参議院議員定数不均衡訴訟

茂木洋平

最大判平成26（2014）年11月26日
集民248号69頁

【判決のポイント】
最大較差4.77倍である参議院議員選挙は違憲状態にあり，国会は一票の較差を是正する責務を負う。

【事案の概要】
最大判平成24（2012）・10・17（「平成24年判決」民集66巻10号3357頁）は，最大較差5倍の定数配分規定は違憲の疑いが生じる著しい不平等状態にあるとし，国会は単に一部選挙区の定数を増減させるだけでなく，都道府県を単位として各選挙区の定数を設定する現行の選挙制度の仕組み自体を見直す必要があるとした。この後に公職選挙法が改正され（「平成24年改正」），参議院の選挙区選出議員の定数配分規定が「4増4減」とされ（「本件定数配分規定」），一定の較差の是正がされたが（1対4.77），現行の選挙制度の抜本的な見直しはされなかった。

平成24年判決が求める選挙制度の抜本的改革がされないまま平成25年7月に参議院選挙（「本件選挙」）が行われ，本件定数配分規定は違憲だとして各地で訴訟が提起された。本件の原審の広島高岡山支判平成25（2013）・11・28（判例集未搭載）は本件定数配分規定は違憲であり，問題とされた選挙区の選挙は，判決確定後の将来にわたって無効だと判断した。

裁判所の判断 ——— 原判決破棄，請求棄却

①憲法は投票価値の平等を要求するが，選挙制度の設計は国会の裁量に委ねる。選挙制度に合理性があれば，「投票価値の平等が一定の限度で譲歩」を求められても憲法違反ではない。制定当時の参議院の選挙制度には合理性があったが，社会状況の変化から「投票価値の平等の著しい不平等状態が生じ，かつ，それが相当期間継続しているにもかかわらずこれを是正する措置を講じないことが，国会の裁量権の限界を超えると判断される場合には」定数配分規定は違憲である。従来の判例は5倍前後の大きな較差を許容する際に，憲法上の規定や都道府県代表の要素など参議院に特有の理由を挙げてきたが，制度及び社会状況の変化から，大きな較差をそれによって正当化できない。

②参議院は衆議院とともに「国権の最高機関として適切に民意を反映する機関として責務を負っていることは明らかであり，参議院議員の選挙であること自体から，直ちに投票価値の平等の要請が後退してよいという理由は見いだし難い」。都道府県を各選挙区の単位としなければならない憲法上の要請はなく，現行の仕組みのままでの投票価値の平等の実現は難しい。投票価値の不平等は「違憲の問題が生じる程度の著しい不平等状態」にある。この状態の解消には，一部の選挙区の定数の増減にとどまらず，選挙制度の仕組みの見直しが必要である。

③国会は平成24年判決の言い渡しのときに違憲状態を認識した。裁判所が違憲状態との判断を下せば，国会はそれを是正する義務を負う。選挙制度の見直しには「相応の時間」が必要だが，国会が違憲状態を認識したときから本件選挙までは約9ヶ月しかなく，法改正の実現は「困難」であった。国会は24年改正を行い，その附則には，平成28年施行の参議院選挙に向けて制度の抜本的見直しの検討を継続し結論を得る旨が示されており，平成24年判決の「趣旨に沿った」方向で是正の取組がなされている。

④本件選挙での投票価値の不均衡は違憲の問題が生じる程度の著しい不平等状態にあったが，「本件選挙までの間に更に本件定数配分規定の改正がなされなかったことをもって国会の裁量権の限界を超え」ず，本件定数配分規定は憲法に違反しない。

※なお，6人の2つの補足意見，4人の各反対意見がある。

解　説

裁判所は，(1) 現行の選挙制度の下で投票価値の著しい不平等が生じ，(2) それが相当程度継続

しているにもかかわらず，これを是正する措置をしないことが国会の裁量の限界を超える場合に，投票価値の不平等を違憲と判断する。従来の判例は，参議院の選挙区（又は地方区）選出議員について，都道府県代表として性格など参議院の独自性を強調し，投票価値の平等が損なわれることを衆議院と比べて比較的緩やかに許容してきた。

（1）の審査につき先例を見ると，最大判平成8（1996）・9・11民集50巻8号2283頁が1対6.59の較差を違憲状態と判断し，最判昭和63（1988）・10・21集民155号65頁が1対5.85の較差を合憲と判断したことから，学説上，最高裁は1対6未満の較差であれば合憲にするとみなされてきた。最大判平成16（2004）・1・14民集58巻1号56頁以降，最高裁の違憲判断に臨む態度は厳格化したが，5倍前後の較差を合憲としてきた（最大判平成18（2006）・10・4民集60巻8号2696頁，最大判平成21（2009）9・30民集63巻7号1520頁（「平成21年判決」））。その後，平成24年判決と本判決は5倍前後の較差を違憲状態と判断した。平成24年判決以降，最高裁は違憲状態の判断基準を厳格化したとも評価できる。

これとは別の評価もできる。本判決は，5倍前後の較差によりもたらされる不平等は大きいが，制度の合理性があればその不平等は憲法上許容されるとする。本判決は，制度及び社会状況の変化が大きな較差を許容する合理性を失わせたとする（判旨①）。平成21年判決までは5倍前後の較差は合憲とされたが，本判決によれば，その較差を許容する合理性が存在していたことになる。最高裁は較差の数値ではなく，現行の選挙制度に大きな較差を許容する合理性があるのかを問題にしている。

（2）の判断につき，本判決は，選挙制度の抜本的見直しには相応の時間がかかり，国会が違憲状態を認識したときから本件選挙まで時間が短かったことから，選挙制度を改正しない不作為は国会の裁量を超えないとした（判旨③）。本判決は選挙制度を見直す国会の責務を明確に示し，平成24年改正の附則を評価する。多数意見は，附則の評価によって平成28年選挙までに国会が選挙制度の抜本的見直しをしなければならないとしたわけではない。しかし，6人の裁判官による2つの補足意見には，国会が平成28年までに選挙制度の抜本的見直しの責務を負ったと示す。本判決は，国会に強い警告をしたと評価できる。

◉事案の背景

参議院議員選挙は都道府県を選挙区の単位としている。参議院の選挙制度が成立した当時（昭和22年），選挙区間の最大較差は1対2.62であった。その後一定の地域に産業と人口が集中し，地域間での人口差は拡がり続けた。地方の人口流出と地方経済の衰退が進む中で，投票価値の平等を求める意見に対し，地域代表としての参議院議員の性質が主張されてきた。憲法43条は参議院議員も「全国民の代表」であると規定するが，地域代表としての性質が主張される背景には，議員は全国民ではなく選出地域の国民のために働くとの考えが根底にあるのかもしれない。

参議院には憲法上強い権限が与えられている。衆議院と参議院の多数派が同じであった時代が続いたため，参議院の強い権限は政府与党の国会運営に支障をきたさなかった。しかし，近年の🔑**ねじれ国会**が常態化した時期もあり，それが現実の問題として現れた。参議院（第二院）が衆議院（第一院）に匹敵する強い権限を持つならば，参議院には衆議院と同程度の民主的正統性が求められていると言える。

【キーワード】
🔑**ねじれ国会** 衆議院では与党が過半数を持つ一方で，参議院では過半数に達していない状態。与党が参議院で多数を占める野党を説得しないと法案を成立させるのが難しく，衆議院と参議院で異なる議決が起こりやすくなる。

【文 献】 斉藤一久・法セ721号110頁，櫻井智章・TKCロー・ライブラリー新・判例解説No.92。

国会議事堂の左側に衆議院，右側に参議院が配置されている。ねじれ国会のときには，参議院の国政への影響力が特に大きくなる（出典：https://commons.wikimedia.org/w/index.php?curid=10972089（Author Wiiii, CC BY-SA 3.0））。

56 選挙権と選挙制度③

衆議院議員定数不均衡訴訟

茂木洋平

最大判平成 25（2013）年 11 月 20 日
民集 67 巻 8 号 1503 頁

【判決のポイント】
最大較差 1 対 2.43 倍の衆議院議員総選挙は違憲状態にあるが，定数配分規定を改正する合理的期間は経過していない。

【事案の概要】
2009 年 8 月 30 日の衆議院議員総選挙（「平成 21 年選挙」）では，最大 2.30 倍の投票価値の不平等が生じた。最大判平成 23（2011）・3・23 民集 65 巻 2 号 755 頁（「平成 23 年判決」）は，平成 21 年選挙は違憲状態にあり，較差を生じさせた主な原因である 1 人別枠方式の廃止を要請した。

1 人別枠方式は，各都道府県に定数 1 ずつ割り当て，残る議員数を人口に比例して各都道府県に割当てる。これは，1994 年に衆議院議員の選挙制度が中選挙区単記投票制から小選挙区比例代表並立制に変更された際，衆議院議員選挙区画定審議会設置法（「区画審設置法」）の 3 条 2 項により導入された。同法 2 条によれば，衆議院議員選挙区画定審議会（「区画審」）は選挙区改訂の調査と審議をし，必要がある場合には，その改定案を作成し内閣総理大臣に勧告する。同法 3 条 1 項は，選挙区間の較差が 2 倍を超えないことを規定する。

国会は平成 23 年判決を受けて検討を重ねたが法改正はされず，2010 年 10 月実施の国勢調査の結果に基づく区画審による選挙区割りの改定案の勧告期限である 2012（平成 24）年 2 月 25 日を経過した。その後，1 人別枠方式の廃止と 0 増 5 減を内容とする改正法案が衆議院解散当日の同年 11 月 16 日に成立した（「平成 24 年改正」）。この改正に従って選挙区割りの見直しを行う法改正には時間がかかるため，2012 年 12 月 16 日の衆議院議員総選挙（「本件選挙」）は平成 21 年選挙と同じ選挙区割りで行われた。本件選挙では最大較差は 1 対 2.425 倍に拡大していた。

本件選挙後，区画審は平成 24 年改正に基づく選挙区割改定案を勧告し，これに沿った選挙区割改訂がなされ（「平成 25 年改正」），2010 年国勢調査に基づく選挙区間での最大較差は 1 対 1.998 倍に縮小した。本件選挙の定数配分が違憲であるとの訴訟が各地で提起され，17 件の高裁判決が出された。違憲状態判決が 2 件，違憲宣言判決が 13 件，違憲無効判決が 2 件であった。本判決は，東京と神奈川の各選挙区で提起された選挙無効訴訟の上告審判決である。

裁判所の判断

一部破棄自判，一部上告棄却

①憲法は投票価値の平等を要求する。しかし，選挙制度の決定には，地域の面積，人口密度，住民構成，交通事情，地理的状況などの要素も合理性がある限り，考慮できる。選挙制度の合憲性は「これらの諸事情を総合的に考慮した上でなお，国会に与えられた裁量権の行使として合理性を有するか否かによって判断される」。

②最高裁は以下の枠組みで選挙区割りの合憲性を判断してきた。「①定数配分又は選挙区割りが前記のような諸事情を総合的に考慮した上で投票価値の較差において憲法の投票価値の平等の要求に反する状態に至っているか否か，②上記の状態に至っている場合に，憲法上要求される合理的期間内における是正がなされなかったとして定数配分又は区割規定が憲法の規定に違反するに至っているか否か，③当該規定が憲法の規定に違反するに至っている場合に，選挙を無効とすることなく選挙の違法を宣言するにとどめるか否か」。

裁判所の判断を踏まえ，国会が適切な措置をすることが「憲法の趣旨」に沿う。②の判断は，「単に期間の長短のみならず，是正のために採るべき措置の内容，そのために検討を要する事項，実際に必要となる手続や作業等の諸般の事情を総合考慮して，国会における是正の実現に向けた取組が司法の判断の趣旨を踏まえた立法裁量権の行使として相当なものであったといえるか否かという観点から評価すべき」である。

③最高裁は平成23年判決により違憲状態を認識し，本件選挙までに1人別枠方式は削除された。本件選挙は従前の選挙区割で行われたが，平成25年改正により平成24年改正を反映する選挙区割改訂がされており，憲法上要求される合理的期間は過ぎていない。

解　説

1定数不均衡訴訟判決は，大別すると4つの類型がある。第1に，選挙制度に較差を生じさせる合理性があり，較差が違憲状態にないとする合憲判決。第2に，選挙制度に較差を生じさせる合理性がなく較差が違憲状態にあるが，憲法上要求される合理的期間は過ぎていないとする違憲状態判決。第3に，較差が違憲状態にあり合理的期間も過ぎているが，「**事情判決の法理**」から選挙を無効とせずに違憲の宣言にとどめる違憲宣言判決。第4に，較差は違憲であり，選挙を無効とする違憲無効判決である。

2①の審査につき，中選挙区制での投票の価値の平等が問題とされた事例で，最判昭和63（1988）・10・21民集42巻8号644頁（「昭和63年判決」）は最大較差1対2.92を合憲，最大判平成5（1993）・1・20民集47巻1号67頁（「平成5年判決」）は最大較差1対3.18を違憲状態と判断した。このことから，中選挙区制下では，最高裁は較差3倍を違憲状態の判断基準としていたとの見方がある。小選挙区比例代表並立制の導入からは，区画審設置法が較差を2倍未満に抑えることを選挙区割の基準としたことから，最高裁は較差2倍を違憲状態の判断基準としているとの見方がある。しかし，最高裁は違憲状態判断の基準について数値を示していない。本判決は制度に較差を生じさせる合理性があれば，投票価値の不平等は許容されるとする（判旨①）。

3②の審査につき，合理的期間の起算点と終了点は明確でない。最高裁は時間による基準を示していない。合理的期間は時間の長短だけでなく，国会が投票価値の不平等の是正に向けて如何なる措置をしたのかを評価して判断される（判旨②）。

◉事案の背景

裁判所の役割は選挙制度の憲法適合性を審査することにあり，具体的に如何なる選挙制度を構築すべきかを示せない。選挙制度の構築は国会の役割である。選挙制度が違憲と判断されれば選挙が無効とされることもあるため，国会は裁判所の判断に応える形で選挙制度を構築し，裁判所と国会で対話がなされた（佐々木）。

1972年の衆院選の最大較差1対4.81につき，最大判昭和51（1976）・4・14民集30巻3号223頁は違憲宣言判決をした。この判決の前の昭和50年に定数是正がなされ，最大較差は1対2.92となった。1975年衆院選につき，最大判昭和58（1983）・11・7民集37巻9号1243頁は定数是正で違憲状態が一応解消されたとするが，速やかに是正すべきとした。1983年の衆院選の最大較差1対4.40につき，最大判昭和60（1985）・7・17民集39巻5号1100頁は違憲宣言判決をした。国会は1986年に定数是正を行い，これに基づく同年の選挙の最大較差1対2.99につき，昭和63年判決は合憲とした。その後，平成5年判決は1990年衆院選の最大較差1対3.18を違憲状態と判断した。1992年に定数是正が行われ，これに基づく平成5年選挙の最大較差1対2.82につき，最判平成7（1995）・1・20民集49巻1号1頁は合憲と判断した。小選挙区制下でも，平成21年判決を受けて平成24年改正と平成25年改正がなされた。

【キーワード】
事情判決の法理　国政選挙が違憲と判断されると，全選挙区で選挙が無効とする論理が導き出される可能性がある。国会が機能停止する可能性があるなど，様々な混乱が生じるため，違憲だが選挙は有効とする判断を導き出す論理。

【文献】佐々木雅寿『対話的違憲審査の理論』（三省堂，2013年），赤坂正浩・ジュリ1466号8頁，倉田玲・判評666号132頁。

衆議院解散の風景（平成24年11月16日）。議長の衆議院解散宣言の後，万歳をすることが慣例となっている（出典：民主党HP〈https://www.dpj.or.jp/article/101609/衆院解散　12月16日投票総選挙へ〉）。

57 選挙権と選挙制度④

小選挙区比例代表並立制の合憲性

遠藤美奈

Ⅰ. 最大判平成 11（1999）年 11 月 10 日
民集 53 巻 8 号 1577 頁
Ⅱ. 最大判平成 11（1999）年 11 月 10 日
民集 53 巻 8 号 1704 頁

【判決のポイント】
公職選挙法が衆議院選挙について採用している比例代表制（Ⅰ）及び小選挙区制（Ⅱ）は憲法に反しない。

【事案の概要】
1994 年の選挙制度改革により，衆議院の選挙制度が中選挙区制から小選挙区比例代表並立制に変更された。この制度の下で初めて実施された 1996 年 10 月の衆議院選挙につき，同制度が違憲であることを理由に中央選挙管理委員会を相手取って複数の選挙無効訴訟が提起された。このうちⅠは東京都選挙区における比例代表選挙の無効を，Ⅱは東京都第５区における小選挙区選挙の無効を主張して提起されたものである。いずれの原審も請求を棄却していた（Ⅰ. 東京高判平成 10（1998）・10・9 民集 53 巻 8 号 1665 頁，Ⅱ. 東京高判平成 10（1998）・10・9 裁判所ウェブサイト〔平成 8 年（行ケ）278 号〕）。

裁判所の判断 ——Ⅰ，Ⅱのいずれも上告棄却

①憲法は「国会の両議院の議員の選挙について，およそ議員は全国民を代表するものでなければならないという制約の下で，……選挙に関する事項は法律で定めるべきものとし……，両議院の議員の各選挙制度の仕組みの具体的決定を原則として国会の広い裁量にゆだねている」。新たな選挙制度の仕組みは，その具体的な定めが「右の制約や法の下の平等などの憲法上の要請に反するため国会の右のような広い裁量権を考慮してもなおその限界を超えており，これを是認することができない場合に，初めて」憲法に違反する（Ⅰ，Ⅱ共通）。

②重複立候補制で小選挙区選挙の落選者が比例代表選挙で当選しうることは，「小選挙区選挙において示された民意に照らせば，議論があり得る」が，国会が裁量で決定できる事項である。

被選挙権又は立候補の自由は重要な基本的人権であるから，「合理的な理由なく立候補の自由を制限することは，憲法の要請に反する」が，「候補者届出政党の要件は，……選挙制度を政策本位，政党本位のものとするために設けられたものと解され」，「政党の果たしている国政上の重要な役割にかんがみれば，選挙制度を政策本位，政党本位のものとすることは，国会の裁量の範囲に属する」。したがって，同じく政策本位，政党本位の選挙制度というべき両選挙への重複立候補者が「候補者届出政党の要件と衆議院名簿届出政党等の要件の両方を充足する政党等に所属する者に限定されていることには，相応の合理性が認められ」，立候補の自由や選挙権の行使の不当な制限とはいえない。

各政党等の得票数に応じて「名簿の順位に従って当選人を決定する方式は，投票の結果すなわち選挙人の総意により当選人が決定される点」で，選挙人が候補者個人を直接選択して投票する方式と異ならない。複数の重複立候補者の比例名簿における順位が同一である場合には，当選が小選挙区選挙の結果を待たないと確定しないが，「結局のところ当選人となるべき順位は投票の結果によって決定される」から，「比例代表選挙が直接選挙に当たらない」とはいえない。（以上，Ⅰ）

③「小選挙区制は，全国的にみて国民の高い支持を集めた政党等に所属する者が得票率以上の割合で議席を獲得する可能性があって，民意を集約し政権の安定につながる特質を有する反面，このような支持を集めることができれば，野党や少数派政党等」も多数の議席を獲得「できる可能性があり，政権の交代を促す特質」を有し，「特定の政党等にとってのみ有利な制度とはいえない」。小選挙区制が死票を多く生む可能性は否定し難いが，死票はいかなる制度でも生ずるものであり，各選挙区の最高得票者を「当選人とすることが選挙人の総意を示したものではないとはいえない」。「小選挙区制は，選挙を通じて国民の総意を議席に反映させる一つの合理的方法ということができ，これによって選出された議

員が全国民の代表であるという性格と矛盾抵触するものではない」から，小選挙区制の採用が国会の裁量の限界を超えるとはいえない。

※河合伸一ら4裁判官，及び福田博裁判官による2つの反対意見がある。（以上，Ⅱ）

解　説

Ⅰ及びⅡは，衆議院における小選挙区比例代表並立制の合憲性について最高裁が初めて判断を示したものである。小選挙区選挙と比例代表選挙は別個の選挙とされるが，a）所属国会議員を衆参両院で計5名以上有するか，b）直近の衆議院小選挙区，比例代表，参議院比例代表，選挙区のいずれかの選挙において当該選挙の有効投票総数の2％以上を獲得した政党等（以下「候補者届出政党」）に所属する候補者は，小選挙区で落選しても比例代表選挙で復活しうる重複立候補が認められる。

Ⅰ判決は選挙制度の「仕組み」に関する広い立法裁量を前提に，重複立候補制の採用も裁量で決定でき，制度の利用資格を候補者届出政党所属者に限定したことにも選挙の「政策本位，政党本位」化から合理性が認められるとした。しかしすでに政治力を有する既成政党の所属候補だけに復活当選を可能とすることが，政策・政党本位の選挙への志向によって正当化しうるかには疑問が残る。また，名簿順に当選する拘束名簿式の比例選挙と，名簿における同順位候補者――本件選挙近畿ブロックの名簿1位には42名が登載されていた――の復活当選が小選挙区の**惜敗率**で決まることの直接選挙原則への抵触も否定されたが，「直接選挙」の憲法上の根拠と内容は明らかにされていない。

Ⅱ判決は小選挙区についても，多数派に極端に有利な議会の誕生を許し少数派を議会から排除するとする主張を斥けて合憲とした。民意の集約と政権の安定において一定の意義が認められる制度を，違憲とまでは評価できないとしても，それが憲法の規定する統治構造と整合し協調的に作動するかどうかには，別途の評価も可能であろう。

◉事案の背景

衆議院選挙においては，1925年の男子普通選挙制成立以来，日本国憲法の成立後も，選挙区定数をほぼ一貫して3から5とする，いわゆる中選挙区制が長く採用されていた。この制度では少数派も一定程度議会に進出できたが，確実な当選のためには候補者を絞らざるを得ず，多数派を奪取しうる野党は育たなかった。1988年の**リクルート事件**を機に政治腐敗への批判が高まると，同一選挙区に複数候補を擁立してきた与党自民党内で，金権政治の排除に向けて選挙制度改革が主張されるようになる。中選挙区制では選挙が党の政策ではなく候補者個人間や派閥間の競争となり，違いを出すための選挙費用の膨張や利益団体との結びつきが汚職につながった，という理屈である。第8次選挙制度審議会答申（1990年）は「民意の集約，政治における意思決定と責任の帰属の明確化及び政権交代の可能性を重視」しつつ，「少数意見の国政への反映にも配慮する必要があること」などから小選挙区比例代表並立制を提案し，これを軸に公職選挙法改正が模索された。しかし自民党自身による改革は座礁し，現行制度の導入は，1993年の衆議院選挙で同党が過半数割れして成立した非自民・非共産の細川連立政権の下，1994年に実現した。

【キーワード】

惜敗率　小選挙区における当選者の得票数に対する各落選者の得票数の比率。衆議院比例代表選挙における小選挙区との重複立候補者は，名簿の同じ順位に何人でも登載可能であり，そのような候補者間の当選は惜敗率が大きい順に決定される。

リクルート事件　就職・住宅情報誌大手のリクルート社が，首相を始め現職閣僚を含む与野党有力議員，高級官僚，財界・マスコミ有力者に，店頭公開されれば値上がり確実な関連会社の未公開株（1986年に公開）の譲渡や献金を行った事件。1988年の本件発覚は国民の政治不信を深め，翌年には株を譲渡されるのみならず同社に多額の借金をしていた当時の竹下内閣を総辞職に導き，消費税導入への反発も相重なって参議院議員選挙で自民党を惨敗させた。

【文献】加藤秀治郎『日本の選挙』（中央公論新社，2003年），毛利 透「選挙制度改革」争点85，「特集・新選挙制度の検証」ジュリ1106号（1997年）9頁，百選Ⅱ・157（只野雅人）。

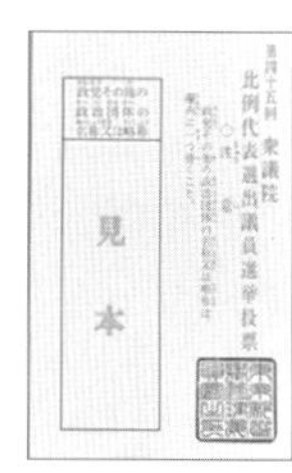

衆議院選挙の投票用紙：小選挙区と比例代表それぞれで1票ずつ投じる。（出典：時事ドットコム〈http://www.jiji.com/jc/v2?id=20090721_dai45kaisosenkyo_05〉）

58 選挙権と選挙制度⑤

選挙活動の制限

辻 雄一郎

Ⅰ. 最大判昭 30（1955）年 3 年 30 日
刑集 9 巻 3 号 635 頁
Ⅱ. 最三判昭 56（1981）年 7 月 21 日
刑集 35 巻 5 号 568 頁

【判決のポイント】
選挙の公正という目的で**公職選挙法**上，一定の選挙活動は制約される。

【事案の概要】
Ⅰ. 京都府の T 製作所の労働組合は，加賀田進（以下，K）・柳田秀一（以下，Y）を衆議院選挙の候補者として推薦する旨を機関紙に記載して選挙期間中に工場内で**頒布**した。

記事の表題は「……委員会報告　寺内従組（従業員組合委員会のこと）で一区 K，二区 Y 両氏を推薦支持と決定」である。記事によれば，総評（日本労働組合総評議会）および SKR（京都金属産業労働組合連合会）に京都一区に K，二区に Y を決定して，寺内従組もこの二名を推薦するように委員会で決定したという。

さらに，記事は，この選挙こそが，「吉田をはじめ全ての反動勢力を打倒する唯一のチヤンスであり吉田内閣が単独講和，安保両条約の発効以来企図していた日本の植民地的アメリカへの服従とアメリカ国防政策につながる再軍備促進への野望を粉砕」するものだという。

そして，記事は，「真に吾々の代表として吾々の立場に立つ人を一人でも多く国会へ送り出さねばならない，各位の絶大な支援と協力を願ひます」と依頼するものであった。

Ⅱ. Y は立川市の市議会議員選挙の立候補を決意した。Y は立候補の届出する前に，11 件を戸別に訪問して，投票するように依頼した。第一審（東京地裁八王子支部判昭和 54（1979）・6・8 昭 49（わ）651 号）は罰金刑 15000 円を言い渡した。第二審（東京高判昭和 55（1980）・7・18 昭 54（う）1572 号）も有罪を支持した。

裁判所の判断 ——Ⅰ上告棄却　Ⅱ上告棄却

Ⅰ.（旧）公職選挙法 146 条は，憲法 21 条に違反しない　（旧）公職選挙法 146 条は，公職の選挙に文書図画の無制限の頒布，掲示をなんら制限なく認めてしまうと，選挙運動に不当の競争を招き，選挙の自由公正を害する可能性が高い。この「弊害」を防止するために，選挙運動期間中に限って，文書図画の頒布，掲示につき一定の規制をしている。これは，「憲法上許された必要且つ合理的の制限」である。

Ⅱ. 公職選挙法の各規定は憲法前文，15 条，21 条，14 条に違反しない　公職選挙法 129 条，239 条 1 号，138 条，239 条 3 号の各規定は，憲法前文，15 条，21 条，14 条に違反しない。

伊藤正己裁判官補足意見　Ⅱの第三小法廷は本規制を合憲としている。伊藤正己裁判官は補足意見を執筆している。戸別訪問を禁止する根拠が「単に公共の福祉に基づく時，所，方法等についての合理的制限である」だけでは弱いという。伊藤裁判官によれば，選挙運動とは，「あらゆる言論が必要最少限度の制約のもとに自由に競いあう場」ではない。各候補者は選挙の公正を確保するために定められたルールにしたがって選挙活動する。

このルールの内容は，立法政策に広く委ねられており，必要最小限度の制約だけが許容される。伊藤裁判官は，この規制について厳格審査基準は適用されないと述べる。

憲法 47 条は「選挙運動のルールについて国会の立法の裁量の余地」が認められ，「国会は，選挙区の定め方，投票の方法，わが国における選挙の実態など諸般の事情を考慮して選挙運動のルールを定めうるのであり，これが合理的とは考えられないような特段の事情のない限り」尊重されるという。

解　説

1選挙活動を規制する意味は　候補者の選挙活動を通じて，有権者は選挙に関して必要な情報に触れている。この選挙というゲームを始める前に一律に選挙活動を禁止してしまうことは，表現の内容規制に該当しないのか，という意見もありえる。内容規制であれば厳格審査が適用される。

伊藤裁判官によれば，厳格審査は適用されないという。

②戸別訪問を禁止する意味は　公職選挙法138条1項は，戸別訪問を一律に禁止している。戸別訪問して，候補者が有権者に自分の公約を説明する手段としての戸別訪問を禁止するのだろうか？

最高裁は1）有権者が買収されたり，利益誘導されたりする，2）有権者の生活の静穏が害される，3）候補者に多額の出費を余儀なくさせる，4）情実に流される，5）戸別訪問の禁止は意見の表明そのものを抑止するのではなく，意見表明のための一つの手段を禁止するものにすぎない，と説明している。

③サッカーのルールと選挙に関係があるのか

伊藤補足意見は，上記の1）から5）までの根拠では規制を支持するには不十分であるという。選挙というゲームでは憲法47条にもとづき選手（候補者）全員が従うべきルールとして，この国会に裁量が認められるという読み方は妥当だろうか。伊藤正巳補足意見は、国会が選挙活動のルールを設定する権限を有している点を強調した。このルールが不合理でない限りは、各候補者はこのルールを守るべきだと考える。選挙活動の制限を裁判所が審査する際、2つのアプローチが考えられる。ひとつは、主権者から選挙で選ばれた代表者から構成される国会がルールを決める裁量に注目するものである。もうひとつは選挙権の制限やはく奪に注目する立場である。次の点が可能かを検討してみてほしい。

現在では、投票率を上昇させるためにスーパーや大学の構内に投票所を設置することが議論されている。公選法を改正し、投票時間を1時間にしたり、投票所の数を減らしたりすることができるだろうか。

公選法上の文書図画の頒布や立候補届け出前の選挙活動の禁止はルールか権利の制限の問題だろうか。成年後見制度に基づく選挙権の制限は東京地裁判決（東京地判平成25年3月14日）後に公選法は改正されている。

◉事案の背景

選挙活動の規制にあたって，DVD「選挙」が参考になる。候補者の名前だけを連呼するなど，日本特有であり，そして日本の一般社会ともかけ離れた選挙活動の慣行を客観的に検討する手がかりになる。また，Ｉのように会社や労働組合が組織で一体となって，特定の候補者を当選させるために選挙活動が行われる。公職選挙法で戸別訪問が禁止されているため，公職立候補者は駅前で演説をしたり，選挙カーで政策を訴えたりしている。

【キーワード】

公職選挙法　憲法にしたがい，衆議院，参議院，地方公共団体の議会ならびに首長の選挙制度を確立するための法律。選挙人の自由に表明する意思によって公明かつ適正な選挙を確保して，民主主義の健全な発達を目的としている。

頒布（はんぷ）　意見や資料を配布すること。

【文献】 DVD想田和弘監督『選挙』（紀伊国屋書店，2007），長谷部恭男『憲法〔第6版〕』（新世社）。

DVD『選挙』（想田，2007）

59 象徴天皇制

天皇と民事裁判権

茂木洋平

最判平成元（1989）年11月10日
民集43巻10号1160頁

【判決のポイント】
天皇は日本国及び日本国民統合の象徴であり，民事裁判権は及ばない。

【事案の概要】
1988年9月に昭和天皇は吐血し，重体に陥った。多くの地方公共団体は昭和天皇の病気快癒を願う記帳所を公費で設置した。翌年1月に昭和天皇は死去し，その地位を現天皇が世襲した。千葉県知事は1988年9月から翌年1月までの期間，県民記帳所を公費により設置した。千葉県住民X（原告・控訴人・上告人）は当該公費支出は違法であり，昭和天皇は記帳所設置費用相当額を不当に利得したと主張し，地方自治法242条の2第1項4号（平成14年法4号による改正前のもの）に基づいて，千葉県に代位して，昭和天皇の相続人である現天皇には不当利得返還請求の，また千葉県知事には損害賠償請求の住民訴訟を提起した。

第一審の裁判長は，法は天皇が民事訴訟当事者になることを予定していないとして訴状を却下した（判例集未搭載）。Xは即時抗告。控訴審の東京高裁は訴状却下の命令を取消し，本案審理が開始された（東京高決平成元(1989)・4・4判時1307号112頁）。

第一審は「象徴という特殊な地位に鑑み，公人としての天皇に係わる行為については，内閣が直接に又は宮内庁を通じて間接に補佐することになり，その行為に対する責任もまた内閣が負うことになるので，天皇に対しては民事裁判権がない」として訴えを却下した（千葉地判平成元（1989）・5・4民集43巻10号1166頁）。控訴審は以下のように判示し，控訴を棄却した。天皇も日本国籍を持つ自然人であり，私的行為をすることがあり，その効力は民法などの法に従う。しかし，天皇に民事裁判権が及び，証人となる義務を負担することは「日本国の象徴であり日本国民統合の象徴であるという，天皇の憲法上の地位とは全くそぐわないものである」。

裁判所の判断 ―― 上告棄却

①「天皇は日本国の象徴であり日本国民統合の象徴であることにかんがみ，天皇には民事裁判権が及ばないものと解するのが相当である。したがって，訴状において天皇を被告とする訴えについては，その訴状を却下すべきものであるが，本件訴えを不適法として却下した第1審判決を維持した原判決は，これを違法として破棄するまでもない」。

解　　説

1大日本帝国憲法では，天皇は神聖不可侵な存在とされた（帝国憲法3条）。帝国憲法下での学説は，神聖不可侵性から，天皇の尊厳を害する方法で天皇に責任を負わせてはならないとし（日比野15頁），天皇の政治責任と刑事責任は問われないとした。日本国憲法下では，天皇は日本国と日本国民統合の象徴であり，その地位は日本国民の総意に基づく（憲法1条）。日本国憲法下でも，学説は天皇に政治責任と刑事責任を問えないとする。その理由は，象徴性から当然に導き出されない。

日本国憲法下では，天皇は政治から厳格に隔離される（憲法4条）。天皇の国事行為は内閣の助言と承認に基づく（憲法3条）。国事行為について，天皇には意思決定権がないため，政治責任を問われない。

どのような理由から，天皇の刑事責任が問われないのか。摂政に就任した皇族（**皇室典範**21条）と国事行為の臨時代行を委任された皇族は（国事行為の臨時代行に関する法律6条），在任中は訴追されない。摂政などが在任中に訴追されると，国事行為を行うのが難しくなり，国政が停滞する。2つの規定は，在任中に訴追されないことによって「訴追の権利は害されない」としており，在任中を除いて刑事訴追をする余地が残されている。多くの学説はこれらの規定から類推解釈をし，天皇には刑事責任が及ばないとする。とすれば，天皇に刑事責任が及ばない理由は，天皇が刑事責任を負うことで国事行為の遂行が妨げられ，国政が停滞することにある（水島・370–71頁）。天皇の生前退位は認められない（皇室典範4条）。そのため，天皇に刑事責任を負わせることは常に国政の停滞を招くおそれがある。

2新憲法制定の帝国議会では，天皇の民事責任を肯定する答弁が繰り返しなされた（佐々木・101頁）。学説も天皇の民事責任を肯定するが，特に理由は示されていない（清宮・173頁等）。敢て理由を示せば，天皇の私的行為はその意思に基づき，自らの意思に基づく行為に民事責任を負うのは当然であるところにある（高野・6頁）。民事裁判権とは民事事件を処理する裁判所の権能を指し，天皇に民事裁判権が及ぶのかは天皇に民事責任があるのかとは別問題である。民事訴訟学説では，自然人である以上，天皇にも民事裁判権が及ぶとする肯定説が多数である（新堂幸司『民事訴訟法』〈第2版補訂版〉56頁）。否定説は，天皇に民事裁判権が及ぶことは象徴としての地位にそぐわないとする（斎藤秀夫ほか『注解民事訴訟法Ⅰ』〈第2版〉210頁［斎藤］）。

3本判決は，天皇の象徴性から直ちに天皇の民事裁判権を否定した。天皇に刑事責任を負わせることは，象徴性を害する可能性がある。しかし，民事裁判権を認め，民事責任を問うことは天皇の象徴性を害しない。例えば，第2審判決は天皇が被告適格を有し証人となる義務を負担することが象徴性にそぐわないとするが，旧皇室典範50条では，皇族に対する民事訴訟において「皇族ハ代人ヲ以テ訴訟ニ当ラシメ自ヲ訟廷ニ出ルヲ要セス」とされている。日本国憲法下で同様に解せば，天皇に民事裁判権を及ぼしても，象徴性を害さない。

◉事案の背景

昭和天皇が吐血し，重体であるとの報道がなされた後，病気快癒を願い記帳した人数は1週間で235万人にのぼり，最終的には900万人に達した。昭和天皇には戦争の政治的・道義的責任があると考える人々がいる一方で，この数値は日本の再建に向けた戦後の昭和天皇の歩みを評価し，親しみを感じる人々が多くいたことを示している。

昭和天皇の病状はつぶさに報道され，自粛の空気が世間を覆った。文化祭等のイベントが中止される大学もあり，小中学校では運動会や体育祭が自粛された。昭和63年のペナントレースに優勝した中日ドラゴンズは「祝勝会」を「慰労会」に変更し，ビールかけは行わなかった。テレビやラジオ等のメディアでは，生死を連想させる台詞のあるCM放送や，タイトルに「祝」という文字の入っている，あるいは歌詞に生死に関する言葉のある歌の放送を自粛した。皇太子（現天皇）や竹下首相（当時）等は過度な自粛は昭和天皇の意思にそぐわないと発言したが，この空気は変わらなかった。過剰なまでに批判をおそれる空気が作り出され，大喪の礼が終わるまで自粛は続いた。批判をおそれるあまり，みなが自身に様々な制約をかけていく状況は，戦争中に通じるものがあるのかもしれない。

【キーワード】
皇室典範　皇室の構成や制度等について定められている。戦前は帝国憲法と同格の規定とされたが，戦後はGHQの意向から法律とされ，理論上は，国会を通じて国民が皇室に関与することになった。

【文献】 百選Ⅱ・5（水島朝穂），民事訴訟法百選Ⅰ（長谷部恭男），佐々木高雄・法教116号100頁，日比野　勤・ジュリ957号14頁，高野幹久・法教126号6頁。

連合国軍最高司令官マッカーサーを訪れた昭和天皇（1945年9月27日東京・赤坂のアメリカ大使館にて撮影）。正装の昭和天皇とノーネクタイで腰にゆったりと手を当てたこの写真は当時の日本人に大きな衝撃を与えた。戦後，昭和天皇は象徴として新たな役割を担った。

60 戦争放棄と第９条①

砂川事件

吉田仁美

最大判昭和 34（1959）年 12 月 16 日
刑集 13 巻 13 号 3225 頁

【判決のポイント】
日米安全保障条約は，高度の政治性を有し，合憲性の判断は，一見極めて明白に違憲無効であると認められない限りは，裁判所の違憲審査権の範囲外である。米軍の駐留は，憲法９条に違反しない。そのため，刑事特別法２条は，憲法 31 条に違反しない。

【事案の概要】
1957 年７月８日，駐留米軍が使用する立川飛行場の拡張のための測量に抗議するデモ隊が，基地内に立ち入り，日本とアメリカ合衆国との間の安全保障条約（旧安保条約）第３条にもとづく行政協定に伴う刑事特別法２条（合衆国が使用する施設または区域を侵す罪，以下，刑事特別法２条）違反で起訴された。

立ち入り禁止場所への正当な理由のない立ち入りは，軽犯罪法１条 32 号（拘留または科料）よりも，刑事特別法２条（１年以下の懲役等）のほうが処罰が重い。

第一審の東京地裁（東京地判昭和 34（1959）・3・30 下刑集１巻３号 776 頁）は，アメリカ合衆国軍隊の駐留が，９条２項違反であるとして，戦力を保持しない旨の規定に違反し許すべからざるものであるということを前提として，刑事特別法２条が，憲法 31 条に違反し無効であるとした。検察官は，刑事訴訟法規則 254 条により，最高裁に**跳躍上告**した。

裁判所の判断――破棄差戻し

①９条は，「同条にいわゆる戦争を放棄し，いわゆる戦力の保持を禁止しているのであるが」，「これによりわが国が主権国として持つ固有の自衛権は何ら否定されたものではなく，わが憲法の平和主義は決して無防備，無抵抗を定めたものではない」。「わが国が，自国の平和と安全を維持しその存立を全うするために必要な自衛のための措置をとりうることは，国家固有の権能の行使として当然のことといわなければならない。すなわち，われら日本国民は，憲法９条２項により，同条項にいわゆる戦力は保持しないけれども，これによつて生ずるわが国の防衛力の不足は，これを憲法前文にいわゆる平和を愛好する諸国民の公正と信義に信頼することによつて補ない，もつてわれらの安全と生存を保持しようと決意したのである。そしてそれは，必ずしも原判決のいうように，国際連合の機関である安全保障理事会等の執る軍事的安全措置等に限定されたものではなく，わが国の平和と安全を維持するための安全保障であれば，その目的を達するにふさわしい方式又は手段である限り，国際情勢の実情に即応して適当と認められるものを選ぶことができることはもとよりであつて，憲法９条は，わが国がその平和と安全を維持するために他国に安全保障を求めることを，何ら禁ずるものではないのである」。

②９条２項が「戦力の不保持を規定したのは，わが国がいわゆる戦力を保持し，自らその主体となつてこれに指揮権，管理権を行使することにより，同条一項において永久に放棄することを定めたいわゆる侵略戦争を引き起こすがごときことのないようにするためであると解するを相当とする。従つて同条２項がいわゆる自衛のための戦力の保持をも禁じたものであるか否かは別として，同条項がその保持を禁止した戦力とは，わが国がその主体となつてこれに指揮権，管理権を行使し得る戦力をいうものであり，結局わが国自体の戦力を指し，外国の軍隊は，たとえそれがわが国に駐留するとしても，ここにいう戦力には該当しないと解すべきである」。

③日米安全保障条約は，サンフランシスコ平和条約と「同日に締結せられた，これと密接不可分の関係にある条約である。右安全保障条約の目的とするところは，その前文によれば，平和条約の発効時において，わが国固有の自衛権を行使する有効な手段を持たない実状に鑑み，無責任な軍国主義の危険に対処する必要上，平和条約がわが国に主権国として集団的安全保障取極を締結する権利を有すること

を承認し，さらに，国際連合憲章がすべての国が個別的および集団的自衛の固有の権利を有することを承認しているのに基き，わが国の防衛のための暫定措置として，武力攻撃を阻止するため，わが国はアメリカ合衆国がわが国内およびその附近にその軍隊を配備する権利を許容する等，わが国の安全と防衛を確保するに必要な事項を定めるにあることは明瞭である。それ故，右安全保障条約は，その内容において，主権国としてのわが国の平和と安全，ひいてはわが国存立の基礎に極めて重大な関係を有するものというべきであるが，また，その成立に当つては，時の内閣は憲法の条章に基き，米国と数次に亘る交渉の末，わが国の重大政策として適式に締結し，その後，それが憲法に適合するか否かの討議をも含めて衆参両院において慎重に審議せられた上，適法妥当なものとして国会の承認を経たものであることも公知の事実である」。

④「本件安全保障条約は，前述のごとく，主権国としてのわが国の存立の基礎に極めて重大な関係をもつ高度の政治性を有するものというべきであつて，その内容が違憲なりや否やの法的判断は，その条約を締結した内閣およびこれを承認した国会の高度の政治的ないし自由裁量的判断と表裏をなす点がすくなくない。それ故，右違憲なりや否やの法的判断は，純司法的機能をその使命とする司法裁判所の審査には，原則としてなじまない性質のものであり，従つて，一見極めて明白に違憲無効であると認められない限りは，裁判所の司法審査権の範囲外のものであつて，それは第一次的には，右条約の締結権を有する内閣およびこれに対して承認権を有する国会の判断に従うべく，終局的には，主権を有する国民の政治的批判に委ねらるべきものであると解するを相当とする。そして，このことは，本件安全保障条約またはこれに基く政府の行為の違憲なりや否やが，本件のように前提問題となつている場合であると否とにかかわらないのである」。

⑤「安全保障条約および同条約３条に基く行政協定の規定の示すところをみると，右駐留軍隊は外国軍隊であつて，わが国自体の戦力でないことはもちろん，これに対する指揮権，管理権は，すべてアメリカ合衆国に存し，わが国がその主体となつてあだかも自国の軍隊に対すると同様の指揮権，管理権を有するものでないことが明らかである」。米軍駐留の「目的は，専らわが国およびわが国を含めた極東の平和と安全を維持し，再び戦争の惨禍が起らないようにすることに存し，わが国がその駐留を許容したのは，わが国の防衛力の不足を，平和を愛好する諸国民の公正と信義に信頼して補なおうとしたものに外ならないことが窺えるのである」。このような「アメリカ合衆国軍隊の駐留は，憲法９条，98条２項および前文の趣旨に適合こそすれ，これらの条章に反して違憲無効であることが一見極めて明白であるとは，到底認められない」。

⑥「原判決が，アメリカ合衆国軍隊の駐留が憲法９条２項前段に違反し許すべからざるものと判断したのは，裁判所の司法審査権の範囲を逸脱し同条項および憲法前文の解釈を誤つたものであり，従つて，これを前提として本件刑事特別法２条を違憲無効としたことも失当であつて……原判決は……破棄を免かれない」。

解　説

本件の最高裁は，条約は違憲審査しうる（憲法優位説）という前提に立った上で，安保条約には高度の政治性があり，違憲審査になじまないとした。その一方，行政裁量・立法裁量を肯定しながら，「一見極めて明白に違憲無効であ」れば，司法判断をおこなうとしたことから（そうした判断がされる場面は実際はありえないと指摘される），最高裁の援用したのは，純粋な**統治行為論**ではないとされる。学説は，統治行為論の拡大を懸念することからも，むしろ，行政裁量論・立法裁量論により，安保条約による米軍駐留を合憲としたとみるべきで，統治行為論に訴える必要はないとする。さらには，この判旨は，条約は違憲審査の対象とならない（条約優位説），統治行為で違憲審査の対象とならない，米軍の駐留は実質論として合憲である，との様々な立場の裁判官の意見を最大公約数的にまとめたもので，米軍の駐留が，憲法の諸規定に照らし合憲だということに疑いがないという論旨だと指摘される（長谷部）。

なお，安保条約はこの判決の翌年，全面改定されており，新たな審査が必要で，以後の事案（例えば，最大判平成８（1996）・８・24民集50巻７号1952頁）で本判決を単に引用して合憲性の根拠とすることはできないとの批判がある。

◉事案の背景

国は，駐留米軍が使用する立川飛行場の拡張を計画した。地元砂川町議会が全員一致で反対の決議をし，1955–57 年にかけ，学生運動も参加した，住民の反対運動が起こった。本件では，基地拡張のための測量に，1000 名以上が抗議行動をし，境界柵を引き抜いて，基地内に数メートル，約 1 時間の間立ち入った。当日，逮捕は行われなかったが，9 月 22 日になって，23 人が起訴された。1960 年の安保条約改定を目前に，検察官は，1 審から最高裁に跳躍上告した（今のところ，跳躍上告がなされた例は，ほかにない）。最高裁の判断は強い批判を受けた。1961 年の差戻し審判決では，7 人の被告人を有罪としたが，情状酌量により 2,000 円の罰金を課すにとどまった。2008 年に，判決前の駐日アメリカ大使と田中耕太郎最高裁長官の密談がアメリカの公文書から明らかになり，本判決は，さらに批判された。また，安倍晋三内閣は，本判決を，集団的自衛権の行使を容認する閣議決定（2015 年 5 月）及び，これに基づく安保法制改正（2015 年 9 月）の根拠として挙げたが，多くの憲法研究者や，元最高裁長官をはじめ，複数の元最高裁裁判官らにより，砂川事件は米軍駐留の合憲性を争った事案にすぎず，集団的自衛権の行使の合憲性の問題に全く関係がないと，強く批判された。また，砂川事件を担当した入江俊郎元裁判官が，判決について，「『自衛のための措置をとりうる』というが，『自衛の為の武力か，自衛設備をもってよい』とまでは云わない」とするメモを残していたことがわかり，自衛隊による個別的自衛権や集団的自衛権の行使にかかわる判決ではなかったとの認識がもたれていたことも紹介された（朝日新聞 2015 年 9 月 15 日）。

【キーワード】

🔎**跳躍上告**　第一審判決から最高裁に直接上告すること。一定の条件をみたす必要がある。刑事訴訟法第 406 条をうけた刑事訴訟規則第 254 条及び第 255 条で定められる。

🔎**統治行為論**　「直接国家統治の基本に関する高度に政治性のある国家行為」で，法律上の争訟ではあるが，事柄の性質上，裁判所が司法審査をしないもの。アメリカでは政治問題（political question）と呼ばれる（芦部信喜，戸松秀典）。

【文献】 百選Ⅱ・360（浦田一郎），百選Ⅱ〈第 5 版〉・179（森英樹），芹沢斉「砂川事件」憲法訴訟［法セ増刊］（1983 年）44 頁，高見勝利「法／最高裁／統治」法時 87 巻 5 号（2015 年）50 頁，長谷部恭男「砂川事件判決における『統治行為』論」法時 87 巻 5 号（2015 年）44 頁，山田隆司「戦後史で読む憲法判例　⑪『在日米軍基地』と砂川事件　上・下」法セ 717 号 60 頁，718 号（2014 年）56 頁。

航空写真に見る 1974 年撮影の立川飛行場付近。1977 年の全面返還前（国土交通省 国土画像情報（カラー空中写真）より作成）

布川玲子・新原昭治［編著］『砂川事件と田中最高裁長官―米解禁文書が明らかにした日本の司法』（日本評論社，2013 年）。

コラム５　諸外国の憲法裁判から

日本国憲法の違憲審査制

日本国憲法の「司法」について，戦前の大日本帝国憲法の「司法」と比べてみると，三つの特徴を指摘することができます。それは，①司法権の範囲が広がり，②司法権の独立が強化され，そして③違憲審査制が導入されたことです（芦部・336頁）。戦前のドイツ・フランスなど大陸諸国の影響を受けた「司法」から，イギリスやアメリカの法の支配の原則に根ざした「司法」制度への大きな転換をみることができます。

違憲審査制（憲法81条）が導入されたことは，個々の権利の実効的な保障・救済にとって大きな意味をもちます。国民の代表機関である国会が制定した法律ですら，裁判所は憲法違反と判断することができるようになりました。もっとも，裁判所はそれら法律や行政処分等に対して，どのような考え方や手法で合憲・違憲の判断を行うのでしょうか。過去の判例・学説を振り返ると，特に1960年代半ばを一転機として，いかなる憲法上の争点を，どのように主張・立証すべきか等について，意識的に議論が行われるようになったことが分かります（「憲法訴訟論」と呼ばれます）。背景には，アメリカのロー・スクールで行われている判例をもとにしたケース・スタディの影響がうかがえます。

本書の解説のなかにも，立法事実，憲法判断回避のルールといった憲法判断の方法や，違憲審査基準，判決の効力に関する議論が紹介されています。これらは主にアメリカの判例理論の歴史的展開のなかで形作られてきた考え方です。

アメリカとドイツの憲法裁判

日本の憲法判例を考えるうえで，諸外国の司法制度や裁判所の判決等も大いに参考となります。裁判所による違憲審査制は，一般に大きく二つの型に分けられます。ここでは，その代表であるアメリカとドイツについてごく簡単に触れておきます。

１）アメリカ　日本国憲法は，アメリカ型の付随的違憲審査制度を採用したといわれます。アメリカでは，通常の裁判所が具体的な争訟を裁判する際に，その前提として，事件の解決に必要なかぎりで，当該事件に適用される法律の違憲審査を行っています。したがって，原告適格や訴えの利益などの訴訟要件が必要となります。この場合，違憲判決の効力も当該事件についてのみ及ぶこととなります。

２）ドイツ　ドイツでは，憲法裁判のみを集中的に行う「連邦憲法裁判所」という特別な裁判所が設置されています。そこでは，具体的な個人の権利義務に関する争いとは関係なく，抽象的に違憲審査を行うことも認められています。例えば，政府や議員らが，個人の権利侵害の有無とは関係なく，憲法裁判所に対して法律等の合憲性について審査を求めることができます。この場合，違憲判決の効力は一般的な効力をもつこととなります。

一見，両国には大きな相違があるようですが，実際のところ，両者の「合一化傾向」も指摘されます。諸外国では，この両者の折衷的な制度を採用しているところもみられます。日本でも，憲法を改正して憲法裁判所を導入しようとする意見があります。将来的に，日本の違憲審査制をどのように運用していくか。その意味でも，過去の憲法判例を振り返りながら，国会・内閣との関係性のなかで裁判所の果たす役割について再検討していくことが求められます。

【アメリカ合衆国連邦最高裁判所】（左）
出典：http://www.supremecourt.gov/visiting/exhibition.aspx
【ドイツ連邦憲法裁判所】（右）
出典：http://www.bundesverfassungsgericht.de/DE/Homepage/homepage_node.html

61 戦争放棄と第9条②

恵庭事件

渡辺暁彦

札幌地判昭和42（1967）年3月29日
下刑集9巻3号359頁

【判決のポイント】
裁判所が違憲審査権を行使できるのは，具体的争訟の裁判に必要な限度にかぎられる。

【事案の概要】
北海道千歳郡恵庭町（現在の恵庭市）で牧場を経営する兄弟は，西隣にある自衛隊演習場の砲撃等の騒音によって，育てていた乳牛が被害（早流産や乳量の減少など）を受けているとして自衛隊に抗議を行ってきた。

こうした抗議・交渉の末，補償請求は受け入れられなかったものの，牧場との境界線付近での射撃に際しては事前連絡を行う旨の紳士協定が結ばれた。

ところが，1962年12月11日，何の連絡もないままに，実弾演習が始められた。そこで被告人らは11日午後と翌12日午前に通信線を何カ所か切断した。当該行為が，**自衛隊法121条**に定める「防衛用器物損壊罪」にあたるとして起訴されたのが本件である。

裁判所の判断

被告人両名は，いずれも無罪

①「被告人両名の切断した本件通信線が自衛隊法121条にいわゆる『その他の防衛の用に供する物』にあたるか否かを検討してみるに，……多くの実質的疑問が存し」，「〔武器，弾薬，航空機などの〕例示物件との類似性の有無に関して実質的な疑問をさしはさむ理由があるばあいには，罪刑法定主義の原則にもとづき，これを消極に解し，『その他の防衛の用に供する物』に該当しないものというのが相当である」。

②「弁護人らは，本件審理の当初から……，自衛隊法121条を含む自衛隊法全般ないし自衛隊等の違法性を強く主張しているが，およそ，裁判所が一定の立法なりその他の国家行為について違憲審査権を行使しうるのは，具体的な法律上の争訟の裁判においてのみであるとともに，具体的争訟の裁判に必要な限度にかぎられることはいうまでもない。このことを，本件のごとき刑事事件にそくしていうならば，当該事件の裁判の主文の判断に直接かつ絶対必要なばあいにだけ，立法その他の国家行為の憲法適否に関する審査決定をなすべきことを意味する」。

③「被告人両名の行為について，自衛隊法121条の構成要件に該当しないとの結論に達した以上，もはや，弁護人ら指摘の憲法問題に関し，なんらの判断をおこなう必要がないのみならず，これをおこなうべきでもない」。

解　説

自衛隊は合憲か違憲か。この問題について初の憲法判断が下されるものと期待されたのが本事案である。本件判決では，自衛隊（法）の合憲性について正面から触れることなく，自衛隊法121条の**犯罪構成要件**に該当しないとして，被告人らに無罪判決が下された。3年半におよぶ公判では，事実審理よりも憲法9条をめぐる憲法論争に重点がおかれていただけに，本件判決は大方の予想を裏切るもので，「肩すかし」判決とまで評された。

学説上，このような裁判所の判断に対しては，賛否みられるところである。裁判所の姿勢を支持する見解は，被告人を有罪にするか無罪にするかの決定にあたり，憲法判断を行わなくても無罪という結論がでると判断したのだから，憲法判断には立ち入る必要がないとする（宮沢俊義教授）。それに対しては，法律の違憲・合憲が争われる場合には，法律判断よりも先に憲法判断を行うべきだとする見解があり（有倉遼吉教授），両説の間で論争が繰り広げられた。

今日，これらは憲法判断回避の準則をめぐる問題として論じられる。日本国憲法が採用する違憲審査制は，一般にアメリカ型の付随的審査制だと解される（☞**本書74**）が，これら付随的審査制の下で，裁判所においては，その審査権の行使にあたって従うべき幾つかの準則があると考えられるのである。この準則はアメリカの憲法判例のなかで確立されたもので，いわゆるブランダイス・ルール（「憲法判断回避の７つの準則」）と呼ばれる。ここでは特に，①合憲性について重大な疑いが提起されても，それを回避できるような法律解釈が十分可能であるかどうかを最初に確かめる」べきとする第７準則と，②「裁判所は憲法問題が記録によって適切に提起されていても，事件を処理することができる他の理由が存在する場合には，その憲法問題には判断を下さない」とする第４準則が重要である。

学説では，これら憲法判断回避の準則を前提としつつも，「事件の重大性や違憲状態の程度，その及ぼす影響の範囲，事件で問題にされている権利の性質等を総合的に考慮し，十分理由があると判断した場合」には，憲法判断を行ってよいと解するのが有力である（芦部理論・381頁）。

◉事案の背景

判決が下された日の夕刊には，「自衛隊の合・違憲にふれず」（朝日新聞1967年３月29日夕刊）との見出しが大きく掲げられた。これが，当時の多くの人々が固唾を呑んで見守ったであろう裁判の第一報であった。

本事案は，憲法９条のもと，自衛隊（法）の合憲性をめぐる激しい対立のなかで下された「歴史的な裁判」（芦部・後掲364頁）であった。したがって，合憲・違憲何れの判断が下されたとしても，実務面に多大な影響を与えることは疑いなく，政府，自衛隊も緊張感につつまれていたようである。当時の緊迫した様子については，例えば自衛隊北部方面総監が「万一自衛隊の違憲判決が出たら29日ただちに北海道の全隊員に士気を鼓舞する訓示を出す手はず」を整えている，との報道からもうかがえる（朝日新聞1967年３月29日朝刊）。

自衛隊の合憲性をめぐる問題は，憲法９条の根幹に関わるものであり，前身である警察予備隊の違憲訴訟をはじめ，今日まで多くの訴訟が提起されてきた。最高裁は一貫して判断を回避してきている（高橋・55頁）。

本件に先だつ注目事案として，自衛隊法そのものに関するものではないが，砂川事件（☞本書60）を挙げることが許されよう。

また本件判決から六年後，同じ札幌地裁で，航空自衛隊の基地建設をめぐる裁判が提起された（長沼事件☞本書62）。札幌地裁は，自衛隊が憲法の禁止する戦力に該当するとして保安林処分指定解除の処分を取消したが（いわゆる「伊達判決」），札幌高裁は自衛隊の合憲性如何は統治行為に属するとして，一見極めて明白に違憲である場合を除いて司法審査の範囲外にあると述べた。最高裁判所は原判決を支持しつつ，この論点には一切立ち入らなかった。

日本国憲法が施行されて20年余，自衛隊が既成事実化していくなかで，恵庭事件は，あらためて憲法９条の意義を日本社会に問いただすものでもあった。いみじくも本件原告の一人は法廷で次のように述べている。「私は，かつて『あたらしい憲法のはなし』という本で教育を受けました。先生も，一切の戦争はしないのだと教えてくれました。検察官や裁判官も，戦後，法律を勉強されたのなら，憲法九条は一切の戦力を持ってはならないと教えられたはずです」（古関・341頁）。

【キーワード】

自衛隊法121条　「自衛隊の所有し，又は使用する武器，弾薬，航空機その他の防衛の用に供する物を損壊し，又は傷害した者は，５年以下の懲役又は５万円以下の罰金に処する。」

犯罪構成要件（構成要件）　人の行為が犯罪となるかならないか，犯罪として処罰される行為の類型。

【文献】 百選Ⅱ・170（芦部信喜），高見勝利『芦部憲法学を読む』（有斐閣，2004年），古関彰一『日本国憲法の誕生 増補改訂版』（岩波書店，2017年）。

本件判決が下された札幌地裁第一法廷（出典：毎日新聞社・昭和毎日〈http://showa.mainichi.jp/news/1962/12/post-2223.html〉）

62 戦争放棄と第９条③

長沼事件

大江一平

Ⅰ. 第１審
札幌地裁昭和 48（1973）年９月７日
訴月 19 巻９号１頁
Ⅱ. 控訴審
札幌高裁昭和 51（1976）年８月５日
行集 27 巻８号 1175 頁
Ⅲ. 最高裁
最判昭和 57（1982）年９月９日
民集 36 巻９号 1679 頁

【判決のポイント】
第一審は自衛隊が憲法９条に違反すると判断した。しかし，控訴審は統治行為論の立場から自衛隊の合憲性について司法審査を行わなかった。最高裁は訴えの利益が消滅したとして上告を棄却した。

【事案の概要】
1966 年の第３次防衛力整備計画に基づいて，防衛庁（当時）は北海道長沼町に航空自衛隊の地対空ミサイル（ナイキ）基地を建設することを決定し，これを受けて農林大臣Ｙは同町の国有保安林の指定解除処分を行った。これについて，同町住民のＸらが，自衛隊は憲法９条に違反するので，ナイキ基地の建設のための保安林指定解除処分は森林法 26 条２項の「公益上の理由」を欠くとして，保安林指定解除処分の取消を求めて訴えた。

裁判所の判断

第一審　請求認容（解除処分取消し）

①「森林法を憲法の秩序のなかで位置づけたうえで，その各規定を理解するときには，同法第３章第１節の保安林制度の目的も，たんに同法第25条第１項各号に列挙された個個の目的にだけ限定して解すべきではなく，……憲法の基本原理である民主主義，基本的人権尊重主義，平和主義の実現のために地域住民の『平和のうちに生存する権利』（憲法前文）すなわち平和的生存権を保護しようとしているものと解するのが正当である。したがって，もし被告のなんらかの森林法上の処分によりその地域住民の右にいう平和的生存権が侵害され，また侵害される危険がある限り，その地域住民にはその処分の瑕疵を争う法律上の利益がある」。

②第９条１項は「国際紛争を解決する手段としては，永久にこれを放棄する」と規定するが，1928 年の**不戦条約**の用法に照らせば，「本条項では，未だ自衛戦争，制裁戦争までは放棄していない」。しかし，９条２項の「前項の目的を達するため」の「前項の目的」は，「不法な戦争，侵略戦争の放棄のみの目的と解すべきではない」。また，９条２項は「陸海空軍その他の戦力は，これを保持しない」としており，これによって，「軍隊，その他の戦力による自衛戦争，制裁戦争も，事実上おこなうことが不可能となったものである」。

③「現行憲法が，以上のように，その前文および第９条において，いっさいの戦力および軍備をもつことを禁止したとしても，このことは，わが国が，独立の主権国として，その固有の**自衛権**自体までも放棄したものと解すべきでないことは当然である……。しかし，自衛権を保有し，これを行使することは，ただちに軍事力による自衛に直結しなければならないものではない」。例えば，外交交渉，警察力，群民蜂起，侵略国国民の財産没収・国外追放といった「自衛権の行使方法が数多くあり，そして，国家がその基本方針としてなにを選択するかは，まったく主権者の決定に委ねられている」。

④「自衛隊の編成，規模，装備，能力からすると，自衛隊は明らかに『外敵に対する実力的な戦闘行動を目的とする人的，物的手段としての組織体』と認められるので，軍隊であり，それゆえに陸，海，空各自衛隊は，憲法第９条第２項によってその保持を禁ぜられている『陸海空軍』という『戦力』に該当する」。

解　説

本件第一審は，高度に政治的な問題について司法審査を行うべきではないとする統治行為論の適用を退け，正面から自衛隊の憲法判断を行った。

平和主義の観点からは，本件第一審判決が平和的生存権の裁判規範性を認めた点が注目される。ただし，本件控訴審や学説の多くは平和的生存権の裁判規範性を認めることには消極的である。

本件第一審判決は，９条１項が侵略戦争を，同２項が自衛戦争を放棄しているとした上で，２項の「戦力」概念についても客観的に判断すべきとして，自衛隊が「自衛のための必要最小限度の実力」であって９条２項の「戦力」には該当しないとする政府見解を退けた。こうした９条解釈は従来の憲法学の有力な見解（例えば，芦部・57–61頁を参照）に即したものであるといえよう。とはいえ，外交，警察力，群民蜂起等の「武力なき自衛権」の現実的妥当性には議論の余地があろう。

本件控訴審は，砂防ダム等の代替施設の完成によってＸらの訴えの利益が消滅したとして訴えを却下し，自衛隊の合憲性について，「正に統治事項に関する行為であって，一見極めて明白に違憲，違法と認められるものでない限り，司法審査の対象ではない」と述べた。最高裁は平和的生存権，統治行為論，自衛隊の合憲性には触れず，Ｘらの訴えの利益が消滅したとして上告を棄却した。

◉事案の背景

事件当時，長沼町の産業課技術長だった上坂信一氏によれば，1967年秋頃から翌年６月にかけて，同町は一定の条件を付してナイキ基地の建設を受け入れ，保安林指定の解除に同意したが，町議会では賛成派と反対派の間で激しい議論が行われ，反対派の学生運動団体と道警の機動隊が町内で衝突し，1968年９月から翌年５月にかけての森林法32条に基づく保安林指定解除に伴う公聴会も混乱を極めたという（『防衛施設庁史』203–204頁）。このように，本件に伴う混乱は長沼町に大きな影を落とした。

また，本件をめぐっては，第一審の審理中の1969年９月に，札幌地裁の平賀健太所長が，担当判事である福島重雄裁判長に，私信という形ではあるが，自衛隊の違憲判断を避けるべきとの書簡を送っていたことが裁判官の独立との関連で大きな問題となった（平賀書簡事件）。

なお，本件の舞台となった長沼分屯基地を管轄する航空自衛隊の千歳基地では，所属隊員に本件の経緯を説明しているという（航空自衛隊第３高射群HP:〈http://www.mod.go.jp/asdf/3admg/sea20140825-1.htm〉（2015年７月15日最終閲覧）。

【キーワード】

自衛権　外国からの急迫不正な侵害に対して，自国を防衛するために一定の実力を行使する権利。自衛権の行使には，必要性，違法性，均衡性の要件を満たさなければならない。国連憲章51条は加盟国に自衛権の行使を一定の範囲で認めているが，日本国憲法上どこまで自衛権を行使可能であるのかについては議論がある。

不戦条約（戦争抛棄ニ関スル条約）（1928年）
第１次世界大戦の反省を踏まえ，国際紛争解決手段としての戦争と国家の政策手段としての戦争の放棄を定める条約。日本は1929年に批准した。「締約国ハ国際紛争解決ノ為戦争ニ訴フルコトヲ非トシ且其ノ相互関係ニ於テ国家ノ政策ノ手段トシテノ戦争ヲ抛棄スル」とする本条約１条の規定は憲法９条の解釈にも大きな影響を与えた。ただし，本条約は自衛戦争までも禁止するものではないと一般的に理解されている。

【文献】百選Ⅱ〔第２版〕・162（浦田一郎），百選Ⅱ〔第５版〕・181（佐々木高雄），同・182（山内敏弘），百選Ⅱ・171（鈴木 敦），判プラ・272，273（宍戸常寿），防衛施設庁史編さん委員会編『防衛施設庁史――基地問題とともに歩んだ45年の軌跡』（防衛施設庁，2007年）201–205頁，福島重雄・大出良知・水島朝穂編著『長沼事件 平賀書簡―35年目の証言 自衛隊違憲判決と司法の危機』（日本評論社，2009年）。

航空自衛隊の地対空ミサイル「ナイキＪ」
（航空自衛隊浜松広報館にて大江撮影）。

63 国会と議院の権能①

免責特権—国会議員の発言と国賠

織原保尚

最判平成9（1997）年9月9日
民集51巻8号3850頁

【判決のポイント】
国会議員の委員会中の発言について，議員本人は**国家賠償法**上損害賠償の責任を負わない。国が責任を負う場合は，特別の事情があることを必要とする。

【事案の概要】
当時衆議院議員であったY_1は1985年衆議院社会労働委員会において，実名を挙げ，精神科病院であるA病院において，院長が女性患者に対して破廉恥な行為をしたなどの発言をした。これは当時，医療モラルや医療荒廃が社会問題化する中で，患者の人権を擁護する見地から，問題のある病院に対する所管行政庁の十分な監督を求める趣旨でなされたものであったが，この発言の翌日，院長は自殺をした。院長の妻Xは，事実無根の発言により夫は自殺に追い込まれたとし，Y_1については民法709条・710条に基づき，また，国（Y_2）については，国家賠償法1条に基づき，それぞれ損害賠償を求めた。

一審（札幌地判平成5（1993）・7・16判時1484号115頁），二審（札幌高判平成6（1994）・3・15民集〔参〕51巻8号3881頁）ともに，請求は棄却された。

裁判所の判断 —— 上告棄却

①まずY_1に対する請求について，本件発言は「国会議員としての職務を行うにつきされたものであることが明らかである」。そのため，仮に本件発言が違法な行為であるとしても，「Y_2が賠償責任を負うことがあるのは格別，公務員であるY_1個人は，Xに対してその責任を負わないと解すべきである。したがって，本件発言が憲法51条に規定する『演説，討論又は表決』に該当するかどうかを論ずるまでもなく，上告人のY_1に対する本訴請求は理由がない」。

②国賠法1条1項上の責任については，「国会議員は，立法に関しては，原則として，国民全体に対する関係で政治的責任を負うにとどまり，個別の国民の権利に対応した関係での法的義務を負うものではなく，国会議員の立法行為そのものは，立法の内容が憲法の一義的な文言に違反しているにもかかわらず国会があえて当該立法行為を行うというごとき，容易に想定し難いような例外的な場合でない限り」違法の評価は受けない。

③国会議員が「質疑等においてどのような問題を取り上げ，どのような形でこれを行うかは，国会議員の政治的判断を含む広範な裁量にゆだねられている事柄とみるべきであって，たとえ質疑等によって結果的に個別の国民の権利等が侵害されることになったとしても，直ちに当該国会議員がその職務上の法的義務に違背したとはいえない」。憲法51条の規定は，「国会議員の発言，表決につきその法的責任を免除しているが，このことも，一面では国会議員の職務行為についての広い裁量の必要性を裏付けている」。

④「国会議員が国会で行った質疑等において，個別の国民の名誉や信用を低下させる発言があったとしても，これによって当然に国家賠償法1条1項の規定にいう違法な行為があったものとしてY_2の損害賠償責任が生ずるものではなく，右責任が肯定されるためには，当該国会議員が，その職務とはかかわりなく違法又は不当な目的をもって事実を摘示し，あるいは，虚偽であることを知りながらあえてその事実を摘示するなど，国会議員がその付与された権限の趣旨に明らかに背いてこれを行使したものと認め得るような特別の事情があることを必要とする」。

解　説

本判決は，国会議員の委員会内での発言と，国家賠償責任との関係についての初めての最高裁判決であるが，もっぱら国賠法上の枠組みから請求が退けられており，憲法上の免責特権の法的性質については十分な判断がなされていないとの批判もある。

憲法51条に定められる議員免責特権の内容に

ついては，従来から学説上対立があり，議員は一切の職務関連行為について法的に免責されるとする説（A説）が一般的であるとされる。免責特権は，議会活動の自由を保障し，また，議員の議会での言論の自由を保障することによって，議会の自由な活動の確保につながるなど，議会の自由と国家の利益のために保障されているとする。この説によれば，本件事件の訴えは免責特権の絶対性ゆえ，裁判所が議員の発言が訴訟の争点であることを確認した時点で，訴訟は打ち切られるべきと説かれる。これに対し，議員の職務関連行為であっても，国民のプライバシー権や名誉権を侵害する場合は免責されないとする説（B説）が有力に主張される。B説は，現代社会においては，一般私人の名誉・プライバシーの保護も，ある意味根底的な人権であるとし，民事訴訟や国家賠償による損害賠償の可能性を指摘する。

本件下級審判決においては，訴えを適法としたうえで，憲法51条による免責を絶対的なものであるとし，Y_1に対する請求を認めず，Y_2についても違法を認定する十分な証拠はないとして，賠償責任を認めていない。

本最高裁判決では，前述の学説上の関心には答えず，国賠法上の解釈としてY_1に対する民事責任を認めなかった。そして，Y_2については，憲法51条の規定を国会議員の職務行為について広い裁量が必要であることの裏付けと解し，責任が認められるためには「特別の事情」があることを必要であるとした。免責特権の絶対性を論じつつ，現実の事態に関しては，極めて限定的ながら救済の可能性も残すという配慮をしたという点で，B説的な要素を見て取ることができる。

◉事案の背景

自殺という悲劇的な事件を引き起こした本訴訟の国会議員の発言であるが，この発言の背景には，当時，精神科病院における医療が大きな社会問題として認識されていた状況があった。当時の事件の一つが，精神科病院で起こった宇都宮病院事件である。

1984年に明らかとなった宇都宮病院事件は，職員の暴力による患者の死亡，その背景にあった院長自らゴルフのアイアンを振り回しながら回診するという，異常な状況の下で入院医療がなされていたこと，さらに，圧倒的な職員不足，無資格者による医療行為，預り金の私的流用，作業療法の名のもとに行われる強制使役など，反社会的な病院経営を白日の下へさらすこととなる，センセーショナルな事件であった。これを受けて厚生省は同年，都道府県知事に対して，精神科病院への指導監督等を徹底するように通知を出している。また，事件が明らかになった6か月後，国連人権委員会は「日本の精神障害者は虐待されており，不当な入院を防止するための手段がなく，市民および政治的権利に関する国際規約（B規約）の9条1項などに違反する医療が行なわれている」と厳しく批判している。また国際法律家委員会（ICJ）や，国際保健専門家委員会（ICHP）が合同調査団を派遣して，実態調査と勧告を行うなど，この事件を通じて，日本の精神医療における患者に対する人権侵害は，国際的な批判を受けた。

その後1987年に，任意入院制度の導入と努力義務，精神医療審査会の設置，社会復帰の促進の三点を中心とする精神保健法が成立し，「精神障害者の人権」という文言が明文化された。そしてこの法の下で，通信・面会に関する権利保障，入院患者の処遇に関する基準の設定などが行われたのである。

【キーワード】

国家賠償法　国家賠償法1条1項は，公務員の行った行為に，故意，過失があったとしても，損害を加えた公務員個人の責任を直接問うことはできないと定める。これは，公務員自身が負う賠償責任を，国・公共団体がその公務員に代位して負うと説明される。しかし公務員による故意や重大な過失がある行為について，公務員個人が責任を全く負わないとするのは不当なので，国または公共団体は，公務員個人に対して代わりに支払った分を請求できるとされる（国賠法1条2項）。

【文献】 百選Ⅱ・176（原田一明），安藤高行『憲法の現代的諸問題』第Ⅲ章（法律文化社，1997年），佐藤幸治「『議員の免責特権』について」法教143号48頁，同「議員の免責特権について」ジュリ1052号79頁。

大熊一夫『ルポ・精神病棟』（朝日新聞出版，1981年）：新聞記者が，患者を装ってして精神病院に入院し，その実態をレポートした本である。当時の精神病院の衝撃的実体が明らかにされる。

64 国会と議院の権能②

日商岩井事件

城野一憲

東京地判昭和55（1980）年7月24日
刑月12巻7号538頁

【判決のポイント】
行政作用に属する検察権の行使と並行した国政調査権の行使は原則として許容されており，例外的に，司法権の独立ないし刑事司法の公正に触れる危険性があると認められる場合にのみ，その行使の自制が要請される。

【事案の概要】
本件の外為法違反，有印私文書偽造及び同行使を構成する各行為は，いずれも，被告人Xが副社長を務めていた日商岩井株式会社（現・双日株式会社）による，航空機販売のための日本政界における工作資金の捻出と会計上の処理の過程でなされたものである。Xらは，(1) B社から受領した105万ドルの一部である30万ドルの会計処理についての外為法違反，(2) 前記30万ドルに関する契約書類の偽造と行使，(3) M社から受領した45万ドルを別会社からの手数料収入と偽装するための契約書類の偽造と行使について起訴され，さらに，(4) P社からの航空機リース手数料約9万ドルの業務上横領についても起訴された。

また，Xは，(5) 上記の政界工作等を調査する参院予算委における証人喚問において，宣誓の上虚偽の陳述をしたとして，議院証言法違反にも問われた。(5) についてX側は，予算委におけるXへの尋問は国政調査権の範囲を逸脱し，また，検察権と並行した国政調査権の行使は自制されるべきと主張した。

裁判所の判断

有罪（Xについては懲役2年，執行猶予3年）

①「国政調査権は議院等に与えられた補助的権能と解するのが一般であつて，予算委における国政調査の範囲は，他に特別の議案の付託を受けない限り，本来の所管事項である予算審議に限定」される。「一般に，一会計年度における国の財政行為の準則たる予算の性質上，その審議は実質的に国政の全般に亘ることは避けられず，これに資する目的で行われる国政調査権行使の範囲も同様の広がりをもつものと言い得るが，ここでは，特に『外国航空機購入予算問題につき』という限定が付されているので，その範囲内でことを論ずれば足りる」。「如何なる事項が当該議案の審議上必要，有益であるかについては，議案の審議を付託されている議院等の自主的判断にまつのが相当であり，議案の審議に責を負わない司法機関としては，議院等の判断に重大かつ明白な過誤を発見しない限り，独自の価値判断に基づく異論をさしはさむことは慎しむのが相当である」。

②「国政調査権の行使が，三権分立の見地から司法権独立の原則を侵害するおそれがあるものとして特別の配慮を要請されている裁判所の審理との並行調査の場合とは異り，行政作用に属する検察権の行使との並行調査は，原則的に許容されているものと解するのが一般であり，例外的に国政調査権行使の自制が要請されているのは，それがひいては司法権の独立ないし刑事司法の公正に触れる危険性があると認められる場合（たとえば，所論引用の如く，（イ）起訴，不起訴についての検察権の行使に政治的圧力を加えることが目的と考えられるような調査，（ロ）起訴事件に直接関連ある捜査及び公訴追行の内容を対象とする調査，（ハ）捜査の続行に重大な支障を来たすような方法をもつて行われる調査等がこれに該ると説く見解が有力である）に限定される」。「本件調査が……（イ），（ロ）の場合に該当しないのはもとよりのこと，本件証人尋問の行われた時点においては未だ被告人……に対する任意の取調すら開始されておらず，検察当局から予算委に対し捜査への支障を訴えた事跡も何ら窺われないのであるから，本件調査の方法が右（ハ）の場合に該るものとも言い得ない」。「本件国政調査権の行使は，適法な目的，方法をもつて行われたものと認むべきであつて，検察権の行使と並行したからと言つて，これが違法となるべき筋合のものではない」。

解　説

日本国憲法62条は，「両議院は，各々国政に関する調査を行ひ，これに関して，証人の出頭及び証言並びに記録の提出を要求することができる」と規定する。同条の下で制定された議院証言法や，国会法，衆参両議院規則等に基づいて，衆参両院（実質的にはその委員会）は，本件におけるような証人喚問や，記録提出要求，参考人招致などを行う。

国民の代表機関自らが，重大事件の社会的，政治的責任を明確にし，国民の「知る権利」にも仕えるという点では，国政調査権の積極的な行使の要請があると言え，国政調査権の国政監視・統制機能を重視する見解も有力である。その一方で，権力分立や人権保障との関係では，国政調査権の行使を適切な範囲内にとどめる必要もある。1950年代のアメリカでは，個人の政治思想やプライバシーを蹂躙する濫用的な議会調査が繰り返し行われた。日本においては，特に司法権との関係で，戦後すぐの**浦和事件**を契機として，裁判官の裁判活動に直接的に影響を及ぼすような国政調査権の行使は，司法権の独立を侵すものとして許されないとする考え方が有力となった。

本判決は，国政調査権を議院本来の権限を行使するための補助的権能であるとした。もっとも，予算委のような広範な対象を審議する常任委員会が存在し，また，議院には目的に応じた特別委員会を議決によって組織する権限があり，国政調査の対象は実質的には極めて広範である。ただし，「重大かつ明白な過誤」が認められる場合には，議院の判断に裁判所が介入することも可能とされ，司法審査が全く排除されるわけではない。検察権との並行行使については，目的・内容・方法の三要件による例外を除いて行使可能であるとされているが，実質的には，行使可能な領域の方が狭く例外的となっているのではないか，という指摘もある。

◉事案の背景

1976年に表面化した民間航空機導入をめぐる政界工作事件であるロッキード事件に続いて，1978年には，次期主力戦闘機（FX）導入をめぐる政界工作問題が表面化した（ダグラス・グラマン事件）。日商岩井による元防衛庁長官への5億円の供与や，元総理への陳情が取り沙汰される中，同社の副社長のXらが起訴されたのが本件である。なお，疑惑のあった政府高官はいずれも時効などを理由に起訴されず，本件も第一審のみで終了している。

本判決が量刑上の考慮として指摘するように，日商岩井などの総合商社は，戦後日本の経済発展の「尖兵」として「多大な寄与」をする一方，本件のような「行過ぎ」もまた多く見られた。これらの政財官の構造的な問題（「構造的汚職」）を前に，司法権の独立との関係で抑制的に理解されてきた国政調査権が，政治責任の追及と国民の「知る権利」の実現の手段として活用されるべく議論されるようになった。

【キーワード】
浦和事件（1949年）　無理心中を図り実子3名を殺害後生き残った母親に執行猶予付の地裁判決（確定）が示されたことを参院法務委が問題視し，当事者や担当検事を証人として国政調査を行い，量刑不当の結論を示した。これに対して最高裁は，調査は司法権の独立を侵害し，国政調査権の範囲を逸脱するものであるとして抗議を行った。

【文献】孝忠延夫『国政調査権の研究』（法律文化社，1990年），百選Ⅱ・177（大林啓吾）。

本件で問題となった証人喚問に先立って行われた，1979年2月14日の衆院予算委における証人喚問に臨んで宣誓書に署名する被告人（出典：共同通信〈http://www.47news.jp/news/photonews/2011/02/post_20110214080200.php〉）。

65 衆議院の解散

抜き打ち解散事件

桧垣伸次

東京高判昭 29（1954）年 9 月 22 日
行集 5 巻 9 号 2181 頁

【判決のポイント】
憲法７条を根拠とする本件衆議院の解散は有効である。

【事案の概要】

第３次吉田内閣は，1952 年８月 28 日に，いわゆる「**抜き打ち解散**」を行った。この解散は，内閣不信任案の決議なしに行われた。また，衆議院の解散は天皇の国事行為の一つであり，内閣の助言と承認が必要である（憲法７条３号）のに対し，26 日の持ち回り閣議で，数人の署名を得ただけで解散詔書を作成し，直ちに天皇の裁可を受け，翌 27 日に御璽を受けた。そして 28 日に臨時閣議が開催され，詔書伝達について全会一致で可決した。

衆議院議員であったＸは，①衆議院の解散は 69 条に基づく場合にのみ行いうること，および②全閣僚一致の閣議決定とこれに基づく天皇に対する助言，天皇の解散詔書発布についての内閣の承認の双方が認められないことを根拠に，本件解散は憲法違反であるとして，議員資格の確認と任期満了までの歳費請求の訴えを提起した。

第一審は①については原告の主張を退けたが，②について，一部の閣僚の賛成のみでは適法な閣議決定があったとはいえないため，本件では内閣の助言が存在しないとして，本件解散は憲法７条に反するものであるとした（東京地判昭和 28（1953）・10・19 行集 4 巻 10 号 2540 頁）。

裁判所の判断

原判決取消し，Ｘの請求を棄却

①「裁判所は，……本件衆議院解散の効力の如何は，被控訴人の権利に直接影響するものである以上，これが有効又は無効であるかについて，当然審判するの権限を有する」。

②「解散権の所在並に解散権行使の要件についての当裁判所の法律上の見解は，原判決が……説示するところと同様である」。

③「本件解散について，内閣の助言と承認があったかどうかについて判断するに，……牽連する一連の事実から考えれば，本件解散については，天皇の解散の詔書発布前たる昭和 27 年 8 月 22 日内閣に於て，天皇に対し助言する旨の閣議決定が行われ（尤も乙第一号証の書類が完備したのは，……同月 28 日ではあるが，右は既に成立した同月 22 日の閣議決定を再確認し，持廻り閣議の方法により，書類の形式を整備したに留まるものと認める），……天皇に対する吉田総理大臣の上奏並に山田総務課長よりの書類の呈上となり，これによって，内閣より天皇に対する助言がなされ，天皇は右助言により解散の詔書を発布し，内閣はその後これを承認したものであると解するを相当とする」。

「本件衆議院の解散については，……有効であるから，本件解散が無効であることを前提とする被控訴人の本訴請求は理由がない」。

解　　説

本件では，（1）解散権の根拠および行使の要件，（2）解散の手続が問題となっている。なお，いわゆる統治行為論も問題となっているが，ここでは触れない。

解散権の主体が内閣であることについては，「学説上ほぼ一致している」（岡田・706 頁）。しかし，その根拠については憲法上明確ではなく，学説には，i）69 条を根拠とする説，ii）天皇の国事行為についての内閣の助言・承認権を根拠とする説，iii）議院内閣制という制度は通常内閣の解散権を認めていることを根拠とする説，iv）解散権を行政権の作用と考える説などがある。本件の下級審である東京地裁（東京地判昭和 28（1953）・10・19 行集 4 巻 10 号 2540 頁）は「国会が国権の最高機関であり，衆議院が国会の中においても参議院に優越する地位にあるものであることを思へば，純理論的にはかかる衆議院を解散し得るものは，主権を有する総体としての国民の外にはあり得ない筈である。憲法第７条……の趣旨は……国民の総意に基き日本国の象徴であり，日本国民統合の象徴であるとされて居る天皇に右の如く純理論的には総体としての国民のみが有し得る筈の衆議院解散の権限を形式上帰属せしめ，天皇をして後述の如く政治上の責任を負ふ内閣の助言と承認の下にこれを行使せしめむとするにある」としii）説を採用している。本件は，これと同様であると述べる（判旨②）。

解散権の要件（どのような場合に解散できるか）につき，i）の説以外は憲法上の制限はないとする。前記東京地裁は，解散の要件について憲法上の規定はなく，内閣の政治的裁量に委ねられているとしており，本件も同様に考えている（判旨②）。ただし，内閣の裁量をどこまで認めてよいのかについては議論がある。この点で問題となったのが，2005年のいわゆる「**郵政解散**」である。

解散の手続きについて，東京地裁は，26日の持ち回り閣議につき，数人の署名を得ただけであるので，適法な閣議決定があったとはいえないとして，助言はなかったとする。それに対し，本件は，一連の事実から，助言と承認があったと認めている。ここで地裁・高裁ともに内閣の助言と承認を別個の行為と捉え，双方が必要であると考えている。これに対し，多くの学説は「助言と承認」を一つの行為と捉えている。

◉事案の背景

日本国憲法下で最初の衆議院の解散は，1948年の第二次吉田内閣による「なれあい解散」である。当時の与党は少数与党であり，吉田内閣は解散・総選挙を行うことにより，過半数の議席獲得を目指していた。これに対し，野党は，解散は憲法69条の場合に限られると主張し，GHQは野党の見解を支持していた。その後，与野党が妥協して，野党が内閣不信任決議案を提出して，その可決後に衆議院を解散することになった。本件の「抜き打ち解散」は，「なれあい解散」に次ぐ，日本国憲法下で二番目に行われた解散であり，初めて７条を根拠に行った解散である。本件を機に，解散権の根拠や要件につき，さまざまな議論がなされた。最高裁は，本件の上告審において，いわゆる「統治行為論」を用いて，衆議院の解散権の行使のような，直接国家統治の基本に関する高度に政治性のある国家行為については司法権が及ばないとして，解散権の根拠については判断していない（最大判昭和35（1960）・6・8民集14巻7号1206頁）。

その後，実務では69条説は完全に否定されている。日本国憲法下では2015年８月までに23回の解散が行われたが，69条に基づく解散は４回しかない。なお，任期満了による伴う衆議院議員総選挙は１回しかない。

【キーワード】

抜き打ち解散　1952年８月28日に行われた第３次吉田内閣による解散。1952年４月28日にサンフランシスコ平和条約が発効したのち，公職追放の解除を受け，鳩山一郎らが政界に復帰したことにより，反吉田派の動きが活発になっていた。そこで，吉田内閣が反吉田派の勢力を弱める目的で反吉田派の虚をつく形で解散を行った。そのために「抜き打ち解散」と呼ばれる。

郵政解散　2005年８月８日に行われた第２次小泉内閣による解散。当時いわゆる郵政民営化法案が争われていたが，衆議院では可決したが参議院で否決された。これをうけ，小泉総理大臣が，参議院での否決は内閣への不信任とみなすとして衆議院の解散を行った。参議院で否決された場合，まずは衆議院の再議決（59条２項）を試みるべきであり，いきなり衆議院を解散するのは不当であるなどの批判もあった。

【文献】百選Ⅰ〔第５版〕・189（鈴木法日児），百選Ⅱ・178（大山礼子），大石 眞「苫米地事件」法教349号（2009年）18頁，上田健介「衆議院解散権の根拠と限界」争点・242頁，長谷部恭男『Interactive 憲法』（有斐閣，2006年），基本判例〔第2版〕・41（吉田栄司），杉原泰雄編『新版　体系憲法事典』（青林書院，2008年）706-706頁（岡田信弘）。

吉田茂（出典：国立国会図書館〈http://www.ndl.go.jp/portrait/datas/350.html〉）

66 内閣総理大臣の職務権限

ロッキード事件丸紅ルート

遠藤美奈

最大判平成 7（1995）年 2 月 22 日
刑集 49 巻 2 号 1 頁

【判決のポイント】
内閣総理大臣は，閣議にかけて決定した方針が存在しなくても，内閣の明示の意思に反しない限り，行政各部に対し，随時その所掌事務について指導，助言等の指示を与える権限を有する。

【事案の概要】
米国の航空機製造企業であるロッキード社（以下，ロ社）製品の販売代理店であった丸紅の社長 X_1 は，ロ社製の旅客機 L1011 を全日空に売り込むため，1972 年 8 月に当時の内閣総理大臣 X_2（田中角榮）の私邸を訪れ，同機の選定購入につき全日空に行政指導を行うよう運輸大臣を指揮し，あるいは X_2 自らが同社に働きかけるなどの協力を依頼し，5 億円の成功報酬を約束した。全日空の L1011 購入決定後，報酬の授受が行われたとして両名及び丸紅専務の X_3·X_4 が贈収賄等により，X_2 の秘書が外為法違反により起訴された。一審（東京地判昭和 58（1983）·10·12 判時 1103 号 3 頁）·二審（東京高判昭和 62（1987）·7·29 高刑集 40 巻 2 号 77 頁）ともに被告人全員を有罪とし，うち X_3 を除く 4 名が上告したが，X_2·X_4 が死亡したため，贈収賄に関しては X_1 の贈賄罪についてのみ判断が示された。

裁判所の判断 ―― 上告棄却

①内閣総理大臣が「運輸大臣に対し全日空に L1011 型機の選定購入を勧奨するよう働き掛ける行為が，……内閣総理大臣としての職務権限に属する行為であるというためには」，運輸大臣の行為が運輸大臣の職務権限に属し，かつ，内閣総理大臣の運輸大臣への働き掛けが「内閣総理大臣の職務権限に属することが必要である」。

②「一般に，行政機関は，その任務ないし所掌事務の範囲内において，一定の行政目的を実現するため，特定の者に一定の作為又は不作為を求める指導，勧告，助言等をすることができ，このような行政指導は公務員の職務権限に基づく職務行為である」から，運輸省設置法及び航空法からすれば，運輸大臣の全日空に対する特定機種の選定購入勧奨の行政指導は「運輸大臣の職務権限に属する」。

③内閣総理大臣は，憲法上，行政権を行使する内閣の首長として（66 条），国務大臣の任免権（68 条），行政各部の指揮監督権（72 条）を有するなど，「内閣を統率し，行政各部を統轄調整する地位にあ」り，内閣法は閣議の主宰権（4 条），閣議にかけて決定した方針に基づく行政各部の指揮監督（6 条）や行政各部の処分又は命令の中止権限を定める（8 条）。「内閣総理大臣が行政各部に対し指揮監督権を行使するためには，閣議にかけて決定した方針が存在することを要するが」，これが「ない場合においても，内閣総理大臣の右のような地位及び権限に照らすと」，「少なくとも，内閣の明示の意思に反しない限り，行政各部に対し，随時，その所掌事務について一定の方向で処理するよう指導，助言等の指示を与える権限を有する」。

※上掲の判示につき，3 つの補足意見（(1) 園部逸夫ら 4 裁判官，(2) 可部恒雄ら 3 裁判官，(3) 尾崎行信裁判官による），及び意見（草場良八ら 4 裁判官による）がある。

解　　説

贈収賄が成立するには，金銭の授受が「職務に関し」て行われている必要がある。本判決は，贈賄罪の成立との関係で，内閣総理大臣（以下，首相）の職務権限の範囲につき，最高裁が初めて判断を示したものである。法廷意見は特定機種の選定勧奨が運輸大臣の職務権限に属することを前提に，憲法及び内閣法の定める首相の地位及び権限を根拠として，閣議で決定した方針が存在しなくても，行政各部に対し「指導，助言等の指示を与える権限」を首相に認め，運輸大臣への働き掛けを首相の職務行為に当たるとした。

もっとも，ここにいう首相の指示権限をどう理解し構成するかについては，法廷内でも意見が分かれている。補足意見（2）は一・二審と同様に，首相の指揮監督権の行使には**閣議決定**による方針に基づくことを要するが，その方針は一般的基本的大枠の決定で足りるとした。これに対し，補足意見（1）・（3）は，指揮監督権は憲法72条に直接由来するので閣議決定を要しないが，その場合は強制的な法的効果を伴わないとし，意見は，首相はその憲法上の地位のゆえに主任大臣に対し指示を与える権能を有するとする。

しかしそもそも本件における「職務」の範囲に関する議論は，贈賄罪の成否を判断するために示されたものであり，それを超えて憲法・行政法上の首相の職務一般について論じたものではない。だとすれば，閣議決定なしに行政各部へ指示する広範な首相権限を最高裁が認めたものとして本判決を読むべきではないとする見解には理があろうし，意見のように，運輸大臣の法令上の任務と所掌事務の範囲を緩やかに解釈せず，L1011の選定購入を勧奨するよう運輸大臣に指示した首相の行為をその職務権限外としながら，首相の事実上の影響力に着目しつつ職務密接関連行為と位置づけて贈賄罪の成立を認める構成も有力といえよう。

◉事案の背景

ロッキード事件は戦後日本最大の疑獄事件であり，本件はその核心部分をなす。この事件ではロ社製航空機の防衛庁及び民間航空会社への売り込みのために30億円もの資金が自民党国会議員と政府高官に流れたとされる。事件は，**金脈問題**による田中の首相退陣後の1976年2月，ニクソン前大統領の政治資金の流れを調査するアメリカ上院の多国籍企業小委員会（チャーチ委員会）の公聴会で，ロ社からの工作資金の不正な支払いに関する証言に日本人の名前が含まれていたことから発覚した。後継の三木武夫首相が事件の徹底解明を約し，検察へも捜査を促した結果，本件被告人らのほかに全日空関係者や政界との仲介者及び運輸省高官が逮捕された。

高度経済成長の晩期であった事件当時，国内で急増した航空旅客需要に対応するため，航空各社は大型機の選定を進めていた。日米関係におけるアメリカの圧倒的優越がゆらぎ始める中，対米貿易黒字を縮小させるべく，政府もアメリカの求めで航空機を含む特定品目の買い付けを課題としていた。このような時代にあって，田中は，池田・佐藤内閣時に確立した自民党の派閥政治と，同党の下で形成された政・官・財の「鉄の三角形」の両者の上に君臨していた。田中のこの姿を念頭に置けば，一審判決に描かれた丸紅社長が認識するところの首相の「各大臣を指揮監督する強大な権限」は，憲法及び法律上の権限にとどまるものとは言えないように思われる。

【キーワード】

田中「金脈問題」 国政選挙や総裁選で数十億，時に一千億円を使ったとされる田中の金権体質へは批判が高まっていたが，1974年10月に『文藝春秋』でこれらの資金源がファミリー企業間での「土地転がし」にあり，田中が公共事業を誘致し事前に開発計画を知りうる地位をも利用して，多額の利益を上げていたことが明るみにされた。この問題が田中退陣を決定的にしたが，資金集めの手法それ自体には当時法的規制がなかった。

閣議決定・閣議了解 いずれも閣議における意思決定の形式である。閣議決定は合議体である内閣の意思決定であり，閣議了解は主任大臣の権限で決定できるがその重要性から他の大臣の意向をも徴することが適当である事項に関してなされる。本判決の補足意見（2）は閣議了解「航空企業の運営体制について」等を根拠に首相の指揮監督権を認めたが，意見は同閣議了解等が航空機の問題に触れないことから，指揮監督権の根拠となる「閣議にかけて決定した方針」は不存在だとした。

【文献】 北岡伸一『日本政治史——外交と権力』（有斐閣，2011年），立花隆『田中角栄研究 全記録上・下』（講談社，1976年），保阪正康『田中角栄の昭和』（朝日新聞出版，2010年），百選Ⅱ・180（石川健治），同〔第5版〕・192（吉田栄司），判プラ・269（宍戸常寿），「閣議」（首相官邸ウェブサイト〈http://www.kantei.go.jp/jp/rekidai/1-2-5.html〉）

田中 前首相を逮捕
ロッキード疑獄、一気
桧山から五億
外為法 違反容疑
現金を四回

『逮捕され地検を出る田中前首相（出典：朝日新聞〔1976年7月27日東京号外1面〕）

67 裁判所と裁判官①

裁判員制度の合憲性

重村博美

最大判平成 23（2011）年 11 月 26 日
刑集 65 巻 8 号 1285 頁

【判決のポイント】
憲法は，刑事裁判における国民の司法参加を許容しており，憲法の定める適正な刑事裁判を実現するための諸原則が確保されている限り，その内容を立法政策に委ねる。

【事案の概要】
被告人Xは，海外から覚せい剤を日本に持ち込んだところ，税関職員に発見され，覚せい剤取締法違反ならびに関税法違反で起訴された。第一審は，裁判員裁判で，Xは懲役9年及び罰金400万円の有罪判決。第二審で，Xは事実誤認，量刑不当のほか，裁判員裁判制度が憲法違反と主張したものの，棄却。Xが上告した。

Xの上告理由は，次の4点である。(1) 憲法80条1項は，下級裁判所の構成は，裁判官に限られる。そのため国民が構成員となる裁判員裁判制度は，憲法32条，37条1項，31条に違反する。(2) 裁判員裁判のもとでは，裁判員が裁判官の判断に影響・拘束されるため，裁判員裁判制度は，憲法73条3項に違反する。(3) 裁判員の参加する裁判は，憲法76条2項が禁止する特別裁判所に該当する。(4) 裁判員裁判は，裁判官に苦役を課すため，憲法18条後段に違反する。

裁判所の判断 ――（上告棄却）全員一致

①憲法は，国民の司法参加を許容しており，その内容を立法政策に委ねている。

②裁判員裁判のもとでも，裁判官には，憲法73条3項に基づく公正中立な判断の実現が図られている。

③裁判員裁判での判決に対しては，控訴・上告が認められているため，裁判員の参加する裁判は，憲法76条2項にいう特別裁判所ではない。

④裁判員法では，裁判員の辞退に柔軟な制度を設けており，その職務等は憲法18条後段の「苦役」にあたらない。

解　説

憲法32条は，「裁判所で裁判を受ける権利」を保障するとともに，同37条では特に，刑事裁判において「公平な裁判所」での裁判を受ける権利を保障する。本件で主張された主要な論点は，①裁判員と裁判官で構成される裁判員裁判が，憲法のいう「裁判所」に該当するのか。②裁判員裁判による裁判が「公平な裁判」といえるかに集約されよう。

まず，①の論点として，憲法が下級裁判所の構成を明文規定としていない点が問題となる。この点，最高裁は裁判を受ける権利を規定した憲法の文言を引き合いに出す。明治憲法は，24条で「裁判官ノ裁判ヲ受クルノ権」と規定していたが，日本国憲法32条では「裁判所において裁判を受ける権利」と規定する。また，憲法制定時の議論なども併せ最高裁は，必ずしも裁判官による裁判に限定されておらず，国民の参加する裁判も憲法上，裁判所となり得ると判断する。

その上で，憲法76条2項が設置を禁止する「特別裁判所」にも該当しないと判示する。特別裁判所とは，判例によると「特別の身分を有する者に関する事件または特別の事件について独立の裁判権を有する裁判所であって，憲法76条1項に基づく司法裁判所の系列に属さないものをいう」（最大判昭和31（1956）・5・30刑集10巻5号756頁）。このため最高裁は，裁判員裁判は，裁判官を「基本的な担い手」とし，憲法76条1項にいう下級裁判所たる地方裁判所に係属するものであり，その判断に対し控訴・上訴の途が開かれているため，特別裁判所には該当しないという。

また，論点②では，裁判員の憲法上の位置づけが問題となる。これに対し，憲法80条1項で規定する下級裁判所の裁判官とは，身分保障を受けた職業裁判官を指し，市民から構成される裁判員を含まないとする見解がある。身分保障のない裁判員は，憲法37条の規定する「公平な裁判」を行えないとするものである。「公平な裁判」とは，

「構成その他において偏頗の惧れなき裁判所」(最大判昭和23 (1948)・5・5刑集2巻5号474頁)と一般的に解されている。本件で最高裁は，裁判員法で規定する裁判員の選任や解任手続，その職務内容からみて，裁判員の公平性は担保されているという。また，裁判員の負担は，憲法が国民の司法参加を許容していること，そして，裁判法が規定する裁判法の辞退事由などからみて相応のものであり，憲法18条後段に規定する「苦役」には該当しないと判断する。

となれば，裁判官の位置づけはどのようなものか。最高裁は，裁判官と法令解釈や訴訟手続に関わる判断を担う「基本的な担い手」とする。この点については，司法制度改革審議会報告書でも言及される。憲法上身分保障された裁判官は，高度の専門性を有することを背景に，「市民の視点や感覚」を求められる裁判員とは異なる役割を果たすことが要求されるという。つまり，平成13年の司法制度審議会意見書で示されたように，裁判官と裁判員の両者は「協働関係」である。

しかし，裁判員と裁判官，いくら両者の関係性が「協働」にあるといっても，評決次第では，裁判官も裁判員の判断に従わざるを得ず，憲法76条3項が規定する「裁判官の職権の独立」を侵害するのではないかとの疑義を生じる。この点につき最高裁は，法令の解釈や訴訟手続などが裁判官の専権事項とされていること，また，評決において少なくとも一人以上の裁判官が多数意見に加わる必要があることなどを示した。

さて，裁判員裁判制度自体は，本判決で合憲とした。しかしなお，問題は残る。裁判員法1条は，その制度趣旨を「司法に対する国民の理解の増進とその信頼の向上に資する」と規定し，国民に刑事司法への理解を求める。だが，裁判員裁判制度の本質部分であるその存立の根拠という部分では，国民主権ないし民主制と司法との関係で言及されるに過ぎない。また，現在でも違憲論は根強く主張される。裁判員裁判における量刑が過重であるとしてそれを覆す控訴審判決がだされたり，裁判員の負担という点では，200日超の審理もあり，とりまく状況は必ずしもよいものとは言い難い。裁判員裁判が，真に国民に根付いた必要な制度となるか否かは，これらの問題に，制度維持に関わる法曹関係者が国民に丁寧な説明をなしうるか，このことに尽きるであろう。

◉事案の背景

裁判員裁判は，2004年5月21日成立・同28日公布された「裁判員の参加する刑事裁判に関する法律」に基づき，2009年5月21日に導入された新たな刑事裁判制度である。この裁判員裁判制度は，1999年7月に設置された司法制度改革審議会設置法で設置された司法制度改革審議会での審議事項である「国民の司法制度への関与」の具現化のひとつといえる。

ただ裁判員裁判のような国民の司法参加の制度は，今回が始めてではない。1879年制定された陪審法に基づく陪審法が最初である。しかし，制定当初から明治憲法57条に抵触するなどの法の欠陥が数多く指摘され，1943年に陪審法は停止した。とはいうものの，日本国憲法制定後においても，陪審裁判の導入論議は，弁護士会や市民団体などを中心にあった。特に，1960年代に開催された**臨時司法制度調査会**では，職業裁判官への批判の対軸として**陪審制**の導入が盛んに議論された。今回の裁判員裁判制度導入を含む一連の司法制度改革は，1990年代以降の政治・行政といった一連の規制改革論議の流れのなかにあり，その実施には経済界からの要請が強く働いたとみられている。

【キーワード】

臨時司法制度調査会　臨時司法制度調査会設置法（昭和37年法律122号）により，同年内閣に設置された審議会。ここでは訴訟遅延を起因とする法曹人口の拡大を意図して，法曹一元制度（裁判官の任命を弁護士などの法律関係に従事する人から行う）の導入が議論されるとともに，陪審制に関する議論も行われた。

参審制・陪審制　参審制とは，一般人（市民）から構成される参審員と職業裁判官が一つの合議体を構成し裁判する制度。ドイツなどで採用されている。アメリカなどで採用されている陪審制も市民が参加する点で，参審制と同視できるが，陪審制は裁判官から独立して評決を行う点で異なる。また，事実判断の方法についても相違する。

【文献】佐藤幸治・竹下守夫・井上正仁著『司法制度改革』(有斐閣，2002年)：司法制度改革審議会の中心委員である三氏が，その答申内容・あるべき司法の姿などについて示したものであり，裁判員裁判を含む，改革の全体像を把握できる。

68 裁判所と裁判官②

最高裁判所裁判官の国民審査

原口佳誠

最大判昭和27（1952）年2月20日
民集6巻2号122頁

【判決のポイント】
最高裁判所裁判官の国民審査の法的性質は解職制であり，その審査方法は棄権の自由を侵害しない。

【事案の概要】
1949年1月23日，衆議院選挙で初めての最高裁裁判官国民審査が行われたが，国民審査を行った原告は，国民審査管理委員会委員長を被告として，同日の国民審査を無効として東京高裁に出訴し，請求が棄却された（東京高判昭和24（1949）・12・5民集6巻2号177頁）ため，上告した。上告理由は，①国民審査は，公務員選定権に基づき任命の可否を問う制度であり，罷免権行使の解職制度とすれば，国民審査を規定する憲法79条2項の趣旨に違反すること，②現行の投票方法では，罷免の可否が不明ないし棄権のために投じた白票を罷免を可としない票として扱っており，審査人の意思に反するため思想・良心の自由（憲法19条）および表現の自由（同21条）に違反すること，③審査公報の内容が著しく不十分であること，であった。

裁判所の判断 ―― 上告棄却

「最高裁判所裁判官任命に関する国民審査の制度はその実質において所謂解職の制度と見ることが出来る」。「憲法は投票数の過半数とした処が他の解職の制度と異るけれども」その「根本の性質は……解職の制度である」。

「このことは憲法第79条3項の規定にあらわれている」。同条第2項と第3項の字句を照らしあわせてみれば「国民が罷免すべきか否かを決定する趣旨であつて，……任命そのものを完成させるか否かを審査するものでないこと明瞭である。この趣旨は1回審査投票をした後更に10年を経て再び審査をすることに見ても明であ」り，「1回の投票によつて完成された任命を再び完成させるなどということは考えられない」。もし「期限満了後の再任である」ならば，「再び天皇又は内閣の任命行為がなければなら」ず，「国民の投票だけで任命することは出来ない」。

「かくの如く解職の制度であるから，積極的に罷免を可とするものと，そうでないものとの2つに分かれるのであつて，前者が後者より多数であるか否かを知らんとするものである」。罷免の可否が不明な者は，「積極的に『罷免を可とするもの』に属しないこと勿論だから，そういう者の投票は前記後者の方に入るのが当然である。それ故……特に罷免すべきものと思う裁判官にだけ×印をつけ，それ以外の裁判官については何も記さずに投票させ，×印のないものを『罷免を可としない投票』……の数に算えたのは……，憲法の規定する国民審査制度の趣旨に合するものである。罷免する方がいいか悪いかわからない者は，積極的に『罷免を可とする』という意思を持たないこと勿論だから，かかる者の投票に対し『罷免を可とするものではない』との効果を発生せしめることは，何等意思に反する効果を発生せしめるものではない」ため，「思想の自由や良心の自由を制限するものでない」。

「裁判官は内閣が全責任を以て適当の人物を選任して，指名又は任命すべきものであるが，若し内閣が不適当な人物を選任した場合には，国民がその審査権によつて罷免をするのである。……何等かの理由で罷免をしようと思う者が罷免の投票をするので……理由を持たない者は総て（罷免した方がいいか悪いかわからない者でも）内閣が全責任を以てする選定に信頼して前記白票を投ずればいいのであり，又そうすべきものなのである。（若しそうでなく，わからない者が総て棄権する様なことになると，極く少数の者の偏見或は個人的憎悪等による罷免投票によつて適当な裁判官が罷免されるに至る虞があり，国家最高機関の一である最高裁判所が極めて少数者の意思によつて容易に破壊される危険が多分に存するのである），これが国民審査制度の本質である。それ故所論の様に法が連記の制度を採つたため，2，3名の裁判官だけに×印の投票をしようと思う者が，他の裁判官については当然白票を投ずるの止むなきに至つたとしても，それは寧ろ前に書いた様な国民審査の制度の精神に合し，憲法の趣旨に適するものである，決して憲法の保障する自由を不当に侵害するなどというべきものではない」。

「国民審査の場合は，投票者が直接裁判官を選ぶのではなく，内閣がこれを選定するのであり，国民は只或る裁判官が罷免されなければならないと思う場合にその裁判官に罷免の投票をするだけで，その他については内閣の選定に任かす建前であるから，通常の選挙の場合における所謂良心的棄権という様なことも考慮しないでいいわけである」。

「裁判官の取扱つた事件に関する裁判上の意見を具体的に表示せず，ただ事件名のみを記載しても，毫も国民審査法施行令第26条の条件に反するものではない」。

解　　説

最高裁判所は，法解釈の統一と違憲審査権行使，規則制定権，下級裁判所裁判官の指名権，および司法行政監督権で重要な役割を担う。そのため，憲法は国民審査制を定め，最高裁判所に民主的コントロールを及ぼしている。本判決では，国民審査制の法的性質と審査方法の合憲性が争われた。

まず，国民審査制の法的性質は解職制とされ，審査以前に裁判官はその任命により完全に裁判官職に就任し，審査による罷免決定は将来に向かってのみ効力を生ずるとされ，学説の多数もこの見解に従う。さらに，国民審査制の具体的な意義と機能として，任命行為に対する事後審査や信任投票の要素を挙げる学説がある。

次に，国民審査の審査方法が，棄権の自由を侵害しないかが問題となる。最高裁は，白票について，罷免の可否が不明である者は罷免を可とする意思をもたないことが当然であることを指摘し，制度論としても，仮に白票を無効票とすると，ごく少数の×印の投票で裁判官が罷免されるおそれがあるとする。しかし，棄権の自由に配慮しつつ最高裁への民主的コントロールを重視する立場からは，罷免可は×，不可は○，無記入を棄権として扱い，投票成立のための最低票を引き上げるべきであるという立法政策論が有力に唱えられている。

最後に，国民審査の公報として，最高裁は理由を付さず，事件名の記載のみで足りるとする。しかし，最高裁判所裁判官の情報をより詳細に提供することは，国民の知る権利を充実化し，国民審査制を実質化させる憲法上の要請であると考えられよう。

主権者である国民が，最高裁判所をより身近に知り，チェックし，その透明性と正統性を高めてゆくために，国民審査制の実効的な運用が求められている。

◉事案の背景

国民審査制は，1940年にアメリカのミズーリ州憲法で導入された裁判官選任方式にならい定められた。日本で国民審査制が始動した当初から，国民の司法に対する無関心と投票率の低さが指摘され，本件の背景にも制度の形骸化に対する強い警戒感がある。なお，これまでに罷免の×印の投票が過半数を上回ったことはない。2017年の国民審査の投票率は53.3%であるが，罷免を可とする投票数は全体の1割未満に過ぎなかった。

【キーワード】

国民審査制　最高裁判所裁判官の任命は，任命後初めて行われる衆議院議員総選挙の際に国民の審査に付され，その10年後に初めて行われる総選挙の際にさらに審査に付され，その後も同様とされる。審査対象の最高裁判所裁判官の氏名が記された投票用紙に，罷免すべきと思われる裁判官の欄に×印を記して投票する形式で行われ，過半数の「罷免を可とする票」により罷免となる。

【文献】 百選Ⅱ〔第4版〕・92（黒田了一），百選Ⅱ・184（中谷実），末弘厳太郎「最高裁判所裁判官の国民審査」法時21巻3号1頁（1949年），小林孝輔「最高裁判所裁判官の国民審査」法時49巻7号162頁（1977年），高見勝利「最高裁判所裁判官の国民審査」樋口陽一＝野中俊彦編『憲法の基本判例』（第2版，有斐閣，1996年），総務省「第48回衆議院議員総選挙・最高裁判所裁判官国民審査 速報資料」〈http://www.soumu.go.jp/senkyo/48sansokuhou/〉。

西川伸一『最高裁裁判官国民審査の実証的研究―「もうひとつの参政権」の復権をめざして』（五月書房，2012）国民審査制の歴史と動態につき多角的な実証分析を行った政治研究。国民審査公報の充実化，最高裁裁判官の所信表明，投票における○×の明示，任命過程の透明化等を通じて，国民の司法参加を推進することを提言する。［画像の出典：http://www.nishikawashin-ichi.net/image-n/book-9.jpg］

69 裁判所と裁判官③

法廷メモ訴訟

織原保尚

最大判平成元（1989）年3月8日
民集43巻2号89頁

【判決のポイント】
傍聴人に対して，法廷においてメモを取ることは，権利としては保障されないが，筆記行為の自由は，憲法21条1項の規定の精神に照らして尊重されるべきである。

【事案の概要】
米国ワシントン州弁護士の資格をもつX（L. レペタ氏）は，日本における経済法研究の一環として，東京地方裁判所において所得税法違反被告事件の公判において，事前にメモを取ることの許可を求めた上で，ほぼ毎回傍聴したが，裁判長はメモを認めなかった。裁判長は，司法記者クラブ所属の報道機関の記者に対しては，メモを取ることを許可していた。そこで，Xは，この措置が，憲法21条，82条，14条，国際人権規約B規約19条，刑事訴訟規則215条に反するとして，国家賠償法1条1項による損害の賠償を求めた。
一審（東京地判昭和62（1987）・2・12判時1222号28頁）はXの請求を退け，二審（東京高判昭和62（1987）・12・25判時1262号30頁）は控訴を棄却している。

裁判所の判断 —— 上告棄却

①憲法82条1項は，「各人が裁判所に対して傍聴することを権利として要求できることまでを認めたものでないことはもとより，傍聴人に対して法廷においてメモを取ることを権利として保障しているものではない」。

②「各人が自由にさまざまな意見，知識，情報に接し，これを摂取する」といった自由は，憲法21条1項の「趣旨，目的から，いわばその派生原理として当然に導かれる」。

筆記行為が，意見，情報などに「接し，これを摂取することを補助するものとしてなされる限り，筆記行為の自由は，憲法21条1項の規定の精神に照らして尊重されるべきである」。

③裁判の公開が制度として保障されているため，「傍聴人が法廷においてメモを取ることは，その見聞する裁判を認識，記憶するためになされるものである限り，尊重に値し，故なく妨げられてはならない」。

④筆記行為の自由は，憲法21条1項の規定によって直接保障されてはいないので，「その制限又は禁止には，表現の自由に制約を加える場合に一般に必要とされる厳格な基準が要求されるものではない」が，メモを取る行為が訴訟の運営を妨げることは，通常はあり得ず，「特段の事情のない限り，これを傍聴人の自由に任せるべきであり，それが憲法21条1項の規定の精神に合致する」。

⑤しかし，**法廷警察権**は，裁判長の広範な裁量に委ねられている。「報道の公共性，ひいては報道のための取材の自由に対する配慮に基づき，司法記者クラブ所属の報道機関の記者に対してのみ法廷においてメモを取ることを許可することも，合理性を欠く措置ということはでき」ず，憲法14条1項の規定に違反するものではない。

⑥「法廷警察権の目的，範囲を著しく逸脱し，又はその方法が甚だしく不当であるなどの特段の事情のない限り，国家賠償法1条1項の規定にいう違法な公権力の行使ということはでき」ず，本件措置は，違法な公権力の行使に当たらない。

※なお，四ツ谷巖裁判官の意見が付されている。

解　説

判決文の中でも，「裁判所としては，今日においては，傍聴人のメモに関し配慮を欠くに至っていることを率直に認め，今後は，傍聴人のメモを取る行為に対し配慮をすることが要請されることを認めなければならない」と説示されるように，形式的には原告の敗訴ではあるが，実質的にはこの訴訟の後に法廷内でのメモは認められるようになった。

判決はまず，憲法82条1項に関する判断を行い，その趣旨を，裁判が公正に行われることを制度として保障することであるとし，その上で，法廷における傍聴権やメモを取る権利を保障するものではないとする。このような客観的権利ととらえる見解に対して，裁判の公開を，国民の裁判批判を可能にし，公正な裁判の実現に資するような，主権者としての国民にとっての権利，主観的な権利ととらえる見解がある。

次に憲法21条1項と法廷でメモを取る権利について，「規定の精神に照らして尊重されるべき」としつつ，直接保障されてはいないとし，その制限につき厳格な基準を要求せず，裁判長の広い裁量を認めるという結論を導いている。このような見解に対しては，「表現の自由」には抽象的権利としての積極的情報収集権が含まれ，憲法82条1項はその権利を憲法レベルで具体化する規定であるとし，厳格な審査を求める有力な学説が存在する。

一方で判決は，事件当時の状況として，メモを取る行為が公正かつ円滑な訴訟の運営を妨げることは通常ありえず，本件においても妨げとなるおそれはなかったから，本件措置は合理的根拠を欠くとしている。さらに，今後はメモを取る行為に配慮をすることが要請されるとしているが，この部分に対しては，四ツ谷裁判官の意見をはじめとし，日本における現実的な法廷の実態を強調した上での，特に当時実務家からの批判も強かった。

本判決は，様々な議論からのいわば妥協点を探ったともいえる判決である。それだけ本事件で問われた問題が論争的なものであったともいえよう。

◉事案の背景

「過去においていわゆる公安関係の事件が裁判所に多数係属し，荒れる法廷が日常であった当時には，これらの裁判の円滑な進行を図るため，各法廷において一般的にメモを取ることを禁止する措置を執らざるを得なかった」と本判決が示すように，かつて，1960年日米安全保障条約改定から1970年同条約延長の時期にかけて，特に東京を中心として多発した公安事件の公判状況を指し，「荒れる法廷」という言葉が使われる。

当時の裁判官の説明によれば，公安事件の傍聴席は，一般事件のそれとは雰囲気が全く異なるものだったという。学園紛争で学校当局が警察官を導入し，多数の学生が不退去罪で逮捕される事例や，デモで機動隊と衝突し，公務執行妨害罪で学生が起訴される事例などが当時は多かった。法廷の内外は，機動隊によって厳重に警備されたが，警察に対する公務執行妨害についての裁判であるのに，その一方の当事者である警察に守られて裁判が行われるのでは，公平な裁判が期待できないとして，裁判を妨害するといった理屈もあったという。公安事件の傍聴席は，たいてい被告人の支援者が独占しており，裁判官が入退廷するとき起立するという最小限度のマナーすら守らない。裁判所を検察や警察と同視し，裁判官を敵視しているから，被告人や弁護人の過激な発言に拍手し，裁判官の訴訟指揮や証拠決定に被告人側から異議が出た時は，これに同調して罵声を浴びせる。退廷命令が出ると，法定警備員の執行を妨害し，けが人が出るといった状況だった。

このような異常な法廷の印象が強く残り，何事につけても強い姿勢で法廷に臨むことになりがちであり，メモを取るための筆記用具もいつ凶器に変わるともわからず，傍聴人のメモの問題も，ついそのような身構えの中に位置づけられてしまうというのが，当時の裁判官による分析であった。

【キーワード】
法廷警察権　刑事訴訟規則215条は，写真の撮影，録音，放送について，「裁判所の許可を得なければ，これをすることができない」。と列挙している。民事訴訟においても民事訴訟規則77条に同様の規定がある。法廷の秩序維持や公正な裁判の確保，被告人のプライバシーの保全などがこれら規定の背景にあるとされる。しかし，これらの条文には，「傍聴人によるメモを取る行為」については規定されておらず，この行為を制限するために，本判決では裁判所法71条，刑事訴訟法288条2項に示される法廷警察権を使っている。

【文献】 百選Ⅰ・77（大沢秀介），奥平康弘「法廷に出席し傍聴しメモを取る権利」，同「法廷内『メモの採取の自由』をめぐって」（いずれも，同『なぜ「表現の自由」か』（東京大学出版会，1988年），鬼塚賢太郎「裁判公開の前進―カメラ取材からメモの自由まで―」ひろば42巻6号（1989年）21頁，木村晋介「私の修習時代」LIBRA 13巻8号（2013年）46頁。

最高裁判所大法廷　法廷には厳粛さが求められる？（出典：裁判所ウェブサイト〈http://www.courts.go.jp/saikosai/about/photo/〉）

70 司法権①

警察法改正無効事件

渡辺暁彦

最大判昭和37（1962）年3月7日
民集16巻3号445頁

【判決のポイント】
法律が適法な手続によって公布されている以上，裁判所は議事手続に関する事実を審理して，当該法律の有効・無効を判断すべきでない。

【事案の概要】
大阪府議会は，1954年6月30日に，第19回国会で成立した新警察法の施行に伴って必要な警察費9億5973万円余を含む，1954年度追加予算案を可決した。
これに対して，大阪府の住民Xらは，新警察法が議事手続に違反して成立したもので無効であるから，それに伴う今次の警察費の支出もまた違法であるとして，住民訴訟を提起した。
一審・二審ともに，Xらの訴えは住民訴訟の対象にならないとして請求を棄却したため，Xのみが上告した。

裁判所の判断 ——— 上告棄却

①「〔新警察法は〕両院において議決を経たものとされ適法な手続によつて公布されている以上，裁判所は両院の自主性を尊重すべく同法制定の議事手続に関する所論のような事実を審理してその有効無効を判断すべきでない。従つて所論のような理由によつて同法を無効とすることはできない」。

②「〔新警察法が〕市町村警察を廃し，その事務を都道府県警察に移したからといつて，そのことが地方自治の本旨に反するものと解されないから，同法はその内容が憲法92条に反するものとして無効な法律といいえない」。

※なお，奥野健一裁判官の補足意見，斎藤悠輔裁判官ら6名による5つの反対意見がある。

解　説

裁判所は「一切の法律上の争訟を裁判」（裁判所法3条）するが，これには例外もある。例えば，憲法上明文で規定された場合（議員の資格争訟の裁判〔憲法55条〕，裁判官の弾劾裁判〔同64条〕など）や，国際法によって定められた事項（例えば，条約に基づく裁判権の制限等）がそれである。これら以外に，事柄の性質上，裁判所の審査に適さないと考えられるような場合に，裁判所はどのような態度をとるべきであろうか。本件の主たる争点は，まさしくこの点に関わる。つまり，自主的な議院運営に関わる議事手続について，司法審査が及ぶかどうかである。

一般に，議院の定足数や議決の有無など議事手続に関する事項をはじめとして，議院の懲罰等に関する事項や組織のあり方等については，議院の自主的な決定に委ねられるべきものであり，内閣や裁判所，そして他の議院からの監督・干渉は許されないと考えられる。これは「憲法上独立した地位に由来する」もので，こうした「各種の自主的な権能を総称して」，議院の自律権と呼んでいる（大石眞「議院自律権」芦部信喜編『憲法の基本問題』（有斐閣，1988年）94頁）。

学説は，当初，この問題に無自覚であったようである。議院自律権の重要性に関して特段の関心は払われず（奥村・398頁），「裁判所が法令の形式的審査権を有することは当然」と説く見解もみられた（註解（下）・861頁）。

しかし，本件判決を契機に，「両院の自主性」の尊重，議院の自律権を前提として（判旨①），司法審査に否定的な見解が支持されていくこととなる。

今日では，裁判所の審査権を原則として否定しながらも，「裁判所の合法性維持機能」（佐藤憲法論・464頁）を考慮して，条件付きで司法審査を肯定する見解も有力となっている。それによれば，「一見して明白に定足数を欠く場合」や，「議事手続に明白な憲法違反が認められる場合」にかぎり，例外的に司法判断が可能とされる（伊藤・457頁，佐藤憲法論・464頁）。

法律の制定は，国民の権利義務に直接大きく関わることからすれば，明らかな違憲の議事手続さえ司法審査が一切及ばないと説くのは説得力を欠くように思われる。もちろん，議院の自律権を尊重し，裁判所が行う事実審理において，議院の議事録に記録された内容を確定的な所与の前提として行う等の配慮が求められるといえよう（市川・293頁，大石Ⅰ・179頁）。

なお本件判決は，議事手続に対する司法審査を否定したが，ここで留意すべきは，そもそも本件で問題となったのが会期延長の議決であったという点である。つまり，新警察法それ自体の制定手続に「明白な瑕疵があったとはいえない」のである（毛利・413頁）。

議院の自律権の要請から，議事手続は司法審査に馴染まないものであるだけに，よりいっそう国会（各議院）は「国民の代表機関」として，公正で民主的な審議につとめる責務があるであろう。

◉事案の背景

第二次大戦後の1947年，旧警察法が制定された。これは戦前の反省に基づき，警察運営の民主化と地方分権をはかり，政治的中立性を確保するために公安委員会制度を設けるなど，「警察活動に大きな枠」をはめるものであった。同法に基づき，人口5000人以上の自治体には自治体警察（市警察69，町村警察1380）がおかれ，それとあわせて各都道府県には**国家地方警察**（都道府県警察）がおかれた。

1952年に講和条約が締結されると，一連の占領政策見直しのなかで，これまでの民主化政策の行き過ぎを是正しようとする動きがあらわれる。そうしたなか，警察法も全面改正案が国会に提出された。これに対して，野党ならびに学界からも「改悪だ」とする厳しい批判が巻き起こったため（衆議院の解散により審議未了），再度，与党内で法案を作り直し，それが翌年の国会に提出された。

本法案は，第19回国会において，衆議院の修正等を経て，新警察法に至る（昭和29（1954）年6月8日公布，7月1日施行）。法案審議の際には，野党側による強硬な反対にあい，しばしば議場は混乱した。そのため，会期延長が繰り返された（当時は，会期延長の回数制限がなかった）。

本件で問題となったのは，そのうち4度目の会期延長の方法である。会期最終日である6月3日，衆議院は議員の乱闘で大混乱となり会議を開くことができなかった。議長は，警察の出動を要請するほどであった。議長は議場には入れないまま，議長席後方のドアを少し開けて二本の指を突き出し，二日間延長と叫んだのである。これは近くの数人にしか聞こえず，それを聞いた与党議員が拍手し，それに呼応して同党の議員2，30名が拍手したにすぎなかった。この時の乱闘で，約50名の負傷者が出たとされる。

その後も，いわゆる対決法案をめぐり議場の混乱は続いたが，この時期の国会を俗に「乱闘国会」と呼んでいる。

本件上告人は，議長が席にもつかず開会の宣告もなく，議事日程も配付せず，議案を議題とする宣告もせず，議員に発言の機会も与えず，さらに議題を明らかにして起立等の方法による表決をとることも，その表決の結果を宣告することもしなかったこと等が衆議院規則に適合せず，会期延長は無効だと主張したのである。会期延長が無効だとすれば，6月3日の会議は流会，結果として国会は閉会となり，その後の議決もすべて無効となろう。最高裁は，議院の自律権を尊重し，議事手続に対する司法判断を示さなかったが，仮に無効とされれば，国政のさらなる混乱は必至であった。

【キーワード】
議事手続　議院における定足数や議決の有無，方法などのこと。
国家地方警察　旧警察法により設置されたわが国の警察組織であり，自治体警察の管轄区域を除く，小規模な町村における警察事務を担うものとされた。新警察法の成立により，これらは廃止されて，国家公安委員会の管理下にある警察庁と各都道府県警察に再編された。

【文献】成田頼明「警察法改正」東京市政調査会編『地方自治史を掘る』（東京市政調査会，2009年），田上穣治『警察法〔新版〕』（有斐閣，1983年），百選・86（斎藤秀夫），判百Ⅱ・186（奥村公輔），同〔第5版〕・199（毛利 透）。

約200名の警官に守られて議場に向かう堤康次郎議長（出典：衆議院・参議院『目で見る議会政治百年史』大蔵省印刷局，1990年）

71 司法権②

政党の内部自治と司法審査

重村博美

最判昭和 63（1988）年 12 月 20 日
集民 155 号 405 頁

【判決のポイント】
政党の内部的自律権に属する行為は，法律に特別の定めのない限り，政党の判断に委ねられる。また，政党が組織内の自律的運営として党員におこなった除名処分の当否は，原則，自律的な解決に委ねるのを相当とし，裁判所の審査権が及ばない。

【事案の概要】
Y は，政党 X の党員であり，党中央委員などの役職にあったが，X から除名処分を受けた。それに伴い，X は Y が居住する X 所有の住宅の明渡し請求をした。しかし，Y が拒否したため，X が出訴。ちなみに，使用期限・使用料などの取決めは，当初なかったが，借受けからおよそ 5 年後，X による使用料の徴収が開始された。

第一審（東京地裁八王子支判昭和 58（1983）・5・30 判時 1085 号 77 頁）ならびに第二審（東京高判昭和 59（1984）・9・25 判時 1134 号 87 頁）ともに，X の請求を認容。Y の建物利用は，Y の党組織内における地位に基づくものであり，除名処分された Y に利用権はない。ただし，党員の除名処分の適否の判断は，高度の自治権・自律権を有する政党の内部自律権に委ねられるべきで，司法審査の対象外である。しかし，除名手続に著しく不公正あるいは政党内部の手続に違背した場合は，司法審査の対象となると判断したため，Y が上告。

裁判所の判断 ―― 上告棄却

①「政党は，政治上の信条，意見を共通にする者が任意に結成する政治集団であって，内部的には，通常，自律的規範を有し，その成員である党員に対して政治的忠誠を要求したり，一定の統制を施すなどの自治機能を有するものであり，……議会制民主主義を支える上においてきわめて重要な存在である」。「したがって，各人に対して，政党を結成し，又は政党に加入し，若しくはそれらを脱退する自由を保障するとともに，政党に対しては高度の自主性と自律性を与えて自主的に組織運営をなしうる自由を保障しなければならない」。「他方，右のような政党の性質，目的からすると，自由な意思によって政党を結成し，あるいはそれに加入した以上，党員が政党の存立及び組織の秩序維持のために，自己の権利や自由に一定の制約を受けることがあることもまた当然である」。

②「右のような政党の結社としての自主性にかんがみると，政党の内部的自律権に属する行為は，法律に特別の定めのない限り尊重すべきであるから，政党が組織内の自律的運営として党員に対してした除名その他の処分の当否については，原則として自律的な解決に委ねるのを相当とし，したがって，政党が党員に対してした処分が一般的市民法秩序と直接の関係を有しない内部的な問題にとどまる限り，裁判所の審査権は及ばないというべきであり，他方，右処分が一般市民としての権利利益を侵害する場合であっても，右処分の当否は，当該政党の自律的に定めた規範が公序良俗に反するなどの特段の事情がない限り右規約に照らし，右規範を有しないときは条理に基づき，適正な手続に則ってされたか否かによって決すべきであり，その審理も右の点に限られるものといわなければならない」。

③右規範が「公序良俗に反するなどの特段の事情のあることについて主張立証もない本件においては，その手続に何らの違法もない」。

解　説

本件の直接的な訴因は，建物の明渡し請求である。しかし，主要な争点は，政党の自律権に関わる問題に司法審査の行使が可能なのか否かである。つまり，ここでの建物利用関係が，私人間の一般的な賃貸借契約ではなく，政党の地位に付随したものであり，この地位の喪失が明渡し請求の原因となったためである。

ではなぜ，司法審査の適用範囲が問題となるのか。この点は，判旨②で示した「処分が一般市民法秩序と直接的な関係を有しない内部的な問題にとどまる限り，裁判所の審査権は及ばない」とする，いわゆる「部分社会論」に基づく判断基準が，本件判決以前での国立大学の単位認定（最判昭和52（1977）・3・15民集31巻2号34頁）や地方議会の懲罰（最大判昭和35（1960）10・19民集14巻12号2633頁）で用いられ，司法審査の適用外とされたことに基づく。裁判所法3条1項の規定する「法律上の争訟」に該当しないとしたためである。

では，政党内の除名処分に審査は及ぶのか。

そこでまず，政党が自律権を有する団体か否かを確認する。最高裁は，政党への献金が問題とされた八幡製鉄事件最高裁判所大法廷判決（最大判昭和45（1970）6・24民集24巻6号625頁）で，政党は「議会制民主主義を支える不可欠の要素」であり，「高度の自主性と自律性を与えて自主的に組織運営をなしうる自由がある」とし，司法審査の対象外とした。ただし，政党といえども「公共の福祉をはじめとする内在的制約に服す」とし，司法審査の可能性を残した。

次に，本件での司法審査の可能性を探る。地裁・高裁判決では，政党が高度の自治権・自律権をもつ存在であり，その組織や運営が民主主義の要請に則ったものとして，公正な手続が要請されているという。このため，適正手続が保障されていない本件除名処分は，公序良俗に反し無効であるとする。しかし，最高裁は下級審の判断枠組みと異にする。まず，対象事件の実体的問題に踏み込まず，一般市民法秩序との直接の関連性の有無を判断する。そして，直接的な関連のない内部的な問題にとどまる限り審査は及ばず，また関連のある場合には，処分の当否の判断は，手続の適正さに限定される。

なお政党除名の司法審査は，本判決後の日本新党繰上補充事件（最判平成7（1995）・5・25民集49巻5号1279頁でも，問題となった。これは，参議院比例名簿搭載者が，繰上当選の対象となったにも関わらず，政党での除名処分を理由に選挙会において当選が認められなかった事案である。そこで名簿搭載者が公職選挙法208条に基づき，本件除名処分が無効であり，自身が当選者であるとする請求をする，いわゆる当選訴訟を提起した。しかし最高裁は，政党からの除名届が提出されている以上，選挙会の除名審査は形式的なものであり，その除名の存否ないし効力を争うことは，司法審査の対象外とし政党の内部的自律権を尊重すべきとした。とはいえ，訴訟法上の問題は残る。そもそも政党除名の有効性を当選訴訟の方法で争いうるか。公職選挙法の規定によると，除名にあたり除名届出書などの形式的要件を充足するだけで足り，そもそも選挙会は除名の効力を審査する権限をもたない。本判決は当選訴訟の趣旨・目的を厳格に解釈したものといえるが，それに加えより特徴的な点は，政党の自律性を強調し司法審査の可能性を否定している点であろう。

◉事案の背景

本件は，一般に「共産党袴田事件」と称される事件である。共産党の中央委員，政治局員などを歴任した袴田氏が，自身が所属する政党の批判を党外で発行された週刊誌などで行なった。そのため，袴田氏は党規律違反を理由に除名処分を受けた。この一連の出来事が発端となって，本件建物明渡し事件に発展している。

【キーワード】

法律上の争訟　憲法76条1項は，「司法権」が裁判所にあると規定し，司法権の及ぶ範囲を「一切の法律上の争訟」（裁判所法3条1項）とする。「法律上の争訟」とは，一般に，権利・義務または法律関係における紛争で，法の適用により終局的解決が可能なものを指す。このため，訴訟物それ自体が具体的権利義務ではない場合，または権利義務の存否となる事項が法令の適用による解決に適さない場合は，訴えが却下される。

部分社会論（部分社会の法理）　市民社会とは異なる自律的な社会・団体（ここでは部分社会と呼ぶ）については，裁判所法3条1項に規定する「法律上の争訟」になじまないものとして，司法審査が及ばないとする法理。ここでいう社会・団体には，大学・宗教団体・弁護士会などが含まれる。とはいえ，部分社会論の考え方に対しては，否定的な考え方が現在では多数を占める。

【文献】佐藤幸治『現代国家と司法権』（有斐閣，1988年）。

『現代国家と司法権』（佐藤，1988）：違憲審査権の性格を詳細かつ分析的に検討しており，現在においても，多くの示唆に富む文献である。

72 司法権③

米内山事件

渡辺暁彦

最大決昭和28（1953）年1月16日
民集7巻1号12頁

【判決のポイント】
裁判所による執行停止の決定に対して行われる内閣総理大臣の異議は，執行停止がなされる以前に行わなければならない。

【事案の概要】
事件の概略は以下の通りである。(1) 青森県議会議員の米内山義一郎（1909-1992）は，自身の県議会での発言を咎められ，除名処分を受けた（1952年3月15日）。(2) そこで，議員は青森地方裁判所に対して処分取消の訴えを提起し，あわせて処分に対する執行停止の決定を求めた。(3) 青森地裁は，議員の申立てを受け容れ，執行停止の決定を下した（4月28日）。(4) 吉田茂・内閣総理大臣（当時）は，地方議会の自主的運営が阻害されるとして，裁判所の決定に異議を述べた。(5) これに対して青森地裁は，本件異議が法律の要求する理由の明示を欠く不適法なものであるとして，執行停止決定を取り消さない旨の決定を下した。(6) そこで，県議会から最高裁判所に，決定の取消しを求めて**特別抗告**がなされた。

裁判所の判断 —— 抗告棄却

①「行政事件訴訟特例法10条2項但書の内閣総理大臣の異議は，同項本文の裁判所の執行停止決定のなされる以前であることを要するものと解するを相当とする」。

②「記録によれば，原審が執行停止の決定をしたのは昭和27年3月15日であり，内閣総理大臣の異議が述べられたのは右の後である同年5月16日であることが明らかであるから，本件異議は不適法なものであり，したがつてこの異議を前提とする本件抗告も亦不適法なものといわなければならない」。

※なお，少数意見，反対意見，意見が各々1つと，2つの補足意見がある。

田中耕太郎裁判官少数意見　「〔本件除名処分は〕議会の内部規律の問題として，議会自体の決定に委ぬべきものであり，司法権の介入の範囲外にあるものと考える」。なぜなら，「法秩序は社会の多元性に応じて多元的である。……例えば国会，地方議会，国立や公立学校の内部の法律関係について，一般法秩序がどれだけの程度に浸透し，従つて司法権がどれだけの程度に介入するかは個々の場合に同一でない」。

真野毅裁判官意見　「行政庁の違法な処分によって権利を侵害され法律上の争訟が生じたときは，当事者はその救済を求めるために違法な処分の取消又は変更等の訴訟を裁判所に提起することを得るのは当然であり，これは憲法上裁判所の権限である司法権に属することは疑のないところである」。「……内閣総理大臣が異議を述べたときには，処分の執行停止を命ずる司法的処置を採ることを禁止しているのは，内閣総理大臣という行政機関が司法権の領域を侵犯して処分の執行停止を命ずるか否かという司法的処置に干渉するものであるから，三権分立の原則に違反する」。

解　説

1本件は，行政事件訴訟特例法（当時）の定める内閣総理大臣の異議制度に関して，直接的には当該異議を述べる時宜の適法性について争われた事案である。ただし事件の後，特例法は行政事件訴訟法へと生まれ変わり，執行停止決定後の異議も明文で認められることとなったため（同法第27条1項），本件決定の意味はすでに失われている。

しかし，本件は司法権と行政権の憲法上の権限配分を本質的に問うた事案として，今なお学問的に重要な価値をもつものといえよう。

2事実関係は後述のとおり，少々複雑である。本来，地方議会の懲罰が司法審査の対象となるかという点こそが「最も重要な問題」（柳瀬・192頁）であった。もっとも，多数意見はその点に言及することなく，内閣総理大臣の異議の時宜が不適法であったという形式面を理由に抗告を棄却した。半ば「肩すかし」の多数意見であるがゆえ，むしろ5名の裁判官の個別意見にこそ見るべきものが多い。

当該論点について，後に最高裁（最大判昭和35（1960）・10・19民集14巻12号2633頁）は，本件決定の田中・少数意見が示した部分社会論を念頭に，「自律的な法規範をもつ社会ないしは団体に在っては，当該規範の実現を内部規律の問題として自治的措置に任せ，必ずしも，裁判にまつを適当としないものがある」と判示した。

③本件事案で注目されるべきは，真野・意見にみられるように，内閣総理大臣の異議制度の合憲性である。行政事件訴訟法（前身である特例法もほぼ同じ）は，内閣総理大臣に対して，裁判所による執行停止の決定を覆す強力な手段を認めている（内閣総理大臣の異議制度）。他方，裁判所には，当該異議に対して適法性を審査する権限がほとんど認められない。諸外国に類を見ない特異な制度と評される所以である。

真野裁判官は，当該制度を行政権による司法権への介入だとして違憲と解するが，多数意見は異議制度それ自体の合憲性を前提に判断を下している。その後の下級審では，執行停止は本来，行政作用であるが，立法政策上，司法権に移譲したにすぎないとして，異議制度を合憲とした例がみられる（東京地判昭和44（1969）・9・26判時568号14頁）。

判例の立場には，今日，有力な異論が唱えられている。処分の取消しが司法権の行使とされ，それに対する行政権の介入の余地はないのに，取消しに比べて付随的な執行停止が行政作用であるから介入を許してよいというのは背理であるという（佐藤憲法論・599頁，野中ほかⅡ・234頁など）。このように違憲の疑いの強い異議制度を正当化するには，いわば「非常事態の法理」しかない（佐藤・同上）といえよう。今日，執行停止について内閣総理大臣が異議を述べることはほとんどない。

◉事案の背景

事の発端は，県議会における一議員の失言である。議員は発言の取消しを行ったが，彼の失脚を窺う自由党の議員らによって懲罰動議が出され，賛成多数で除名処分が下された。県議会の除名処分は，全国初の事例であったといわれる。

米内山議員は，当該処分を不当（あわせて開票に関する手続的違法性も主張）として除名処分無効の行政訴訟と，当該訴訟の判決に至るまで除名処分の執行停止の申立てを行ったが，このことが，その後，自治庁及び法務庁（何れも当時），そして内閣総理大臣，さらには最高裁をも巻き込む事態に至ったのである。

結果的に，本件決定の通り，異議は認められず，また除名処分自体の取消しについては，青森地裁が「除名処分は著しく正義に反し違法である」として，処分取消しを言い渡した（青森地判昭和28（1953）・1・7行集4巻1号130頁）。かくして議員の除名処分は，10ヶ月で取り消されることとなったのである。

行政事件訴訟特例法は，占領下の特殊な事情のもとで成立したことに留意が必要である。

GHQ総司令部は，当初，行政事件特有の手続を定める法律をつくることに消極的であったが，戦争協力者等の公職追放をめぐる，いわゆる平野事件への対応のなかで方針を転換させたといわれる。占領政策を迅速かつ円滑に推進するためにも，内閣総理大臣の異議制度が不可欠と考えられたのである。こうした点からも，当該制度の合憲性について再考が迫られているといえよう。

【キーワード】

特別抗告　最高裁判所に対して行う不服申立てのこと。これは，憲法違反の場合に限られる（民事訴訟法336条）。

執行停止制度　行政処分に対して取消訴訟が提起されても，行政処分それ自体は効力をもち，行政上の強制執行も行うことができる。そこで，原告の権利利益を暫定的に保全するために，処分の執行等により生ずる重大な損害を避けるため緊急の必要がある場合には，裁判所は執行停止の決定を行うことができる（行政事件訴訟法25条）。いわゆる「仮の権利保護」の制度の一つである。

【文献】 百選・85（柳瀬良幹），佐藤幸治・基本判例〔第2版〕203頁，清水誠・法時71巻8号111頁，笹川紀勝・ジュリ1037号195頁。藤本一美「戦後青森県政治史序説－②（1949年～1952年）」専修法学論集第121号（2014年）161頁以下。

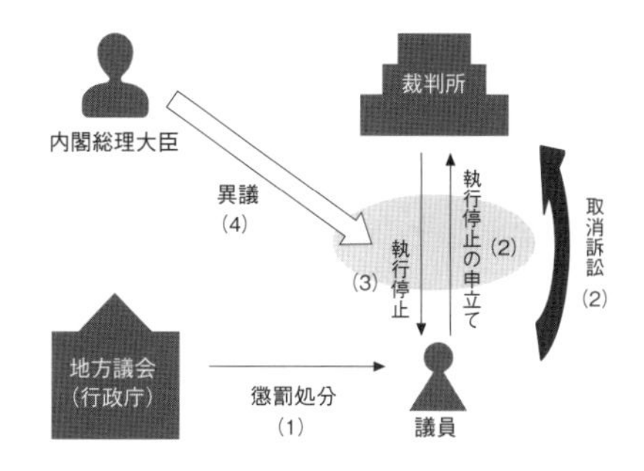

73 司法権④

「板まんだら」事件

森本直子

最判昭和56（1981）年4月7日
民集35巻3号443頁

【判決のポイント】
信仰の対象の価値ないし宗教上の教義に関する判断が請求の当否を決める上での前提として必要不可欠であり，それが紛争の核心となっている場合，具体的な権利義務ないし法律関係に関する紛争であっても，裁判所法3条1項にいう「法律上の争訟」には当たらない。

【事案の概要】
被告Y（創価学会）が広宣流布達成の時期に日蓮正宗総本山大石寺境内に本尊「板まんだら」を安置する正本堂を建設するとして建設費用の寄付を会員に募り，これに応じた元会員の原告Xら（17名）が，それぞれ280円から200万円（総額約542万円）を寄付した。その後，「板まんだら」が偽物であることが判明し，また，正本堂完成後に広宣流布は未だ達成されていないとYが述べたため，要素の錯誤を理由に寄付金の返還（不当利得返還）を求めてXらが出訴した。

一審（東京地判昭和50（1975）・10・6判時802号92頁）は，Xらの主張する錯誤は，「信仰対象の真否」および「宗教上解決すべき教義」の問題を前提とするため，裁判所が法令を適用して終局的に解決できる事柄ではない」としてXらの訴えを却下した。Xらが控訴し，原審（東京高判昭和51（1976）・3・30判時809号27頁）は，本件不当利得返還請求権の有無は，当事者間の具体的な権利義務または法律関係の存否に関する紛争であり，法律を適用することによって終局的に解決するので裁判所に審判権がないとはいえないとして一審判決を取り消した。そこでYが本件寄付は高度に宗教的意義をもつ「供養」であり，広宣流布の達成や本尊の真偽は宗教上の教義ないし信仰上の判断に関わるものであるため，本件は法律上の争訟に当たらないと主張して上告した。

裁判所の判断 —— 破棄自判

①「裁判所がその固有の権限に基づいて審判することのできる対象は，裁判所法3条にいう『法律上の争訟』，すなわち当事者間の具体的な権利義務ないし法律関係の存否に関する紛争であって，かつ，それが法令の適用により終局的に解決することができるものに限られる（最高裁昭和39年（行ツ）第61号昭和41（1966）・2・8第3小法廷判決・民集20巻2号196頁参照）。したがつて，具体的な権利義務ないし法律関係に関する紛争であっても，法令の適用により解決するのに適しないものは裁判所の審判の対象となりえない，というべきである」。

②「錯誤による贈与の無効を原因とする本件不当利得返還請求訴訟においてXらが主張する錯誤の内容は，(1) Yは，戒壇の本尊を安置するための正本堂建立の建設費用に充てると称して本件寄付金を募金したのであるが，Yが正本堂に安置した本尊のいわゆる『板まんだら』は，日蓮正宗において『日蓮が弘安2年10月12日に建立した本尊』と定められた本尊ではないことが本件寄付の後に判明した，(2) Yは，募金時には，正本堂完成時が広宣流布の時にあたり正本堂は事の戒壇になると称していたが，正本堂が完成すると，正本堂はまだ三大秘法抄，一期弘法抄の戒壇の完結ではなく広宣流布はまだ達成されていないと言明した，というのである。要素の錯誤があつたか否かについての判断に際しては，右 (1) の点については信仰の対象についての宗教上の価値に関する判断が，また，右 (2) の点についても「戒壇の完結」，「広宣流布の達成」等宗教上の教義に関する判断が，それぞれ必要であり，いずれもことがらの性質上，法令を適用することによっては解決することのできない問題である。

③「本件訴訟は，具体的な権利義務ないし法律関係に関する紛争の形式をとつており，……信仰の対象の価値又は宗教上の教義に関する判断は請求の当否を決するについての前提問題であるにとどまるものとされてはいるが，本件訴訟の帰すう

を左右する必要不可欠のものと認められ，また，記録にあらわれた本件訴訟の経過に徴すると，本件訴訟の争点及び当事者の主張立証も右の判断に関するものがその核心となっていると認められる」。「結局本件訴訟は，その実質において法令の適用による終局的な解決の不可能なものであつて，裁判所法3条にいう法律上の争訟にあたらないものといわなければならない」。

※なお一人の補足意見がある。

解　説

本件では，具体的な権利義務に関する紛争の形式をとるものの，その前提問題に宗教上の価値や教義の判断が含まれる場合に，それが司法権の発動要件である裁判所法3条1項にいう「法律上の争訟」に該当するかどうかが問題となった。一般に，純然たる信仰の対象の価値または宗教上の教義に関する判断自体を求める訴えは，具体的な法律関係に関する問題ではなく，法規の適用によって解決すべき法律上の争訟には当たらないとされる。そのような例として，ある人が住職であるという地位の確認請求がある。しかし，宗教問題が前提問題にとどまる場合はこれとは区別され，さらに本件のように①紛争の実態・核心が宗教上の争いであり紛争が全体として裁判所による解決に適しない場合と，②紛争自体は全体として裁判所による解決に適しないとは言えない場合とに分けられる。宗教法人の代表役員の地位をめぐる訴えが②の一例である。これは法律関係に関する問題であり，地位の有無が問題を解決する点で住職たる地位をめぐる紛争とは区別される。このような場合，裁判所の審査は行われて訴えは却下されないが，宗教問題部分については宗教団体の自律的判断が尊重されると考えられている。

◉事案の背景

宗教団体への寄付金・献金をめぐるトラブルは，相談者の悩みや宗教的不安感につけこむ霊感商法などその強引な手法がしばしば社会問題となる。しかし，詐欺罪などに問われる極端な例は一部であり，また，宗教団体への金銭授受をめぐるトラブルが公表裁判例になる例は多くはないとされる。

本件の最高裁判決は，宗教団体への寄付金に関連したトラブルについて救済を求める者に法的解決の機会を与えず，自力救済させかねないとの批判がある。不必要に宗教団体の内部事項に裁判所が介入することなく，財貨の移転という世俗的な側面と宗教行為としての側面のバランスを図った対応をとるためには，寄付や献金をめぐる宗教団体内規やガイドラインを定めて自主的・自律的な問題処理を行うことが望ましい。この点につき，献金等勧誘活動について献金後間もない期間（例えば1か月）はその返金要請に応じているか，お布施，献金，祈祷料等名目の如何を問わず，支払額が一定金額以上の場合には受取を証する書面を交付しているか等を被害者救済の判断基準とすることを日弁連が提言しており，示唆的である。

【キーワード】

要素の錯誤　その錯誤がなければ法律行為をしなかったであろうと考えられる場合で，かつ，取引通念に照らして錯誤がなければ意思表示をしなかったであろう場合をいう。民法95条により要素の錯誤がある場合，意思表示は無効となる。

広宣流布　法華経の教えを世界に広めること。

【文献】棚村政行「宗教団体への献金等について　民事法学の視点から」宗教法16号（1997年）215-51頁，日弁連「反社会的な宗教的活動にかかわる消費者被害等の救済の指針」〈http://www.nichibenren.or.jp/library/ja/opinion/report/data/1999_13_1.pdf〉（1999年3月），百選Ⅱ・190（宍戸常寿）。

解体前の大石寺正本堂
（出典：〈https://upload.wikimedia.org/wikipedia/ja/f/ff/Syohondo.jpg〉）

74 違憲審査制①

警察予備隊違憲訴訟

吉田仁美

最大判昭和 27（1952）年 10 月 8 日
民集 6 巻 9 号 783 頁

【判決のポイント】
裁判所が司法権を行使するためには，具体的事件が提起されなくてはならない。最高裁判所だけでなく下級裁判所も違憲審査権を行使する。

【事案の概要】
X（原告，鈴木茂三郎　日本社会党委員長，左右に分裂していた社会党左派）は，警察予備隊は憲法第 9 条第 2 項違反であり，関連する全ての行政行為は無効だとして，その取消を求めた。原告は，新憲法下の最高裁判所が一般の司法裁判所としての性格と憲法裁判所としての性格を併せもち，最高裁判所は憲法裁判所として始審にして終審であるとして，直接最高裁に訴訟を提起した。原告は，納税者であり，その他種々の権利侵害を被った国民として，殊にこれらの権利の侵害を最も多く蒙った全勤労階級の代表者として，警察予備隊に関する違法な内閣の諸処分の取消を求める，と主張した。また，「具体的事件が起り個人的権利が侵害されてから訴訟を提起したのでは時の政治には間に合はない」，これは，最高裁が第一審となることについての否定論とも関連し，「事件が確定するまで数年を要し，全くの後の祭りとなつて，憲法の番人の役割を全く果し得ない」とし，「憲法裁判所としての性格を与えた以上，違憲法令処分の効力を直接争いうるとするのは理の当然」だと主張した。また，西ドイツの，議員総数の 3 分の 1 の署名をうるという出訴条件を参照し，違憲訴訟は，少数野党がこれを提起して，立法府の多数党とこれを基盤とする内閣が，数をたのんで法律又は命令処分の名において実質的に憲法を改正するのを阻止しようとすることが想定されるため，少数野党の代表者として，「少数野党の代表的立場にある原告がこの訴訟を起すのは当を得たもの」だと主張した。

裁判所の判断 ―― 却下

「わが裁判所が現行の制度上与えられているのは司法権を行う権限であり，そして司法権が発動するためには具体的な争訟事件が提起されることを必要とする。我が裁判所は具体的な争訟事件が提起されないのに将来を予想して憲法及びその他の法律命令等の解釈に対し存在する疑義論争に関し抽象的な判断を下すごとき権限を行い得るものではない。けだし最高裁判所は法律命令等に関し違憲審査権を有するが，この権限は司法権の範囲内において行使されるものであり，この点においては最高裁判所と下級裁判所との間に異るところはないのである（憲法 76 条 1 項参照）。原告は憲法 81 条を以て主張の根拠とするが，同条は最高裁判所が憲法に関する事件について終審的性格を有することを規定したものであり，従つて最高裁判所が固有の権限として抽象的な意味の違憲審査権を有すること並びにそれがこの種の事件について排他的なすなわち第一審にして終審としての裁判権を有するものと推論することを得ない」。

「なお最高裁判所が原告の主張するがごとき法律命令等の抽象的な無効宣言をなす権限を有するものとするならば，何人も違憲訴訟を最高裁判所に提起することにより法律命令等の効力を争うことが頻発し，かくして最高裁判所はすべての国権の上に位する機関たる観を呈し三権独立し，その間に均衡を保ち，相互に侵さざる民主政治の根本原理に背馳するにいたる恐れなしとしないのである」。

「要するにわが現行の制度の下においては，特定の者の具体的な法律関係につき紛争の存する場合においてのみ裁判所にその判断を求めることができるのであり，裁判所がかような具体的事件を離れて抽象的に法律命令等の合憲性を判断する権限を有するとの見解には，憲法上及び法令上何等の根拠も存しない。そして弁論の趣旨よりすれば，原告の請求は右に述べたような具体的な法律関係についての紛争に関するものでないことは明白である。従つて本訴訟は不適法であつて，かかる訴訟については最高裁判所のみならず如何なる下級裁判所も裁判権を有しない」。

解　説

本判決は，日本国憲法の下で新たに導入された違憲審査制の運用を確立した事案である。本件では，裁判官全員一致で訴訟が却下された。最高裁は，裁判所に与えられた権限は「司法権」であり，それが発動するために「具体的事件性」が必要であると判断した。「司法権」とはなにかについて，本判決は明確にしていないが，それが「具体的な争訟事件」を解決するためのものと考えているようである。「具体的事件性」については，「具体的な争訟事件が提起されること」，「特定の者の具体的な法律関係につき紛争の存する場合」のみ述べる。のちの学説は，「法律上の争訟」とは，裁判所法3条1項と同じ意味だとし，判例は，当事者間の具体的な権利義務または法律関係の存否に関する紛争であって，法令の適用により終局的に解決できるもの（最判昭和28（1953）・11・17行集4巻11号2760頁）とする。このような「司法権」のほかに，裁判所は法律で定められたその他の権限（客観訴訟）を行使しているが，こうした権限を付け加えられるのかどうかについては，議論がある。

本判決は，違憲審査権は，「司法権の範囲内において行使される」とする。これについて，**抽象的違憲審査**が憲法上行えないとする説（81条が司法の章にある，三権分立原理や国民主権原理に反する，抽象的違憲審査制をとる場合に規定されているべき出訴権者や判決の効力などに関する規定が憲法にない）が通説だが，一定の抽象的違憲審査権を法律により認めてもよいとする説（中村睦男），法律上の手続が整備されれば抽象的違憲審査権も行使できるとする説（小嶋和司）等がある。具体的な処分等のない段階で，どのような違憲訴訟なら憲法上提起することができるのかが議論されている。

◉事案の背景

警察予備隊は，1950年8月に創設された。占領下の日本では，第3次吉田内閣が政権を担っていた。吉田茂首相は，経済復興優先の政策をとったが，1950年1月ごろ日本が「自衛権を放棄していない」とする施政方針演説を行い6月に勃発した朝鮮戦争により，再軍備が加速した。在日米軍が朝鮮半島に出動し，日本の治安維持に空白を生じるため，「National Police Reserve」を設立せよというマッカーサーの書簡をうけ（同年7月），警察予備隊が設置された。9条違反の批判に対し，政府は，警察予備隊は「戦力に至らない」と弁明した。1951年のサンフランシスコ講和条約と同日に，米軍の日本駐留を認める日米安全保障条約が結ばれた。警察予備隊は，1952年に海上警備隊（後の海上自衛隊）とともに保安庁にうつされ，同年に保安隊に組織替えされ，1954年に陸上自衛隊となる。本件が，「戦力」に関する議論を回避し，このことがその後の「なし崩し再軍備」の端緒となったとの指摘がある。1960年の安保条約改定後の第5条は，「日本国の施政の下にある領域における，いずれか一方に対する武力攻撃」に対し「共通の危険に対処するように行動することを宣言する」と規定する。

【キーワード】

具体的違憲審査制　通常の裁判所が，具体的な訴訟事件を裁判する際，事件の解決に必要な限度で違憲審査を行う制度。

抽象的違憲審査制　特別に設置された裁判所が，具体的な争訟と関係なく，抽象的に違憲審査を行う制度。

【文献】百選Ⅱ・193（佐々木雅寿），西村裕一「法学部生は知っておきたい！昭和・平成の法律事件（1）4警察予備隊事件」法教349号（2009年）14頁，山田隆司「戦後史で読む憲法判例　⑥『東西冷戦』と警察予備隊訴訟」法セ713号（2014年）66頁。

警察予備隊の訓練　毎日新聞社［編］『決定版　昭和史第14巻 講和・独立』（毎日新聞社，1984年）より

75 違憲審査制②

在宅投票制廃止事件

山本真敬

最判昭和60（1985）年11月21日
民集39巻7号1512頁

【判決のポイント】
国会議員の立法行為（立法不作為を含む）は，立法の内容が憲法の一義的な文言に違反しているにもかかわらず国会があえて当該立法を行うような例外的な場合にのみ，国家賠償法1条1項の適用上違法となる。

【事案の概要】
公職選挙法（公選法）は，歩行が著しく困難な選挙人のため投票所でなく在宅で投票できる制度（在宅投票制度）を設けていたが，1951年の統一地方選挙でこの制度が悪用されたので，国会は法改正し制度を廃止した。制度廃止により，ケガで歩行のみならず車椅子に乗ることも困難となっていたXは国政選挙等で投票できなくなった。Xは，在宅投票制度を廃止し復活しないことはXの選挙権行使を妨げ違憲であるとして国家賠償法（国賠法）1条1項に基づき賠償を請求した。

一審（札幌地判昭和49（1974）・12・9判時762号8頁）が，在宅投票制度を廃止した立法措置は違憲であり国会に過失があったとしてXの請求を認容したのに対し，原審（札幌高判昭和53（1978）・5・24判時888号26頁）は，在宅投票制度を復活しない立法不作為は違憲だが国会議員に過失がないとしてXの請求を棄却。Xが上告。

裁判所の判断 ―――― 上告棄却

①国賠法1条1項は，「公務員が個別の国民に対して負担する職務上の法的義務に違背して当該国民に損害を加えたときに，国又は公共団体がこれを賠償する責に任ずることを規定」している。「国会議員の立法行為（立法不作為を含む。以下同じ）が同項の適用上違法となるかどうかは，国会議員の立法過程における行動が個別の国民に対して負う職務上の法的義務に違背したかどうかの問題であつて，当該立法の内容の違憲性の問題とは区別され」，「仮に当該立法の内容が憲法の規定に違反する廉があるとしても，その故に国会議員の立法行為が直ちに違法の評価を受けるものではない」。

②憲法の採用する議会制民主主義や憲法51条の趣旨を鑑みると，「国会議員の立法行為は，本質的に政治的なものであつて，その性質上法的規制の対象になじま」ない。「国会議員は，立法に関しては，原則として，国民全体に対する関係で政治的責任を負うにとどまり，個別の国民の権利に対応した関係での法的義務を負」わず，「国会議員の立法行為は，立法の内容が憲法の一義的な文言に違反しているにもかかわらず国会があえて当該立法を行うというごとき，容易に想定し難いような例外的な場合でない限り，国家賠償法1条1項の規定の適用上，違法の評価を受けない」。

③憲法には在宅投票制度の設置を命ずる明文規定はなく，同47条は選挙に関する事項の具体的決定を原則として立法裁量に委ねており，在宅投票制度を廃止しその後復活させなかった立法不作為は上記「例外的な場合」に当たらない。

解　　説

本判決は，「立法不作為で選挙権を行使する憲法上の権利が制約されるのは合憲か」（論点A）を直接取り扱わず，「立法不作為が国賠法1条1項の適用上違法となるのはいかなる場合か」（論点B）に関する判決だという点に，注意が必要である。本判決は，論点AとBを切り離し（論点Aは選挙権の意義に直接関わるが実体判断されず。最高裁は後に在外邦人選挙権訴訟（☞**本書54**）でこの判断基準を示す），論点Bの判断基準が「職務上の法的義務に違背したかどうか」（判旨①，**職務行為基準説**），具体的には「立法の内容が憲法の一義的な文言に違反しているにもかかわらず国会があえて当該立法を行う」ようなことをしないという「職務上の法的義務」が守られたか否か，だと判示した（判旨②）。ただし，本判決のように論点AとBを分ける必要は必ずしもない。理論上は，在宅投票制度を設けない立法不作為による選挙権行使の制約が違憲ならば同時に当該不作為は国賠法1条1項上も違法だ，とも考え得るからである（違法性一元説）。

本判決は「立法不作為の違憲審査を否認するに等しい」（芦部・375頁）が，本判決を踏襲しつつも「らい予防法」の定める強制隔離政策を長期間廃止しなかった立法不作為が上記「例外的な場合」にあたるとした裁判例もある（熊本地判平成13（2001）・5・11判時1748号30頁，☞**本書76**）。

後に最高裁は，在外邦人選挙権訴訟で論点Bに関し，「立法の内容又は立法不作為が国民に憲法上保障されている権利を違法に侵害するものであることが明白」か，「国民に憲法上保障されている権利行使の機会を確保するために所要の立法措置を執ることが必要不可欠であり，それが明白であるにもかかわらず，国会が正当な理由なく長期にわたってこれを怠る」場合等は，「例外的に，国会議員の立法行為又は立法不作為は，国家賠償法1条1項の規定の適用上，違法の評価を受ける」と述べ，立法不作為が国賠法上違法となる要件を，本判決から事実上緩和した。そして，在外邦人に在外選挙制度を設けるなどの立法措置を執ることが必要不可欠であったのに，1984年に内閣が在外選挙制度創設のための法律案を提出した後10年以上何の立法措置も執られなかったことは，上記例外的な場合に当たり過失があるとして国賠法上違法とした。

さらに，最高裁は最近の再婚禁止期間訴訟判決（最大判平成27（2015）・12・16判タ1421号61頁，☞**本書14**）で，論点Bにつき，「法律の規定が憲法上保障され又は保護されている権利利益を合理的な理由なく制約するものとして憲法の規定に違反するものが明白であるにもかかわらず，国会が正当な理由なく長期にわたってその改廃等の立法措置を怠る場合など」は例外的に，その立法不作為は国家賠償法1条1項の適用上違法となると，基準を整理した（ただし，当該事件は争われた規定の違憲性が明白といえず，違法とならないと判断した）。

◉事案の背景

戦後2回目の大規模な地方選挙となる1951年の統一地方選挙は，全国で多数の長・議員が選出され（例：市区町村議会議員は約17万），地方行政に加え連合国との講和条約締結に対する各政党の態度への審判の意味も重なり，また投票日の全国的統一等の選挙過程の合理化が行われ，投票率も極めて高かった（例：市区町村議会議員選挙で約91%）。選挙戦も激しく，設置直後の選挙管理委員会の事務の不慣れさや，在宅投票制度自体の制度的問題点（投票管理者の下で投票されない，医師等が歩行困難の虚偽の証明書を発行した場合の罰則がない，同居の親族と称すれば投票用紙が交付される）もあり，投票日後1ヶ月間で3万件以上も買収等の選挙犯罪が検挙された。

国会はこれを受け（不在者投票の80%が悪用されたという意見も出た），在宅投票制度の問題点を解消するのではなく，制度そのものを廃止した。法令改正により，歩行が著しく困難な選挙人のうち一定の病院に入院中の者だけが，病院長が管理する投票場所でのみ投票できる仕組みになった（以上，佐藤）。なお，1974年の公選法改正により「重度身体障害者」は郵便投票が認められXも投票可能になった。

【キーワード】
職務行為基準説　国賠法1条1項の賠償責任が成立するための4つの要件のなかに，故意・過失そして違法性という要件があり，職務行為基準説は違法性要件をいかに理解するかに関わる（神橋・349頁以下）。行政処分等が根拠法令に違反して違法に行われたならば同時に国賠法1条1項上も違法となると考えるか（違法性一元説），それとは別に同項の違法を独自に考えるか（違法性相対説）がまず分かれ，職務行為基準説は，後説のうち同項の違法の判断基準を「職務上の法的義務」に違反したか否かに求める考え方をいう。

【文献】神橋一彦『行政救済法』（信山社，2012年），プロセス・633頁（笹田栄司），佐藤 令「在宅投票制度の沿革」調査と情報419号（2003年）1頁，判プラ・316（宍戸常寿），行政百選Ⅱ〔第6版〕233（長谷部恭男），毛利 透「選挙権制約の合憲性と立法行為の国家賠償法上の違法性判断」論究ジュリスト1号（2012年）81頁。

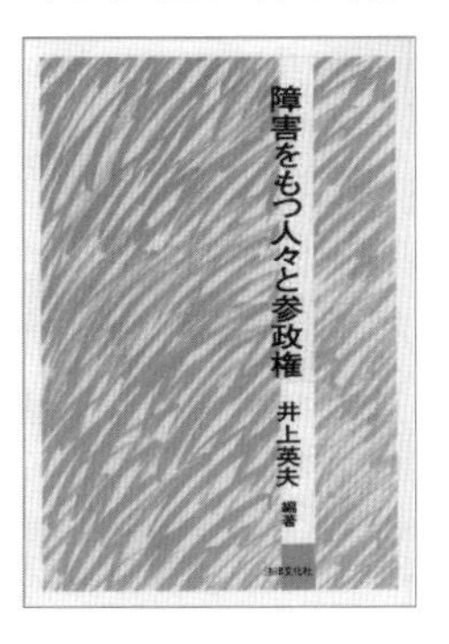

井上英夫［編著］『障害をもつ人々と参政権』（法律文化社，1993年）。

76 違憲審査制③

ハンセン病国家賠償訴訟

大日方信春

熊本地判平成13（2001）年5月11日
訟月48巻4号881頁

【判決のポイント】
1960年以降，ハンセン病は隔離が必要な疾患ではなく，したがって「らい予防法」（昭和28（1953）年法律214号。以下，「新法」という）の隔離規定の違憲性は明白であったにもかかわらず，国会（議員）が遅くとも1965年以降においても同法の隔離規定を改廃しなかった立法不作為について，国賠法上の違法性および過失が認定された。

【事案の概要】
本件は，新法11条の国立療養所（以下，「療養所」という）に入所していた原告らが，（1）厚生大臣によるハンセン病患者の隔離政策が違法であること，（2）国会議員が新法を制定したことまたは新法を1996（平成8）年まで改廃しなかったことが違法であること，これらを理由に，国家賠償法（以下，「国賠法」という）に基づき国を被告として，新法およびハンセン病政策によって療養所に隔離されたことによる損害，新法の存在ならびにハンセン病政策の遂行により作出・助長された差別・偏見からうけた損害等の賠償を求めたものである。

裁判所の判断 ―― 請求一部認容

①新法の違憲性　新法の隔離規定は，制定「当時のハンセン病医学の状況等に照らせば」「新法制定当時から既に，ハンセン病予防上の必要を超えて過度な人権の制限を課すものであり，公共の福祉による合理的な制限を逸脱していたというべきである」。さらに，新法制定以降の事情からすれば「遅くとも昭和35年には，新法の隔離規定は，その合理性を支える根拠を全く欠く状況に至っており，その違憲性は明白となっていたというべきである」。

②国会議員の立法行為に関わる国賠法上の違法性および過失　「ある法律が違憲であっても，直ちに，これを制定した国会議員の立法行為ないしこれを改廃しなかった国会議員の立法不作為が国家賠償法上違法となるものではない」。しかし，この趣旨を述べた「最高裁昭和60年11月21日判決は，もともと立法裁量にゆだねられているところの国会議員の選挙の投票方法に関するものであり，患者の強制隔離という他に比類のないような極めて重大な自由の制限を課する新法の隔離規定に関する本件とは，全く事案を異にする」。また，立法行為の国賠法上の違法性が争われた「右一連の最高裁判決が『立法の内容が憲法の一義的な文言に違反している』との表現を用いたのも，〔それが立法行為の国賠法上の違法性を認めるための絶対条件ということではなく〕立法行為が国家賠償法上違法と評価されるのが，極めて特殊で例外的な場合に限られるべきであることを強調しようとしたにすぎないものというべきである」。

本件については，上で述べたように遅くとも昭和35年にはその違憲性が明白になっていたこと，その他の事情（新法の附帯決議，ハンセン病に関する医学的知見・国際動向，全患協の活動等）等を考慮すれば「遅くとも昭和40年以降に新法の隔離規定を改廃しなかった国会議員の立法上の不作為につき，国家賠償法上の違法性を認めるのが相当である」。そして「認定した事実については，国会議員が調査すれば容易に知ることができたものであ」るので「国会議員には過失が認められるというべきである」。

解　説

1厚生大臣の責任　判旨ではふれていないが，本件は，伝染病の伝播および発生の防止等を所掌事務とする厚生省（それを統括管理する地位にある厚生大臣）により遂行されたハンセン病隔離政策の国賠法上の違法性を認定している。しかも，それは，新法が法令上違憲であることを理由とするのではなく，新法6条・15条を限定的に解釈することで，同条項に基づく入所勧奨，強制の必要性が認められないにもかかわらず継続された厚生省の行為を違法であるとしているところに注意されたい。詳細は後掲の参考文献に譲る。

2国賠訴訟における憲法判断　国賠訴訟で国会議員の立法行為の憲法適合性を問い得るとすれば，精神的損害を訴えることですべての法律の憲法適合性を問えることになる。これは，事実上の抽象的審査制を容認することになるのではないか。1985年の最一判は，この問題の回答として読むことができる。それは，国賠法上の違法性判断との関係で憲法判断がなされる場合を「容易に想定し難いような例外的な場合」に限定したのである。詳細は，在宅投票制廃止事件（☞**本書75**）を参照。そこには，立法内容に一義的な違憲性が存在する場合にのみ国賠法上の違法性が問われるという枠組がみられる。ここには「憲法判断回避」の手法があるのである。

これに対して，本件では，法律の違憲性の判断と，国賠法上の違法性の問題が区別されている。それは，一方で，上の最一判のいう「立法の内容が憲法の一義的な文言に違反している」という憲法判断に踏む込む要件を「極めて特殊で例外的な場合」と緩和したあと，新法の隔離規定について違憲判断をしている。他方これとは別に，人権侵害の重大性，ハンセン病をめぐる国内外の状況，司法的救済の必要性に鑑み「遅くとも1965年以降」の国会議員の不作為について国賠法上の違法性を認定しているのである。本件には，国賠訴訟での憲法判断の問題に一定の回答を示した1987年最一判との関係では論理的不整合が見られる。

3政府声明　控訴を断念した政府は，本判決には国賠法および民法の解釈にかかわる法律上の問題点があるとする「政府声明」を閣議決定（2001年5月25日）している。この点に，司法権の独立に関する問題点を指摘する評釈がある。

4損害の計算および除斥期間に関する争点については後掲の参考文献を参照されたい。

◉事案の背景

ハンセン病は古来「業病」，「天刑病」などといわれ，その患者は差別や偏見に苛まれてきた。わが国では，1907年に浮浪患者の隔離を目的とした「癩予防ニ関スル件」が制定されたあと，昭和6年にはすべての患者の隔離を目的とした「癩予防法」（以下，「旧法」という）が制定されている。1953年に制定された新法は，旧法を継承したもので，患者の強制隔離（6条），外出制限（15条），懲戒検束（16条・28条）を基本としている。しかも，この新法は，ハンセン病に関する医学的知見および国内外における治療法の確立にもかかわらず，1996年4月1日にいたるまで廃止されなかった。

一連の国のハンセン病患者隔離政策により患者がうけた精神的，身体的損害は筆舌に尽くし難い。本来は救護施設であるはずの療養所は，所長の懲戒検束権を背景に強制収容施設としての性格をもっていた。男女間の交渉や婚姻を認める替わりに断種や人工中絶が実施されていたという。また，いわゆる**無らい県運動**および病気に関する無知識が作出した患者やその家族に対する差別・偏見は，心ならずの親子断絶や様々な社会的事象（熊本に関するものだけでも竜田寮児童通学拒否事件，本妙寺事件，菊池事件などをあげることができる）を生んでしまった。しかも，それはまだ過去の事実ではない。今世紀に入ってなお，元患者に対する宿泊拒否事件などがある。

【キーワード】

ハンセン病　抗酸菌の一種であるらい菌によってひき起こされる慢性の細菌感染症のこと。らい菌の毒力は極めてよわいため，感染しても発病することは極めてまれであった。

無らい県運動　地方における民間運動のあと，1940年に厚生省から都道府県知事に出された指示をうけてなされた患者強制収容運動のこと。強制収容を避けるために山間僻地に隠れていた患者にも及んだ。

【文献】内田博文『ハンセン病検証会議の記録』（明石書店，2006年），無らい県運動研究会編『ハンセン病絶対隔離政策と日本社会』（六花出版，2014年），百選Ⅱ・198（佐藤修一郎），宇賀克也・判評516号2頁，小島慎司・自治研究78巻5号110頁，青井未帆・信州大学経済学論集54号153頁など。

内田博文『ハンセン病検証会議の記録』（明石書店，2006年）：熊本地裁判決をうけ，今後のハンセン病問題対策に関して原告団と厚生労働省との間でなされた「基本合意書」に基づき厚生労働省から日弁連法務研究財団に委託された事業に関する最終報告書の要点がまとめられている。

77 租税法律主義

旭川市国民健康保険条例事件

辻 雄一郎

最大判平成18（2006）年3月1日
民集60巻2号587頁

【判決のポイント】
国民健康保険の保険料にも租税法律（条例）主義が及ぶ。

【事案の概要】
国民健康保険法は国民健康保険料について規定している。ただし，この保険料がどのような場合に，どれだけ賦課され，徴収されるのか，という賦課基準と要件については，国民健康保険法81条は，条例にその賦課要件の設定を委任している。本件では旭川市が旭川市国民健康保険条例を制定した。この条例では，保険料の納付額を算定する賦課税額の算定を市長にゆだねていた。

Xとその妻は，前年度の収入が約90万円であることを理由に保険料の減免を求めた。旭川市は，Xが恒常的な生活困窮者ではなく，生活保護を受けておらず，条例の減免基準に該当しないことを理由に減免に該当しないと通知された。

第一審（旭川地判平成10（1998）・4・21判時164号29頁）は，本件条例が憲法82・84条に違反すると判断した。広範な裁量を認めた本件条例は賦課要件明確主義，条例主義に反する。

第二審（札幌高判平成11（1999）・12・21判時1723号37頁）は，条例の合憲性を支持した。租税法律主義は国民健康保険の保険料に直接に適用されないが，一方的な，強制的な金銭徴収は民主的コントロールの下に置かれ，憲法84条の趣旨が及ぶ。国民健康保険法の保険料の減免制度について，条例が恒常的な生活困窮者を減免対象から除外しているからといって，委任の範囲を超えるといえない。

裁判所の判断

①国民保険料の徴収は租税に類似する。明確性の要請が働く 「市町村が行う国民健康保険は，保険料を徴収する方式のものであっても，強制加入とされ，保険料が強制徴収され，賦課徴収の強制の度合いにおいては租税に類似する性質を有するものであるから，これについても憲法84条の趣旨が及ぶと解すべきであるが，他方において，保険料の使途は，国民健康保険事業に要する費用に限定されているのであって，（国民健康保険法）法81条の委任に基づき条例において賦課要件がどの程度明確に定められるべきかは，賦課徴収の強制の度合いのほか，社会保険としての国民健康保険の目的，特質等をも総合考慮して判断する必要がある」。

②委任の合憲性 「本件条例が，8条において保険料率算定の基礎となる賦課総額の算定基準を定めた上で，12条3項において，被上告人市長に対し，同基準に基づいて保険料率を決定し，決定した保険料率を告示の方式により公示することを委任したことをもって，法81条に違反するということはできず，また，これが憲法84条の趣旨に反するということもできない」。

③条例の減免規定について 賦課総額の算定基準及び賦課総額に基づく保険料率の算定方法は，本件条例によって賦課期日までに明らかにされている。この算定基準にのっとって収支均衡を図る観点から決定される賦課総額に基づいて算定される保険料率については恣意（しい）的な判断「が加わる余地はなく，これが賦課期日後に決定されたとしても法的安定が害されるものではない。したがって，被上告人市長が本件条例12条3項の規定に基づき平成6年度から同8年度までの各年度の保険料率をそれぞれ各年度の賦課期日後に告示したことは，憲法84条の趣旨に反」しない。

「本件条例10条は，**応能負担**による保険料である**所得割**額を，当該一般被保険者に係る賦課期日の属する年の前年の所得を基準に算定するものとしていることからすると，本件条例19条1項が，当該年において生じた事情の変更に伴い一時的に保険料負担能力の全部又は一部を喪失した者に対して保険料を減免するにとどめ，恒常的に生活が困窮している状態にある者を保険料の減免の対象としないことが，法77条の委任の範囲を超えるものということはできない」。

※滝井繁男裁判官の補足意見がある。

解　説

1租税とは　84条の「租税」とは，国又は地方公共団体が課税権に基づき，その経費に充てるための資金を調達する目的をもって，一定の要件に該当するすべての者に対して強制的に賦課し，徴収する金銭給付をいう。金銭と引き換えに特別の役務を給付する場合は「租税」に該当しないとされる。

「代表なければ課税なし」の言葉のように国会の制定する法律によって租税を設定しなければならない。これを租税法律主義という。地方自治体も地方税の課税要件を条例で設定しなければならない。これを地方税条例主義という。

本件の保険「料」が「租税」に該当しない場合，課税要件と徴収手続が法律で明確に規定すべきという84条の課税法定主義，地方税条例主義は働かないことになる。国民健康保険は加入が義務付けられ，強制的に徴収され，保険料を納付した者だけが保険給付を受けられる。

最高裁は「租税」に該当しない場合であっても，その強制の度合い等の点で租税に類似する性質を有する場合は憲法84条の趣旨が及ぶと説明した。国民健康保険の保険料と給付の間の対価性が希薄である点に注目した。

「法律による行政の原理」についての侵害的行政に限り法律の留保（根拠）が必要となる点に触れておきたい。はたして対価性が希薄であれば，租税に類似するものと位置付けてよいだろうか。

2条例が市長に委任してよいのか　租税法律（条例）主義では課税要件と賦課・徴収手続が法定され，明確でなければならない。課税要件・手続法律（条例）主義という。「条例による罰則」を参照されたい（☞本書79）。

保険料率算定の基礎となる賦課総額の算定基準は明確であり，算定に必要な収入見込み額，予定収納率の推計といった専門的な事柄を条例によって市長に委ねた条例は84条に違反しないと判断した。

◉事案の背景

なぜ人は保険に加入するのか。人が生きていくうえで何らかのリスク（疾病，負傷，出産，死亡）が現実化した場合に備えてあらかじめ保険料を納付する。日本は**国民皆保険**を採用しているといわれる。大学卒業後に民間企業に勤めた場合，企業の健康保険組合や全国健康保険協会を通じて，公務員の場合は各種の共済組合を通じて保険に加入している。

使用者である個人事業主や自営業者は国民健康保険に加入している。国民健康保険は国民健康保険法にもとづき，保険「料」制度と保険「税」制度の２つを用意している。地方自治体が国民健康保険の保険者として運営にあたっている。

保険「税」制度では，地方税法にもとづき保険税として徴収される。負担額と納付方法は地方自治体によって異なっている。保険者たる市町村は保険「料」，保険「税」の制度のどちらかを選択することができる。自分の自治体について調べてみてもよいかもしれない。

保険の徴収率を向上させるという財政事情に鑑み「義務」として認識され，捕捉しやすいことから保険「税」の制度が新たに加えられた。時効や不服申立て方法で異なるが，本質的な差異はないとされる。

本件の旭川市は保険「料」制度を採用した。この保険料の賦課方法と賦課総額は条例で設定されている。本件条例では健康保険料を算定するにあたって，事業に要する費用を収入から控除したものを基準に賦課総額を算定する。災害や突然の所得減少の場合は減免される。恒常的な生活困窮者でないものは減免されない。保険「料」として，サービスの対価と理解すれば市長の裁量の幅が大きいことを受け入れやすくなる。

旭川市は，恒常的に生活が困窮している状態にあるのではない者は生活保護法による医療扶助等で保護されると考えていた。

【キーワード】

国民皆保険　国民のすべてが何らかの保険に加入していること。

所得割（しょとくわり）　所得から納める金額（賦課金額）を決める。

応能負担（おうのうふたん）　健康保険では，個人の所得に応じて保険料を支払うこと。

【文献】 宍戸常寿『憲法 解釈論の応用と展開〔第二版〕』（日本評論社，2014年）210頁，DVDマイケル・ムーア監督『シッコ』（ギャガ・コミュニケーションズ，2008年），辻雄一郎『シェブロン法理の考察』（日本評論社，2018年）。

78 地方自治と国法の諸形式①

法令公布の時期

渡辺暁彦

最大判昭和 33（1958）年 10 月 15 日
刑集 12 巻 14 号 3313 頁（判時 164 号 3 頁）

【判決のポイント】
法令の公布は原則として官報によって行われるが，公布は，一般希望者が**官報**を閲覧・購読しようとすればそれができる最初の時点までに行われたものとする。

【事案の概要】
被告人Xは，1954 年 6 月 12 日午前 9 時ごろ，広島市内において大量の覚せい剤を所持していたとして逮捕・起訴された。折しも犯行日 6 月 12 日に，「覚せい剤取締法の一部を改正する法律」（以下，「改正法」とする）が公布され，即日施行されている。改正法は，不法所持の罰則を引き上げることをねらいとするものであった。

一審は改正法を適用し，二審も「法律公布の効力を生ずる時期は，法律掲載の官報が一般に発売頒布のため大蔵省印刷局より官報販売所等外部に向け発送せられた最初の時点である」と述べて，改正法の適用を正当であるとした。これに対して，被告人側は，広島県に官報が到達するのは少なくとも翌 13 日であるから，本件犯行は改正法が施行される以前の犯行であり，だとすれば罰則の軽い従前の法律が適用されるべきであるとして争った。

裁判所の判断 ―― 上告棄却

①「成文の法令が一般的に国民に対し，現実にその拘束力を発動する（施行せられる）ためには，その法令の内容が一般国民の知りうべき状態に置かれることを前提要件とするものであること，またわが国においては，明治初年以来，法令の内容を一般国民の知りうべき状態に置く方法として法令公布の制度を採用し，これを法令施行の前提要件とし，そしてその公布の方法は，多年官報によることに定められて来たが，公式令廃止後も，原則としては官報によつてなされるものと解するを相当とすることは，当裁判所の判例とするところである（昭和 30 年（れ）第 3 号，昭和 32（1957）・12・28 大法廷判決刑集 11 巻 14 号 3461 頁以下参照）」。

②「官報による法令の公布は，一連の手続，順序を経てなされるものである」が，本件では，①改正法を掲載した昭和 29（1954）年 6 月 12 日付官報は，午前 5 時 50 分に第一便が，最終便は 7 時 50 分に印刷局から発送されたこと，②官報が全国の官報販売所に到達する時点，販売所から取次店を経て購読予約者に配送される時点及び官報販売所又は印刷局官報課で，一般の希望者に官報を閲覧・販売する時点はそれぞれ異なっていたが，「当時一般の希望者が右官報を閲覧し又は購入しようとすればそれをなし得た最初の場所は，印刷局官報課又は東京都官報販売所であり，その最初の時点は，右二ヶ所とも同日午前 8 時 30 分であったことが明らかである」。

③「以上の事実関係の下においては，本件改正法律は，おそくとも，同日午前 8 時 30 分までには，前記大法廷判決にいわゆる『一般国民の知り得べき状態に置かれ』たもの，すなわち公布されたものと解すべきである。そして『この法律は，公布の日より施行する』との附則の置かれた本件改正法律は，右公布と同時に施行されるに至つたものと解さなければならない」。「本件犯行は，同日午前 9 時頃になされたものであるというのであるから，本件改正法律が公布せられ，施行せられるに至つた後の犯行であることは明瞭であつて，これに本件改正法律が適用せられることは当然のことといわねばならない」。

※なお，藤田八郎裁判官ら 3 人の各補足意見のほか，「被告人の広島市における犯行時には改正法律を登載した官報が未だ同地方に到達せず即ち施行の効力を生じていないのであるから，右犯行に対し改正法律を適用処断することはできない」とする池田克裁判官および河村大助裁判官の共同反対意見が付されている。

解　説

本件は，法令の公布の時期について争われた事案である。

一般に法律は，国会で制定され，主任の国務大臣による署名と内閣総理大臣の連署を経て（日本国憲法第74条），天皇によって公布された後（同第7条1号），公布の日から起算して20日を経た日，または，当該法律で定められた日から施行される（法の適用に関する通則法第2条）。

「法の不知はこれを許さず」という法の原則からしても，可能な限り国民に対して周知するための努力が払われてしかるべきである。公布は，法令の内容を国民に知らせる重要な意味をもつ。判旨①の通り，公布は官報によってなされる。

公布の方法は官報によるとして，ではいつの時点で公布されたと考えるのか，公布の時期をめぐって学説の対立がみられる。それらを早い時点から順に列挙すると，(1) 公布権者が公布の意思を決めたとき，(2) 官報発行日の午前零時，(3) 官報の印刷完了時，(4) 官報の外部への発送手続が終わったとき，(5) 官報を一般国民が閲覧・購入可能となる最初の時点，(6) 官報が各地方の販売所に到達した時点（各地方で異なる），(7) 官報が地方の販売所に最後に到着した時点，といった具合に分かれる（工藤・242頁）。本件判決では，このうち (5) の時点までには公布があったと捉えたのである。

現実に，すべての国民が法律の内容を知ることは不可能である。それゆえ，この問題は何れの時点で国民が知ろうとすれば知ることができたか，つまりいかなる時点で国民が知りうる状態にあったと解することが最も合理的と考えるか，ということに尽きる。上記何れの説をとろうとも，それは「擬制」を免れないであろう。

ところで，法律のなかには，特に準備や周知の期間を要しない場合や，緊急を要する場合に，公布の日から即日施行されるものがみられる（最近では，殺人罪など凶悪犯罪の公訴時効の廃止や延長などを盛り込んだ改正刑事訴訟法が成立，即日に公布施行された）。この場合，周知期間を置かなかったことが問題となる。特に，本件のような刑罰を科する法律が公布即日施行されるという形式は，「極めて不当であつて，かかる立法の形式は極力避けるべきである」（藤田裁判官補足意見）。

◉事案の背景

もともと明治の初めには，わが国もフランスのような異時施行主義（官報がそれぞれの地方に到達した時点を基準に，その地方に対する公布・施行がなされたとみる考え方）を採用していたが，その後，明治23（1890）年に法律の同時施行主義が，さらに明治40（1907）年の公式令（勅令第6号）によって，法令の公布制度が確立された。なお，官報は，明治16（1883）年に初めて発行されている。

戦後，新たに日本国憲法が施行されることに伴って，旧憲法下の公式令が廃止されたことから，法令の公布等について何ら成文の定めがない状況にあった

本件は，法令の公布・施行の時点をめぐって，学説上も実務上も「いわば混沌とんとしたありさま」のなかで，「最高裁が，まがりなりにも，正面から法令の公布・施行の時点ととりくんだ最初のケース」（菊井・237頁）であったといってよい。

その後，本件判決が示した判断が法令の公布・施行の時期をめぐる通説的地位を占めるが，何れにせよ「最高裁の判例も，擬制による便宜的な解決に過ぎ」ず，ひろく国民に「法律を周知するための『法律の情報化』が検討されなくてはならない」（山本・56頁）ものといえよう。

【キーワード】

官報　現在，独立行政法人国立印刷局が印刷・発行を行う。行政機関の休日を除き，毎日発行される。官報は「国の広報誌」としての役割をもち，制定された法律・政令等のほか，各省庁の公告や裁判所の公告，さらに衆参両院本会議の会議録なども掲載される。

【文献】 百選・104（菊井康郎），百選Ⅱ・209（浅野善治），山本美樹「法律の公布・施行に関する事件」『立法と調査』206号（1998年）56頁，工藤達朗「法律の制定手続」赤坂正浩ほか『ファーストステップ憲法』（有斐閣，2005年）233頁以下。

官報（出典：インターネット版「官報」〈https://kanpou.npb.go.jp/html/about_kanpou.html〉）

79 地方自治と国法の諸形式②

条例による罰則

小竹　聡

最大判昭和 37（1962）年 5 月 30 日
刑集 16 巻 5 号 577 頁

【判決のポイント】
法律の授権が相当な程度に具体的であり，限定されていれば，刑罰を法律の授権によって条例で定めることもできる。

【事案の概要】
被告人は，売春の目的で，1956 年 2 月 20 日，大阪市内において通行人を誘い，大阪市条例 68 号「街路等における売春勧誘行為等の取締条例」2 条 1 項（「売春の目的で，街路その他公の場所において，他人の身辺につきまとったり又は誘ったりした者は，5 千円以下の罰金又は拘留に処する」）に違反したとして，一審（大阪簡判昭和 31（1956）・3・15 刑集 16 巻 5 号 601 頁），二審（大阪高判昭和 31（1956）・10・18 刑集 16 巻 5 号 605 頁）で有罪判決を受けた。そこで，当該条例に罰則を授権する地方自治法 14 条は，その授権事項を具体的に特定していないから無効である等と主張して，上告した。

裁判所の判断

「……地方公共団体の制定する条例は，憲法が特に民主主義政治組織の欠くべからざる構成として保障する地方自治の本旨に基づき（同 92 条），直接憲法 94 条により法律の範囲内において制定する権能を認められた自治立法に外ならない。従って条例を制定する権能もその効力も法律の認める範囲を越えることはできないけれども，法律の範囲内にあるかぎり，条例はその効力を有するものといわなければならない。……」

「……地方自治法 2 条 2 項，3 項は風俗又は清潔を汚す行為の制限その他の保健衛生，風俗のじゅん化に関する事項を処理すること（同 3 項 7 号）ならびに，住民及び滞在者の安全，健康及び福祉を保持すること（同項 1 号）が普通地方公共団体（以下地方公共団体という）の処理する **行政事務** に属する旨を明定するとともに，同法 14 条 1 項，5 項は，地方公共団体は法令に特別の定があるものを除く外，その条例中に，条例違反者に対し 2 年以下の懲役若しくは禁錮，10 万円以下の罰金，拘留，科料又は没収の刑を科する旨の規定を設けることができると定めており，被告人の本件行為当時本件条例 2 条 1 項所定の事項に関し法令に特別の定がなかったことは明らかである」。

「……憲法 31 条はかならずしも刑罰がすべて法律そのもので定められなければならないとするものでなく，法律の授権によってそれ以下の法令によって定めることもできると解すべきで，このことは憲法 73 条 6 号但書によっても明らかである。ただ，法律の授権が不特定な一般的の白紙委任的なものであってはならないことは，いうまでもない。ところで，地方自治法 2 条に規定された事項のうちで，本件に関係のあるのは 3 項 7 号及び 1 号に挙げられた事項であるが，これらの事項は相当に具体的な内容のものであるし，同法 14 条 5 項による罰則の範囲も限定されている。しかも，条例は，法律以下の法令といっても，上述のように，公選の議員をもって組織する地方公共団体の議会の議決を経て制定される自治立法であって，行政府の制定する命令等とは性質を異にし，むしろ国民の公選した議員をもって組織する国会の議決を経て制定される法律に類するものであるから，条例によって刑罰を定める場合には，法律の授権が相当な程度に具体的であり，限定されておればたりると解するのが正当である。そうしてみれば，地方自治法 2 条 3 項 7 号及び 1 号のように相当に具体的な内容の事項につき，同法 14 条 5 項のように限定された刑罰の範囲内において，条例をもって罰則を定めることができるとしたのは，憲法 31 条の意味において法律の定める手続によって刑罰を科するものということができるのであって，所論のように同条に違反するとはいえない。従って地方自治法 14 条 5 項に基づく本件条例の右条項も憲法同条に違反するものということができない。……」

※なお，4 名の裁判官による 3 つの補足意見がある。入江俊郎裁判官は，「法律が政令以外の法

令に罰則を委任する場合においても，政令に対すると同様に一般的委任は許されず，個別的委任たることを要する」ものの，「条例は，公選による議員をもって組織する地方議会の議決を経た地方公共団体の民主的な自主立法である点において，条例への罰則の委任の仕方は，政令等行政府のみで制定する法令に対する委任の場合に比較して，より緩やかなものであってもよい」とする。垂水克己裁判官（藤田八郎裁判官同調）は，「条例は政令，命令とは選を異にし憲法上『法律の範囲内で』あれば特定の法律の委任を要せず，これを制定しうる」とし，「他の法律の規定や地方自治法の規定に反しない範囲内で，いかなる行為を犯罪と規定しても，地方自治法14条1項の範囲を超える重い法定刑を定めないかぎり合法，合憲となる」とする。奥野健一裁判官は，「条例は地方公共団体の住民の代表機関である議会によって制定せられるものであるから，これに罰則を設けることを委任する場合には，必ずしも［憲法］73条6号但書の如く個別的に法律の委任を必要とするものと解すべきではない」とする。

解　説

憲法94条は，「地方公共団体は，……法律の範囲内で条例を制定することができる」とし，地方自治法14条1項は，「普通地方公共団体は，法令に違反しない限りにおいて第2条第2項の事務に関し，条例を制定することができる」と定める。また，地方自治法14条5項（1999年改正より前のもの。現行の規定は，14条3項）は，「普通地方公共団体は，法令に特別の定があるものを除く外，その条例中に，条例に違反した者に対し，2年以下の懲役若しくは禁固，10万円以下の罰金，拘留，科料又は没収の刑を科する旨の規定を設けることができる」と規定して，条例に罰則規定を設けることを認めている。他方，憲法31条は，「何人も，法律の定める手続によらなければ，……刑罰を科せられない」と規定するから，同条に言う「法律」が形式的意味の法律を意味するものであるとするならば，「条例」で刑罰を科すことは許されないことになる。また，憲法73条6号但書は，「政令には，特に法律の委任がある場合を除いては，罰則を設けることができない」と規定するが，もちろん，この規定は「条例」については何も語っていない。そこで，条例に罰則規定を設けることが許されるかどうかが問題となり，また，たとえ規定することができるとしても，地方自治法14条5項のような規定の仕方は包括的に過ぎ，許されないかどうかが問題となる。本判決で，最高裁は，条例による罰則の規定を憲法31条に反しないとした上で，「条例によって刑罰を定める場合には，法律の授権が相当な程度に具体的であり，限定されておればたりる」と判示した。結論において妥当であるが，問題はその理由づけにある。ことに，本判決が「これらの事項は相当に具体的な内容のものである」とする，当時の地方自治法2条3項1号および7号の例示規定は，現在は存在していない。これをどう評価するか。ここに，本判決の限界と再読の契機がある。

◉事案の背景

本件行為に条例が適用されたのは，売春防止法は1956年5月24日に公布され，翌年4月1日に施行された（第2章「刑事処分」の施行は，さらに，その1年後の1958年4月1日）から，当時，売春勧誘行為を処罰する法律が存在していなかったことによる。もっとも，売春防止法附則4項は，「地方公共団体の条例の規定で，売春又は売春の相手方となる行為その他売春に関する行為を処罰する旨を定めているものは，第2章の規定の施行と同時に，その効力を失うものとする」と規定するものの，同5項は，「前項に規定する条例の規定が，第2章の規定の施行と同時にその効力を失うこととなった場合において，当該地方公共団体が条例で別段の定をしないときは，その失効前にした違反行為の処罰については，その失効後も，なお従前の例による」としていたため，条例によって当該行為を処罰することができるかどうかが本件において争われたのである。

【キーワード】
行政事務　1999年改正前の地方自治法上，固有事務，団体委任事務と並ぶ自治事務の一種とされていた，公権力の行使を伴う事務。

【文献】 百選Ⅱ・215（村田尚紀），行政百選Ⅰ〔第7版〕・44（高橋雅夫）。

1921年から1982年まで使われた大阪市庁舎（出典：錢高組ＨＰ〈http://www.zenitaka.co.jp/cgi-bin/search/search.cgi?mode=view&use=17&code=9999999-05〉）

	主な出来事／世界の動向	裁判・判決／主要な法令の制定・改廃等	最高裁判所長官
一九四五（昭和二〇）	国連憲章の採択（6・25） ポツダム宣言受諾（8・14） 第88回帝国議会（臨時）召集（9・1） 「降伏後におけるアメリカの初期の対日方針」（9・6） マッカーサーによる五大改革の指令（10・11） 国際連合の成立（10・24） 憲法問題調査委員会（委員長・松本烝治）の設置（10・25） 四大財閥の解体計画の承認（11・6） ニュルンベルク国際軍事裁判の開廷（11・20） 憲法改正に関する松本四原則の言明（12・8） モスクワ会議にて，極東委員会及び対日理事会の設置合意（12・28）	横浜事件（治安維持法違反で有罪判決，9・4） ポツダム宣言受諾ニ伴ヒ発スル命令ニ関スル件（いわゆるポツダム勅令，勅令542号）の公布（9・20） 治安維持法の廃止（10・15） 衆議院議員選挙法の改正（12・17） 国家総動員法の廃止（12・20） 労働組合法の公布（12・22） GHQ「修身，日本歴史及ビ地理停止ニ関スル件」（12・31）	
一九四六（昭和二一）	天皇の「人間宣言」（1・1） 「日本統治体制の改革」（SWNCC-228）の採択（1・7） 毎日新聞による憲法改正案のスクープ（2・1） マッカーサー三原則（2・3） 日本政府に対するマッカーサー草案の手交（2・13） 「鉄のカーテン」演説，冷戦の始まり（3・5） 「帝国憲法改正草案要綱」の閣議決定，発表（3・6） 戦後初の総選挙（4・10） 政府，「憲法改正草案」の発表（4・17） 極東国際軍事裁判の開廷（5・3） 文部省『新教育指針』の発行（5・15） 第90回帝国議会の開会，憲法改正草案を審議（6・20） 日本国憲法の公布（11・3） 第91回臨時帝国議会の召集（11・25） 帝国議会内に憲法普及会（会長・芦田均）が設置（12・1） 第92回帝国議会召集（12・27）	食糧メーデーにおけるプラカード事件（5・19） 占領軍の占領目的に有害な行為に対する処罰等に関する件（勅令311号，6・12） 旧生活保護法の公布（9・9） 自作農創設特別措置法，農地調整法改正法の公布（10・21）	
一九四七（昭和二二）	マッカーサーによる2・1ゼネスト中止声明（1・31） 日本国憲法の施行（5・3） 第1回特別国会の召集（5・20） 日本教職員組合（日教組）の結成（6・8） 文部省『あたらしい憲法のはなし』配付（8・2） 山口良忠判事，栄養失調による死亡（10・11） 国家公務員法の公布（10・21） 内務省の解体（12・31）	皇室典範，皇室経済法の公布（1・16） 参議院議員選挙法の公布（2・24） 教育基本法，学校教育法，衆議院議員選挙法改正法の公布（3・31） 労働基準法の公布（4・7） 裁判所法の公布（4・16） 地方自治法の公布（4・17） 国会法の公布（4・30） 最高裁判所の設立（8・4） 刑法の改正（不敬罪等の廃止など，10・26） 国家賠償法の公布（10・27） 最高裁判所裁判官国民審査法，裁判官弾劾法の公布（11・20） 警察法の公布（12・17） 民法の改正（家制度の廃止等，12・22）	初代長官・三淵忠彦
一九四八（昭和二三）	衆参両議院における教育勅語の排除・失効確認等の決議（6・19） 大韓民国の成立（8・15） 北朝鮮人民共和国の成立（9・9） 参議院法務委員会，浦和事件判決に対する調査（10・17） 極東国際軍事裁判において戦犯25被告に有罪判決（11・12） 世界人権宣言の採択（12・10） 衆議院の解散（なれあい解散，12・23）	公職追放に係る平野事件・東京地決（2・5） **尊属殺殺人死体遺棄被告事件判決（3・12，☞本書44）** 昭和電工疑獄事件（6・23） 行政事件訴訟特例法の公布（7・1） 浦和事件に対する浦和地裁判決（7・2） 教育委員会法の公布（7・15） 政令201号（公務員のスト禁止に関する政令）公布（7・31） 食糧管理法違反事件（最大判9・29）	
一九四九（昭和二四）	経済安定策の発表（ドッジ・ライン，3・7） 北大西洋条約機構（NATO）の成立（4・4） 最高裁，浦和事件をめぐる参院法務委員会の調査に対する意見提出（5・20） 下山事件（7・5） 三鷹事件（7・15） 松川事件（8・17） シャウプ勧告（8・26） ドイツ連邦共和国（旧西ドイツ）成立（9・7） 中華人民共和国の成立（10・1） ドイツ民主共和国（旧東ドイツ）成立（10・7）	教育公務員特例法の公布（1・12）	

	主な出来事／世界の動向	裁判・判決／主要な法令の制定・改廃等／最高裁判所長官	
一九五〇（昭和二五）	マッカーサー，日本の再軍備を示唆（1・1） 朝鮮戦争の勃発（6・25） GHQ 民政局，レッド・パージを指示（7・24） 公務員，教員に対するレッドパージの決定（9・1）	公職選挙法の公布（4・15） 生活保護法，国籍法の公布（5・4） 警察予備隊令の公布（8・10） 尊属殺重罰規定合憲判決（最大判 10・11） 地方公務員法の公布（12・13）	田中耕太郎長官（任命三・三）
一九五一（昭和二六）	メーデーのための皇居前広場の使用禁止決定（3・29） マッカーサー最高司令官の解任（4・11） 対日平和条約・日米安全保障条約の調印（9・8） ドイツ・連邦憲法裁判所（9・7）	出入国管理令の公布（10・4）	
一九五二（昭和二七）	対日平和条約・日米安全保障条約の発効（4・28） 血のメーデー事件（5・1） 吹田事件（6・24） 衆議院の解散（抜き打ち解散，8・28） 警察予備隊が改組され，保安隊が発足（10・15） 内閣法制局，「戦力」に関する見解（11・25）	**最高裁判所裁判官国民審査違憲訴訟判決（2・20，☞本書 68）** ポツダム政令廃止法の公布（4・11） 公職追放廃止法の公布（4・21） 外国人登録法の公布（4・28） 破壊活動防止法の公布（7・21） 義務教育費国庫負担法の公布（8・8） 苫米地義三氏，解散は憲法違反・無効であると提訴（10・4） **警察予備隊違憲訴訟判決（10・8，☞本書 74）**	
一九五三（昭和二八）	衆議院の解散（バカヤロー解散，3・14） 山口日記事件（6・3） 朝鮮戦争休戦協定の調印（7・27） 吹田黙祷事件（7・29） 池田・ロバートソン会談（10・2） 熊本県水俣市で水俣病患者の公式認定（12・15）	**米内山事件決定（1・16，☞本書 72）** 学校教育法施行令の公布（10・31） **農地改革事件判決（12・23，☞本書 39）**	
一九五四（昭和二九）	第五福竜丸，ビキニ水爆実験により被爆（3・1） 日米相互防衛援助協定（MSA 協定）の調印（3・8） 造船疑獄事件（4・21） 四回目の会期延長をめぐり，衆院本会議で与野党乱闘（「乱闘国会」，6・3） 近江絹糸人権争議（6・4） 自衛隊の発足（7・1）	いわゆる教育二法，学校給食法の公布（6・3） 新警察法の公布（6・8） 防衛庁設置法，自衛隊法の公布（6・9） **抜き打ち解散事件判決（9・22，☞本書 65）**	
一九五五（昭和三〇）	ワルシャワ条約の調印（5・14） 田中耕太郎長官，「裁判批判」に対する批判（5・26） ラッセル＝アインシュタイン宣言（7・9） 森永ヒ素ミルク中毒事件（岡山県衛生部による認定，8・24） 社会党統一大会（10・13） 自由民主党の結成（保守合同，11・15）		
一九五六（昭和三一）	熊本県，水俣病を公表（5・1） 政府，経済白書の発表（「もはや戦後ではない」，」7・17） 日ソ国交回復に関する共同宣言（10・19） 日本の国連加盟を承認（12・18）	憲法調査会法の公布（6・11） 地方教育行政の組織及び運営に関する法律の公布（6・30） **謝罪広告事件判決（7・4，☞本書 15）**	
一九五七（昭和三二）	ジラード事件（1・30） アメリカ，公民権法の成立（9・9）	チャタレイ事件判決（最大判 3・13）	
一九五八（昭和三三）	衆議院の解散（話し合い解散，4・25） フランス第 5 共和制の発足（10・5）	学校保健法の公布（4・10） **帆足計事件判決（9・10，☞本書 37）** **覚せい剤取締法違反事件判決（10・15，☞本書 78）**	
一九五九（昭和三四）	皇太子結婚（4・10） 三池闘争（12・8）	砂川事件・東京地裁判決（伊達判決，3・30） 小売商業調整特別措置法の公布（4・23） **砂川事件判決（12・16，☞本書 60）**	

	主な出来事／世界の動向	裁判・判決／主要な法令の制定・改廃等／最高裁判所長官	
一九六〇（昭和三五）	衆院本会議で新安保条約および日米地位協定を自民党単独で強行採決（5・20） 新安保条約の自然承認（6・19） 浅沼・社会党委員長刺殺事件（10・12） 所得倍増計画の閣議決定（12・27）		横田喜三郎長官（就任一〇・二五）
一九六一（昭和三六）	韓国で軍事クーデター（5・16） 東ドイツ，ベルリンの壁の構築（8・13）	農業基本法の公布（6・12）	
一九六二（昭和三七）	全国総合開発計画の閣議決定（10・5）	**警察法改正無効事件判決（3・7，☞本書 70）** 義務教育諸学校の教科用図書の無償に関する法律の公布（3・31） 行政事件訴訟法の公布（5・16） **大阪市売春取締条例事件判決（5・30，☞本書 79）** **第三者所有物没収事件判決（11・28，☞本書 41）**	
一九六三（昭和三八）	ケネディ大統領の暗殺（11・22）	**加持祈祷事件判決（5・15，☞本書 18）** 奈良県ため池条例事件（6・26） 教科書無償措置法の公布（12・21）	
一九六四（昭和三九）	憲法調査会，最終報告書の提出（7・3） 東京オリンピック開会式（10・10）	**「宴のあと」事件判決（9・28，☞本書 25）**	
一九六五（昭和四〇）	アメリカ，北ベトナムを爆撃（2・7） 「ベトナムに平和を！市民文化団体連合」（ベ平連）による初のデモ（4・24） 日韓基本条約の調印（6・22） 戦後初の赤字国債発行の閣議決定（11・19）		
一九六六（昭和四一）	ビートルズ来日（6・29） 衆議院の解散（黒い霧解散，12・27）		横田正俊長官（任命八・六）
一九六七（昭和四二）	初の建国記念日，各地で抗議行動も（2・11） EC の設立（7・1） 東南アジア諸国連合（ASEAN）の設立（8・8）	**恵庭事件判決（3・29，☞本書 61）** **朝日訴訟判決（5・24，☞本書 48）** 公害対策基本法の公布（8・3） 四日市公害訴訟の提訴（9・1）	
一九六八（昭和四三）	原子力空母エンタープライズ，佐世保入港（1・19） チェコ，プラハの春（4・1） キング牧師の暗殺（4・4） 西ドイツ，緊急事態法の成立（6・14） 小笠原諸島の返還（6・26） 三億円強奪事件（12・10）	富山イタイイタイ病訴訟の提訴（3・9） **高田事件判決（12・20，☞本書 45）**	
一九六九（昭和四四）	東大安田講堂の封鎖解除に機動隊が出動（1・18） アポロ 11 号，初の月面着陸（7・20） 平賀書簡（8・14）	**「夕刊和歌山時事」事件判決（6・25，☞本書 26）** 長沼ナイキ事件に対する札幌地裁決定（福島決定，8・22） **博多駅事件判決（11・26，☞本書 31）** 京都府学連事件判決（12・24）	石田和外長官（任命一・一一）
一九七〇（昭和四五）	大阪で日本万国博覧会が開催（3・14） 日航機「よど号」のハイジャック（3・31） 政府，初の防衛白書を発表（10・20） 三島由紀夫，自衛隊決起の呼びかけ，割腹自殺（11・25）	**八幡製鉄事件判決（6・24，☞本書 4）** 家永訴訟杉本判決（7・17） 公害関連 14 法案の成立（12・18）	
一九七一（昭和四六）	最高裁，宮本判事補の再任拒否（3・31） 環境庁の発足（7・1） ワシントン 10 カ国蔵相会議（スミソニアン体制の確立，12・18）		

	主な出来事／世界の動向	裁判・判決／主要な法令の制定・改廃等／最高裁判所長官	
一九七二（昭和四七）	札幌で，冬季オリンピック開幕（2・3） 連合赤軍，軽井沢で人質を取り籠城（浅間山荘事件 2・19） 沖縄，本土復帰（5・15） 田中角栄氏，『日本列島改造論』発表（6・11） 人間環境宣言の採択（6・16） 日中，国交樹立（9・25）	衆院予算委で，沖縄返還交渉に関する密約文書の暴露（3・27） 小売商業調整特別措置法事件判決（最高裁，11・22） **川崎民商事件判決（11・22，☞本書 43）** 最高裁，高田事件で免訴判決（12・20）	
一九七三（昭和四八）	拡大 EC 発足（1・1） ベトナム和平協定の調印（1・27） 変動相場制に移行（2・14） 金大中事件（8・8） 東西両ドイツの国連加盟（9・18）	**尊属殺重罰規定違憲訴訟判決（4・4，☞本書 12）** **全農林警職法事件判決（4・25，☞本書 53）** **長沼事件判決（9・7，☞本書 62）** **三菱樹脂事件判決（12・12，☞本書 5）**	村上朝一長官（任命五・二一）
一九七四（昭和四九）	小野田少尉，フィリピン・ルバング島から帰還（3・12） 三菱重工ビルで時限爆弾爆発（過激派による連続爆破事件，8・30） 佐藤栄作，ノーベル平和賞受賞の決定（10・8）	昭和女子大学事件（最高裁，7・19） **猿払事件判決（11・6，☞本書 6）** 在宅投票制廃止違憲訴訟（札幌地裁小樽支部，12・9）	
一九七五（昭和五〇）	ベトナム戦争の終結（5・30） ヘルシンキ宣言の採択（7・30） 日本赤軍による大使館占拠事件（クアラルンプール事件，8・4） 第 1 回先進国首脳会議（サミット）の開催（11・15）	**薬事法事件判決（4・30，☞本書 36）** **徳島市公安条例事件判決（9・10，☞本書 35）**	
一九七六（昭和五一）	アメリカ上院の公聴会で，ロッキード社の工作資金約 4 万ドルが日本へ供与（2・4） ロッキード事件で，田中角栄前首相を逮捕（7・27）	**旭川学テ事件判決（5・21，☞本書 50）**	藤林益三長官（任命五・二五）
一九七七（昭和五二）	日本赤軍ハイジャック事件（9・28）		岡原昌男長官（任命八・二六）
一九七八（昭和五三）	日中平和友好条約の調印（8・12） 中野区，教育委員準公選制の条例可決（12・15）	**外務省秘密電文漏洩事件判決（5・31，☞本書 32）** **マクリーン事件判決（10・4，☞本書 1）**	
一九七九（昭和五四）	国公立大学入試で初の共通一次試験（1・13） ソ連によるアフガニスタン侵攻（12・27）		服部高顕長官（任命四・二）
一九八〇（昭和五五）	衆参同日選挙（6・22） イラン・イラク戦争（9・9）	**日商岩井事件判決（7・24，☞本書 64）** **「四畳半襖の下張」事件判決（11・28，☞本書 23）**	
一九八一（昭和五六）	中国残留孤児の初来日，親族縁者の調査（3・2） 三浦和義夫妻への銃撃事件（ロス疑惑，11・18）	**「板まんだら」事件判決（4・7，☞本書 73）** **前科照会事件判決（4・14，☞本書 8）** **大阪空港公害訴訟判決（12・16，☞本書 11）**	

	主な出来事／世界の動向	裁判・判決／主要な法令の制定・改廃等／最高裁判所長官	
一九八二（昭和五七）	ホテルニュージャパンの火災事故（2・8） 山形県金山町，全国初の情報公開条例（3・11）	**堀木訴訟判決（7・7，☞本書 49）** 国立又は公立の大学における外国人教員の任用等に関する特別措置法の公布（9・1）	寺田治郎長官（任命一〇・一）
一九八三（昭和五八）	中曽根首相，「日本列島不沈空母」発言（1・17）		
一九八四（昭和五九）	グリコ社長の誘拐（グリコ・森永事件，3・18）	**予防接種禍事件判決（5・18，☞本書 40）** **税関検査事件判決（12・12，☞本書 30）**	
一九八五（昭和六〇）	日航ジャンボ機墜落事故（8・12） 文部省による日の丸掲揚・君が代斉唱の徹底をはかる通知（9・5）	男女雇用機会均等法の公布（6・1） **在宅投票制廃止事件判決（11・21，☞本書 75）**	矢口洪一長官（任命一一・五）
一九八六（昭和六一）	チェルノブイリ原子力発電所事故（4・26） 天皇在位 60 年記念式典（4・29） 衆参同日選挙（7・6）	**「北方ジャーナル」事件判決（6・11，☞本書 28）**	
一九八七（昭和六二）	日本初のエイズ患者確認（1・17） 国鉄の分割・民営化（JR グループ発足，4・1） 朝日新聞阪神支局銃撃事件（5・3） ニューヨーク株式市場で株価の大暴落（暗黒の月曜日，10・19）	**大分県屋外広告物条例事件判決（3・3，☞本書 24）** **森林法共有林分割事件判決（4・22，☞本書 38）** **サンケイ新聞事件判決（4・24，☞本書 33）**	
一九八八（昭和六三）	リクルート疑惑が発覚（以後，政財界を巻き込むリクルート事件，6・18） イラン・イラク戦争の停戦（8・20）	**共産党袴田事件判決（12・20，☞本書 71）**	
一九八九（昭六四／平成元）	裕仁天皇没（87 歳），皇太子明仁の皇位継承へ（1・7） 消費税スタート（4・1） 天安門事件（6・3） アジア太平洋経済協力会議（APEC）発足（11・6） ベルリンの壁の撤去（11・9）	**法廷メモ訴訟判決（3・8，☞本書 69）** **天皇民事裁判権事件判決（11・20，☞本書 59）** **どぶろく裁判判決（12・14，☞本書 7）** **長崎教師批判ビラ事件判決（12・21，☞本書 27）**	
一九九〇（平成二）	初の大学入試センター試験の実施（1・13） 本島等・長崎市長への狙撃事件（1・18） ゴルバチョフ，ソ連初代大統領に就任（3・15） イラク軍，クウェートに侵攻（8・2） 東西ドイツの統一（10・3） 天皇即位の礼（11・12）	**伝習館高校事件判決（1・18，☞本書 51）**	草場良八長官（任命二・二〇）
一九九一（平成三）	湾岸戦争（1・17） 自衛隊のペルシャ湾への掃海艇派遣を閣議決定（4・24） ソ連邦の解体（12・21）	育児休業法の公布（5・15）	
一九九二（平成四）	マーストリヒト条約の調印（2・7） 東京佐川急便事件（2・13） カンボジアの国連平和維持活動に自衛隊派遣（9・17）	PKO 協力法の成立（6・15） **成田新法事件判決（7・1，☞本書 42）** **内閣総理大臣靖国参拝事件判決（7・30，☞本書 22）** **森川キャサリーン事件判決（11・6，☞本書 2）**	
一九九三（平成五）	日本新党・細川護熙代表の首相指名（55 年体制の崩壊，8・6）	**家永教科書訴訟（3・16，☞本書 52）** 行政手続法の公布（11・12） 環境基本法の公布（11・19）	
一九九四（平成六）	子どもの権利条約批准（5・16） 松本サリン事件（6・27）	公職選挙法の改正（小選挙区比例代表並立制の採用，1・29）	

	主な出来事／世界の動向	裁判・判決／主要な法令の制定・改廃等	最高裁判所長官
一九九五（平成七）	阪神淡路大震災（1・17） 地下鉄サリン事件（3・20）	**ロッキード・丸紅ルート事件判決（2・22，☞本書 66）** **泉佐野市民会館事件判決（3・7，☞本書 34）** 刑法の一部改正（5・12） 日本新党繰上補充事件判決（5・25）	三好達長官（任命一一・七）
一九九六（平成八）	川崎市，職員採用に関する国籍条項撤廃（5・13） 新潟県巻町で原発建設計画の是非を問う住民投票実施（8・4）	**宗教法人オウム真理教解散命令事件判決（1・30，☞本書 19）** 民法改正案の答申（2・26） **神戸高専剣道実技受講拒否事件判決（3・8，☞本書 20）** **南九州税理士会政治献金事件判決（3・19，☞本書 16）** らい予防法の廃止（4・1）	
一九九七（平成九）		**愛媛県玉串料訴訟判決（4・2，☞本書 21）** **札幌病院長自殺事件判決（9・9，☞本書 63）**	山口繁長官（任命一〇・三一）
一九九八（平成一〇）	長野・冬季オリンピック開幕（2・7）		
一九九九（平成一一）	在日外国人に対する指紋押捺義務の廃止（8・13） 東海村の臨界事故，作業員 100 人が被曝（9・30）	情報公開法の成立（5・14） 周辺事態法の公布（5・28） 男女共同参画社会基本法の公布（6・23） 国旗・国歌法の公布（8・13） **小選挙区比例代表並立制違憲訴訟判決（11・10，☞本書 57）**	
二〇〇〇（平成一二）		**「エホバの証人」輸血拒否事件判決（2・29，☞本書 10）** 消費者契約法の公布（5・12） ストーカー行為等規制法，児童虐待防止法の公布（5・24） 公職選挙法の改正（参議院に非拘束名簿式比例代表制，11・1）	
二〇〇一（平成一三）	中央省庁の再編（1・6） 司法制度改革審議会の意見書（6・12）	**上告受理制度違憲訴訟（2・13，☞本書 46）** **ハンセン病国家賠償訴訟判決（5・11，☞本書 76）** テロ対策特別措置法の公布（11・2） 司法制度改革推進法の公布（11・16）	
二〇〇二（平成一四）	サッカー・ワールドカップ日韓大会，開幕（5・31） 日朝平壌宣言に調印（9・17）	**郵便法事件判決（9・11，☞本書 47）**	町田顕長官（任命一一・六）
二〇〇三（平成一五）	住民基本台帳ネットワークの本格稼働（8・25） 衆議院の解散（構造改革解散，10・10）	個人情報保護法の公布（5・30） イラク特措法の公布（8・1） **早稲田大学江沢民主席講演会事件判決（9・12，☞本書 9）**	
二〇〇四（平成一六）	自衛隊のイラク派遣（1・19） 新潟県中越地震（10・23）	裁判員法の成立（5・21）	
二〇〇五（平成一七）	地球温暖化防止に関する京都議定書の発効（2・16） 衆・参憲法調査会の報告書（4・15，4・20） JR 福知山線の脱線事故（4・25） 衆議院の解散（郵政解散，8・8）	**東京都管理職選考受験拒否訴訟判決（1・26，☞本書 3）** **公立図書館蔵書廃棄事件判決（7・14，☞本書 29）** **在外邦人選挙権訴訟判決（9・14，☞本書 54）**	
二〇〇六（平成一八）		**旭川市国民健康保険条例事件判決（3・1，☞本書 77）** 教育基本法の改正（12・15）	島田仁郎長官（任命一〇・一六）
二〇〇七（平成一九）	防衛省の発足（1・9） サブプライム・ショック（8・9）	日本国憲法の改正手続に関する法律の公布（5・14）	

	主な出来事／世界の動向	裁判・判決／主要な法令の制定・改廃等／最高裁判所長官	
二〇〇八（平成二〇）	リーマン・ショック（9・15）	新テロ対策特措法，公布即日施行（1・16）	竹﨑博允長官（就任一一・二五）
二〇〇九（平成二一）	裁判員裁判の実施（5・21） 衆議院議員総選挙で民主党が第一党，政権交代へ（8・30）		
二〇一〇（平成二二）	平成の大合併が終結（3・31） 探査機「はやぶさ」の帰還（6・13）		
二〇一一（平成二三）	アラブの春（その端緒であるチュニジアの民主化デモ，1・14） 東日本大震災（3・11） 福島第一原子力発電所事故（3・11）	**裁判員制度違憲訴訟判決（11・16，☞本書 67）**	
二〇一二（平成二四）	衆議院の解散（近いうち解散，11・16） 衆議院議員総選挙で自民党が大勝，政権交代へ（12・16）	出入国管理法の改正，外国人登録制度の廃止（7・9）	
二〇一三（平成二五）		マイナンバー法の公布（5・31） **婚外子法定相続分差別違憲訴訟判決（9・4，☞本書 13）** 特定秘密保護法の公布（12・13）	
二〇一四（平成二六）	衆議院の解散（アベノミクス解散，11・21）		寺田逸郎長官（任命四・一）
二〇一五（平成二七）		公職選挙法の改正（18 歳選挙権，6・17） 安全保障関連法の成立（9・19） **再婚禁止期間違憲訴訟（12・16，☞本書 14）**	

判例索引

【高等裁判所】

【地方裁判所】

【簡易裁判所】

■ **編著者紹介**（五十音順　*は編者）

遠藤美奈（えんどう　みな）
早稲田大学教育・総合科学学術院
担当：48, 53, 57, 66

大江一平（おおえ　いっぺい）
東海大学現代教養センター
担当：05, 21, 46, 47, 62

大日方信春（おびなた　のぶはる）
熊本大学法学部
担当：06, 32, 33, 34, 45, 76

織原保尚（おりはら　やすひさ）
別府大学文学部
担当：04, 16, 20, 50, 63, 69

小竹　聡（こたけ　さとし）
拓殖大学政経学部
担当：08, 09, 10, 11, 79

重村博美（しげむら　ひろみ）
近畿大学全学共通教育機構
担当：41, 67, 71

城野一憲（しろの　かずのり）
鹿児島大学教育学部
担当：25, 31, 64

辻 雄一郎（つじ　ゆういちろう）
明治大学法学部
担当：23, 30, 58, 77

原口佳誠（はらぐち　よしあき）
関東学院大学法学部
担当：36, 44, 68

桧垣伸次（ひがき　しんじ）
福岡大学法学部
担当：02, 27, 35, 39, 52, 65

前田　聡（まえだ　さとし）
流通経済大学法学部
担当：19, 24, 28, 29, 37, 42

松井直之（まつい　なおゆき）
愛知大学大学院法務研究科
担当：15, 17, 18, 43

茂木洋平（もぎ　ようへい）
桐蔭横浜大学法学部
担当：13, 22, 55, 56, 59

森本直子（もりもと　なおこ）
昭和女子大学総合教育センター
担当：07, 38, 40, 73

山本真敬（やまもと　まさひろ）
新潟大学法学部
担当：01, 49, 54, 75

吉田仁美*（よしだ　ひとみ）
関東学院大学法学部
担当：12, 14, 26, 60, 74, コラム 1, 2

渡辺暁彦*（わたなべ　あきひこ）
滋賀大学教育学部
担当：03, 51, 61, 70, 72, 78, コラム 3, 4, 5

憲法判例クロニクル

2016 年 5 月 30 日　初版第 1 刷発行
2020 年 9 月 30 日　初版第 3 刷発行
（定価はカヴァーに表示してあります）

編　者　吉田仁美
　　　　渡辺暁彦
発行者　中西　良
発行所　株式会社ナカニシヤ出版
〒606-8161　京都市左京区一乗寺木ノ本町 15 番地
Telephone　075-723-0111
Facsimile　075-723-0095
郵便振替　01030-0-13128
Website　http://www.nakanishiya.co.jp/
E-mail　iihon-ippai@nakanishiya.co.jp

装幀＝白沢　正／印刷・製本＝ファインワークス

ISBN978-4-7795-0970-4